大教育书馆
ESSENTIAL EDUCATION SERIES

《幸福教育的样子》第四集

行板如歌向未来

杨九俊 著

江蘇鳳凰教育出版社

图书在版编目（CIP）数据

行板如歌向未来：幸福教育的样子·第四集 / 杨九俊 著. -- 南京：江苏凤凰教育出版社，2020.5

ISBN 978-7-5499-8591-3

Ⅰ. ①行… Ⅱ. ①杨… Ⅲ. ①中小学教育－文集 Ⅳ. ①G63-53

中国版本图书馆CIP数据核字(2020)第068969号

书　　名　行板如歌向未来
　　　　　——《幸福教育的样子》第四集
作　　者　杨九俊
责任编辑　鲍雄英　余立新
编辑统筹　沈静明
装帧设计　刁　荧
出版发行　江苏凤凰教育出版社（南京市湖南路1号A楼 邮编210009）
苏教网址　http://www.1088.com.cn
印　　刷　江苏扬中印刷有限公司（0511-88420818）
厂　　址　江苏省扬中市大全路6号
开　　本　787毫米×1092毫米　1/16
印　　张　17.5
版　　次　2020年5月第1版
　　　　　2020年5月第1次印刷
书　　号　ISBN 978-7-5499-8591-3
定　　价　48.00元
网店地址　http://jsfhjycbs.tmall.com
公 众 号　苏教服务（微信号：jsfhjyfw）
邮购电话　025-85406265, 025-85400774, 短信 02585420909
盗版举报　025-83658579

目录

第一辑　在场的凝思

第二辑　变革的奏鸣

第三辑　生命的升腾

附录

第一辑

在场的凝思

幸福在哪里？

幸福是个十分美好的词儿，从春节家家户户的祈福，到古往今来哲学家、思想家的探讨，“幸福”都在温暖、激励无数的人们。什么是幸福呢？却又或语焉不详，或众说纷纭。本文仅提出考察幸福的四个维度：道德力、参与性、快乐度、成就感，以就教关注幸福教育、践行幸福教育的同行。

一、道德力

关于幸福的探讨，历史上大致有感性、理性、功利性、神性数股源流。感性主义幸福观把趋乐避苦当作人生的本质追求，认为人们要活在当下，要享受肉体的快乐。这种观点在古希腊罗马时代就受到猛烈的抨击，恰如赫拉克里特指出：“如果幸福在于肉体的快感，那么就应当说，牛找到草料吃的时候是幸福的。”[1]感性主义幸福观虽不属主流，但事实上仍然有广泛影响，不时风靡一时的享乐主义、及时行乐等等，都是这股源流的沉渣泛起。另一方面还要看到，感性主义虽不可取，但幸福与感性是有关系的。幸福本应是生理、心理、伦理的统一，生理、心理都是属于具象的“身”，幸福是离不开“身”的愉悦、快乐的。理性主义幸福观则是从伦理角度入手的，苏格拉底提出“美德即知识”的命题，在思想史上具有划时代意义。柏拉图是反对快乐与幸福纠缠在一起的，他推崇至善作为最高理念。亚里士多德认为幸福是合乎德性的观念活动。至此，理性主义幸福观在思想史上占有主流位置，这一流派强调幸福符合德性，追求至善。如康德在《实践理性批判》结尾所说："有两种东西，我们越是经常、越是执着地思考它们，心中越是充满永远新鲜、有增无减的赞叹和敬畏——我们头上的灿烂星空，我们心中的道德法则。"又如阿奎那所说："幸福是人的最完美的境界，同时也是所有的人都想达到的美的顶峰。"[②]沿着这样的思想流脉讨论幸福，似乎应当明确几个问题，第一，何谓"德性"？幸福的伦理意义，就是符合德性。德性是指具有理性的人能决定自己的行动，一个人有了行善的意念和准备，并开展了亚里士多德所说的"现实活动"，产生了效用。这种行为多次反复，习惯成自然。如阿奎那所说："人善的德性是使一个人的善行达到完美的一种习性。"[③]第二，什么是"至善"？德的内涵是善的，是走向至善的。斯宾诺莎等人曾讨论"至善"的含义，儒家也十分推崇"至善"。综合起来看，至善是对永恒价值、终极意义的追求，至善是可以达到人的品性、品格的境界的，而这种品格、品性是符合自然事物发展规律，走向天人合一的，至善可以看作精神的苹果，是可以分享，可以衍生的。第三，德性规范下的幸福，是不排斥"身"的快乐的。斯宾诺莎不排斥物质幸福，他认为是要有合理限度，不完全排斥情欲，只是要克制，而且以为"幸福"不是德性酬报，而是德性本身，并且认为追求幸福自然就克制了情欲。[④]第四，追求至善，践行至善，也是可能给人带来身心快乐的。有学者研究，《论语》中没有一个"福"字，《孟子》《庄子》中出现"福"字，也只是引用和评论。儒家对幸福的理解和表达多用"乐"字，"饭蔬食，饮水，曲肱而枕之，乐亦在其中矣。""发愤忘食，乐以忘忧，不知老之将至"，又有春风沂水、孔颜乐处等等，主要是表现一种生命境界，但也是包含身心，特别是心理层面的愉悦感受的。[⑤]除了感性主义、理性主义幸福观，历史上乃至今天的现实生活中，还有功利主义幸福观和神性主义幸福观。功利主义幸福观是计算也必然计较苦与乐的价值，尽管他们也追求让最大多数人幸福，但本质是个人主义的。神性主义幸福观认为幸福来自上帝，热爱上帝就能得到幸福。这些观念都有其存在价值，我们可以进行创造性转化。如果我们不把上帝看作是对象化的存在，而是心中追求的终极目标，如果我们寻找使命感，把工作从饭碗、事业提升到使命层次，那么我们的所为就有了"神性"的光泽，教育就成了神圣的事业。在现实生活中，挣脱个人主义的樊篱，为大多数人着想，有一定的功利考量，也不是什么坏事情。总之我们是在道德的律令下，追求生理、心理、伦理的统一，追求个体性和社会性的统一。

当时间流转到新的世纪之交，人们发现随着积极心理学的诞生和兴起，对"幸福”有了更高的关注度。特别是塞利格曼提出幸福 2.0，似乎人们对幸福的认识更为清晰了。塞利格曼提出人的幸福的标志就是蓬勃人生，要达到蓬勃人生，就要有五个基本元素，即积极情绪、投入、人际关系、意义和目的、成就。塞利格曼的幸福 1.0 有三个元素：积极情绪、投入和意义。拥有这三个元素，意味着享有满意的生活。而他的幸福 2.0 则将目标调整为使人生丰盈蓬勃。无论幸福 1.0 还是 2.0，意义都是其要素，如果我们按照生理、心理、伦理的分析框架，意义则是伦理的，当然不仅是意义，比如人际关系、成就也有伦理维度的涵义。仅从意义说，塞利格曼说，他强调有意义的人生，“意味着归属于某些超越你自身的东西，并为之奋斗”。[⑥]积极心理学倡导“寻找使命感”，也就是追求意义的实现，转换到前面的语境中，就是追求至善，向着真善美努力。这在幸福的诸要素中，应当是灵魂。因此，合乎德性，具有道德的力量，应当成为我们理解幸福要素的首要和统率。

二、参与性

在合乎德性的前提下，正如亚里士多德所说，重要的是现实活动，用我们的日常用语说，就是要“做”，要实践。幸福感很主要的是在参与、在实践中获得的。第一，增进幸福的主要途径是目的性活动。根据积极心理学的研究，遗传、环境和目的性活动是决定幸福的三大因素。双生子的研究表明，幸福的个体差异大约有一半可以归结到遗传因素。幸福的个体差异大约 10%可以归结到环境，即生活境况，剩下的 40%可以归结到目的性活动。因而，想做一个幸福的人，就应当很好地规划并实践有目的性的活动。第二，增进幸福的目的性活动应当是美德行为。亚里士多德认为，真正的幸福不是源于满足欲望，而是源于良心认为值得去做的事情。因此，关于美德的研究在积极心理学中占有很重要的位置。按照积极心理学的研究，美德主要分为六种类别：①智慧，这是关于获取并运用知识的，其优势在创造性、好奇心、思维开阔、热爱学习、有洞察力。②勇气，即顶着内外部压力完成目标的意志，其优势在本真、无畏、有毅力、热忱。③仁慈，即善良，懂美，有社会性智力。④正义，在公平、领导力、团队合作方面具有优势。⑤克己，宽容、稳重、谨慎，能自我调节，具有预防原罪的优势。⑥超然，会欣赏，感恩，幽默，虔诚，抱有期望，具有让心灵与宇宙相连的优势。[⑦]人的现实活动应当主要是涵育美德和表达美德。第三，在美德表达的活动中，人们应当作为行为的主体，有着高参与度。比如知识的学习有旁观者和参与者两种姿态，在旁观者知识观的视角，学习者是被动的，是主客两分的；而在参与者知识观的视角，学习者是主动的，是主客融合的。有人认为，前者人们仅仅是生存，后者人们才是生活，也才能有幸福感。塞利格曼提到的积极情绪和投入与人们的主动投入都是有关联的。第四，这种高参与度的实践活动追求主体力量的充分发挥，我一度曾经把自由度作为衡量幸福感的一个指标，现在想来，自由应当是参与度的一个重要内涵，人具有符合社会规范的自由，主体力量得以充分发挥，才可能创造性工作。这里应当包括塞利格曼“投入”元素的主要内容。塞利格曼说，投入与创新有关，指的是完全沉浸在一项吸引人的活动中，时间好像停止，自我意识消失。[8]物我两忘，主客一体，从审美角度看，完全进入了一种高峰体验。沙哈尔在《幸福的方法》中曾引用一位毕生研究高峰体验和巅峰表现的学者米哈里·契克森米哈的话：“人类最好的时刻，通常是在追求某一目标的过程中，把自身实力发挥得淋漓尽致之时。”这里还包含着目标实现的挑战性，即这个活动是有意义的，是具有难度的，这个难度是可以通过自身充分发挥的能量克服的。正是目的和挑战，使行为主体在目标达成中享有满满的幸福感。

三、快乐度

快乐是幸福最显性的标志，仔细推敲一下，我们日常生活中“快乐”的用语和幸福理论中的“快乐”并不完全对等，快乐的关联性研究也有待深入。第一，要从比较完整的意义上理解快乐。在日常生活中，“快乐”和“高兴”几乎可以互换，但在幸福理论那里似乎没有这么简单。查百度对“快乐”的解释：快乐是一种情绪，指人们在感受外部事物带给内心的愉悦、安详、平和、满足的心理状态。塞利格曼所说的积极情绪，主要指快乐，包括愉悦、狂喜、入迷、温暖、舒适等。可以认为快乐是正向的积极情绪的总称。它可能是具象的、有形的，塞利格曼等人曾用“杜乡的微笑”衡量一个人的幸福感。“杜乡的微笑”这一命名是用来纪念发现它的法国人杜乡，指的是发自内心的微笑，微笑时嘴角上扬，眼尾鱼纹出现，而牵动这些地方的肌肉非常难以用意志加以控制。长期的跟踪研究表明，有着“杜乡的微笑”的女人们，往往会拥有美满的婚姻、幸福的生活。快乐又可能是无形的、抽象的，比如在一个人际关系和谐的环境里，人们安宁、平和，有安全感、舒适感，未必就有多少感性的表达。快乐可能是一时的，也可能是持久的。我们某个有目的的活动做成了，感到快乐，如果没有“下回分解”，到此为止，快乐也就消失了。如果我们从“有意义的人生”来规划，我们快乐的情绪伴随德性引导的实践活动，我们就可能获得愉悦的人生。“快乐不是奢侈品，而是一种深层次的心理需要。”[9]百度对“快乐”的阐释，也提及马克思的观点，马克思认为快乐是一种心理欲望得到满足时的状态，是一种持续时间较长的对生活的满足和感到生活有巨大乐趣，并自然而然地希望持续久远的愉快心情。可以认为，幸福理论所说的快乐，包括了甚至主要是一种积极的人生态度。“我来到这个世界，为了看太阳。”积极向上，豁达开朗，构成生命的底色。“素以为绚兮”，开启幸福人生的旅程。“杜乡的微笑”成为幸福的标志，也是基于幸福人生的考察。第二，快乐是主体与他物、他人融为一体而生成的积极感受，在上引马克思论述前的一句话是：“快乐是指人之所以为人的真理与自己同在的心理状态，包括一切真实的事物，人性的实现，他人的生命，甚至动物的生命与自己同在等等。”这里一方面强调主体人格参与到对象之中，一方面说明与他物、他人的关系是快乐与否、幸福与否的重要观照度。塞利格曼曾提及，有人要求积极心理学的创始人之一克里斯托弗·彼得森用两个字来描述积极心理学是讲什么的，他的回答是“他人”。[10]这大概也是塞利格曼把“积极的人际关系”当作幸福基本要素的缘由。我在阅读《教学勇气：漫步教师心灵》时，每每为帕克·帕尔默描绘的教学的天堂场景所感动。帕尔默希望在个人意义上出神入化地理解学科，他认为学习的共同体，是师生共同为伟大事物魅力所凝聚，这个“伟大事物”就是课程的核心知识、核心价值。在共同体中，它如同能燃烧的篝火，把围坐的师生给照亮了，温暖了，而燃烧者正是师生，特别是学生。孩子们正是在这种主客一体的境界中油然生出愉悦，感受幸福。与他人的关系更是如此。百度解释快乐，列举到一些快乐的获得方法，大都是讲积极的人际关系，比如乐于助人、分享、与别人愉快相处、保持幽默感、学会宽恕、有知心朋友、学会合作等等。我描述理想的课堂时，曾化用过两句诗：“快乐不在课本里，而是在你和我的眼神里。”我也曾用“你是人间四月天”的意象赞颂幸福的老师，曾用“让学校到处流淌着奶和蜜”描绘对幸福学校的期望，这些也都是指向以师生关系为主的学校人际环境。第三，从整体的视角看，快乐人生包含了痛苦。贝多芬在给别人的信中曾说：“我们这些具有无限精神的人，就是为了痛苦与欢乐而生的，几乎可以这样说，最优秀的人物通过痛苦才能得到欢乐。”我们脑海里随时可以闪现的一个个英雄豪杰，其人生历程都可以佐证这句话。在我们的日常生活中，幸福的人生感受也不是一味甜到底的。“梅花香自苦寒来”，苦涩的经历往往会成为幸福人生的有机组成。这里要认识的，一是意义感，认识美德行为的意义，为了目标达成必须刻苦、辛苦甚至痛苦；二是主动性，作为一种主体的自觉行为，可以以苦为乐，化苦为乐的。第四，在幸福人生中，积极情绪的复原力至关重要。人生总有不如意的时候，怎样从逆境中走出来，去重新铸造自己的幸福人生，关键在心理复原力。何况还有人由于性格和境况的原因，可能产生习得性无助，对现实表现出无可奈何的心理状态。积极心理学对从习得性无助中解脱出来，从逆境中实现心理复原，提供了不少有针对性的训练方案，都是很有借鉴意义的。我想，有效解决这方面的问题，可能培育成长型思维是比较对路的。成长型思维在2018年度美国的教育热词中排到第一位。成长型思维是相对固定型思维而言的，固定型思维指的是碰到挫折和困难，就表现出习得性无助，具有成长型思维的人则在面对困难和挑战时表现出坚强和坚韧，采取积极态度，通过专业的努力，去有效地化解困境，扭转局面，享有成功。这尽管是在教育语境中的话题，对于人生的讨论也是不乏普遍意义的，幸福理论主张将创伤转变为成长，说的是同样的意思。

四、成就感

塞利格曼把成就作为幸福的要素之一，我非常欣赏。第一，成就是幸福的重要标志。对一件事情来说，成就意味着成功；对一生来说，成就人生意味着终极追求的完美实现。在一定意义上，有了成就，就有了幸福感。在日常生活中，人们都有这样的体会：经过千难万苦，大功告成，于是幸福感油然而生。第二，成就是走向新的成就的动力。我们不反对失败是成功之母的说法，比如前面谈及的成长型思维，谈到的心理复原力，都是对此的认可。但也应该看到，成就也可能或者更可能是新的成就之母，我们的人生总是在“目标—实现”的螺旋式上升中前行的。我们总是通过一个个有限目标去获得更高的目标，走向无限的。第三，成就的实现需要刻苦努力。塞利格曼给成就一个公式，成就＝技能×努力。按照塞利格曼幸福理论，在美德行为中，基础知识和基本技能必须扎扎实实掌握，在实践中达到一种自动化的程度，因为自动化速度上来了，则省出时间去筹划更重要的事情，去创新发现，这样的快慢转化，相得益彰，则可以取得更好的成就。第四，成就是一个整体性的观念。以学生的学习来说，知识的获得、技能的掌握、情感的陶冶，都是学习成就的内容。对于教师来说，让自己的教育教学成为有目的的活动，在这样的美德行为中，师者之心——情怀，师者之脑——思想，师者之手——本领，这些生命的内涵都得到充实和发展。具有了这样的内在完整性，才可能幸福得像花儿一样。

（本文发表于《江苏教育研究》2020年第4期，收入本书时题目有改动）

参考文献

① 《古希腊罗马哲学》，商务印书馆1961年版，第18页。

② 阿奎那《阿奎那政治著作选》，商务印书馆1963年版，第64页。

③⑤ 陈瑛主编《人生幸福论》，中国青年出版社1996年版，第118、155页。

④ 斯宾诺莎《伦理学》，商务印书馆1983年版，第256页。

⑥⑧⑩ 塞利格曼《持续的幸福》，浙江人民出版社2012年版，第11、11、18页。

⑦ Alan Carr《积极心理学》，中国轻工业出版社2017年版，第65页。

⑨ 泰勒·本-沙哈尔《幸福的方法》，中信出版社2013年版，第34页。

“人啊人”，永远的《国际歌》

我的这个标题是借用的，源自于哲学家、经济学家们的讨论。20世纪80年代，一批学者在一个小范围的圈子里交流思想，有人问道：“我们这是在干什么呢？”其中一位学人认真思考后作答：“人啊人，就是我们的《国际歌》！”读到这个故事，我怦然心动，认为这个意思应当与教育界同仁分享，“人啊人”，应当永远是教育界的《国际歌》。

一、教育怎么了？

英国诗人麦克尼斯曾写过一首题为《出生前的祈祷》的诗：

> 我还没生；啊，听我一言：
> 莫让那原是野兽而自以为是上帝的人接近我。
> 我还没生；啊，给我力量，
> 去对付那些要冻结我的人性的人，要拉我加入
> 致命的自动化的人，要使我变成机器里的一个螺丝钉、
> 一样只有一个面孔的物体、一件东西的人，对付所有要
> 削弱我的整体性的人
> ……

台湾作家张晓风写过《寻人启事》，拿儿子说事：

他身穿小小的蓝色水手服
他睡觉以前一定会念故事
他重得像铅球又快活得像天使
满街去指认金龟车是他的专职
当电扇修理匠是他的大志
……

可是一上学，天真活泼的小天使成了老气横秋的小大人，于是作者要贴出寻人启事：

那个小男孩到哪里去了？谁会给我明示？

在我们今天的社会里，对教育的不满、愤怒、抨击、批判，众声喧哗，不绝于耳。仅从孩子们视角看，诚如调侃所说，领导问孩子们最好的课是什么课，孩子们答曰："下课！"几年前我在一所学校听一位老师教《雪儿》，这篇课文讲叫"雪儿"的小鸟受到救护的故事。在老师的想象中，小鸟落单被"我"收留了，很是孤寂和凄凉，于是老师试图唤醒儿童的经验，导入道："这几天，如果你们的父母都出去了，你们会有怎样的心情？"始料不及的是，孩子们几乎异口同声："高兴！"当然这可能主要是源于偷得几日闲的心理期望，不是什么大不了的事情。但听听那些恶搞的童谣，就有几分可怕了：

太阳当空照，骷髅对我笑。
小鸟说早早早，你为什么背上炸药包？
……
在我心中，老师最凶
晚上补课少说九十点钟；
回到家里，老妈最凶，
盯着作业从不放松；
父母不在老子最凶，
拳打脚踏发泄一通！

以上可见，教育对儿童天性的扼杀，在世界范围内是一种普遍现象，而在我们今天的社会里更是变本加厉。我常说，现在分数就是教育的语法，“分分分，校长（家长、教师）的命根！”不先谈分数，不只谈分数，有些人认为你的话都是不符合语法，不适宜交流的。只要听听那些雷人的高考标语：“只要学不死，就往死里学！”“提高一分，干掉千人！”“有来路，没退路；留退路，是绝路！”简直让人有不寒而栗之感！我曾戏言“为了一切学生”，这个“切”是用菜刀切西瓜的“切”，“切”掉一部分分数过不去的学生；“一切为了学生”，这里的“切”是切掉与考试成绩无关的教育内容和教育管理；“为了学生的一切”，则“切”掉非中考、高考学科，考试学科中非考试的知识板块，考试知识板块非反复记忆和操练所能掌握的学科素养和学科本质。

对此，我们难道不应该时时警醒，唱响“人啊人”这首《国际歌》吗？

二、教育往哪里去？

向往未来。教育就是朝向未来的事业，教育源于一种基本假设，人通过教育，可以更好地走向真善美。“教育使人成为人”（康德），“‘新人’的出现将不再成为事件的牺牲品，而是由于其远见卓识将能够指导和塑造人类的未来。”（蒙特梭利）培养什么样的人永远是教育最本源的问题，教育需要抱负，首先是对“新人”的抱负。在我看来，“新人”主要体现在两个方面，第一，是德性统率的整全人。德性统率是幸福人生的前提和基础，有着深厚的中华文明的思想渊源，孔子在《论语》里就讲：“古之学者为己，今之学者为人。”就特别注重为己，为自己人格的完善和优良品性的养成，为自己朝着君子—仁者—圣人一路走去。按照“为己之学”的理论，学以成人，自然会过渡到社会，有用于世的。只有德育为先，德性统率，德智体美劳诸育并举，全面发展，这样的人才有魂灵，才完整。第二，朝向未来，必须具有适应力、胜任力。如果说，我们所说的“全面发展”主要是空间维度，适应力、胜任力则主要在时间维度。经合组织最先提出核心素养，就是应对科技社会发展对教育的挑战，就是希望重塑培养标准以适应科技和社会的变化，以适应参与美好社会建设和自身终身发展的需要。因此，当下教育中被忽略、被扼杀的具有未来特质的东西，应当得到高度重视，诸如好奇心、想象力、灵性、洞察力、批判性思维、创新力、合作精神、人际能力，等等。麦克尼斯在《出生前的祷告》中还有这样的诗句：“我还没有生，给我水来让我戏弄，草木为我生长，树来同我讲话，天空对我唱歌，鸟和心上的一道光来作我引导。”他在假托一个未出生的婴儿表达了对教育的期望，而“一道光”可以理解为未来性、未来精神，有了这样的引导，儿童才可能是惠特曼吟唱中那个“天天向前走的孩子”。

回归本真。我以为本真至少包含三层意思，第一，本质，事物理该如此。培养具有幸福感的儿童，首先就要把握儿童的特质，儿童身心发展的规律，比如，①思维是人的也是儿童的特质，“人是有思想的苇草”“我思故我在”，这些耳熟能详的名言都是强调思想使人之为人而存在。马克思也说过：“人使自己的生命活动本身变成自己意志和自我意识的对象”，说的是同样的道理。②双重生命论。学者们认为人是自然的，也是文化的；人是物质的，也是精神的；人是个体的，也是社会的；人是自在的，也是价值的；人是本能的，也是智慧的。[①]“教育使人成为人”，第一个“人”讲的是自然性的人，第二个“人”则是具有双重生命特别是具有精神生命的人。③生命节奏。怀特清对应教育的不同阶段，提出学生的成长包含浪漫阶段、精确阶段、综合阶段。皮亚杰提出从出生到青春期要经过感知阶段、前运算阶段、具体运算阶段、形式运算阶段。后来又有学者提出青春后期还可能有辩证运算阶段，人们在这个阶段广泛运用辩证思维解决复杂问题，而这可以作为智慧的一种定义，智慧成为认知发展的最后阶段，智慧思维本质是幸福人生的一个重要动力和标识。以上只是列举，我们经常说培养学生要顺其自然，促进其自由生长。这些本质、规律的东西都应当是我们坚守本真要守住的。第二，纯粹。本真的东西自当是纯粹的，教育受到的遮蔽甚多，在很大程度上被异化了。我以前就呼吁过，我们能不能考虑纯教育、纯学校的内涵，也试图用几个“合”来概括。合理，即符合教育本身的规律，前面讲了儿童成长的某些规律，还有认知与情感的统一，因材施教、学用结合，等等，这些“常识”都是我们要切实践行的；合法，即符合国家的教育法律法规，符合专业规范，如校长标准、教师标准等，事实上，这方面主要不是无法可依，而是有法不依，否则就不会过一段时间又来督导检查了；合时，“文章合为时而著”，教育自然要适应时代的变化；合地，一方水土一方人，教育作为文化的一部分，一定具有一个地域特有的群体特征。第三，真实。积极心理学在讨论美德优势时，把本真放在勇气这个要素之下，本真的人，心里怎么想就怎么说。他们呈现自己真实的样子，不假装、不造作，为自己的信念、感受和行为负责。他们自主地追求自认为重要的目标，而这正是本真的核心所在。[②]

向往未来，回归本真，同时基于现实问题，过去、当下、未来作为一个整体。以未来为龙头，用更高的目标、更美好的愿景去激励，去指引，我们的现实生活就会闪现理想主义的光泽，我们就有可能在创造幸福的实践中感受幸福。

三、怎样引导儿童走向丰盈蓬勃的人生

幸福教育不满足于以当下的痛苦换取将来的幸福，而且希望让学生在幸福生活中准备将来的幸福生活，享受当下的生活，并且通过这样的生活拥有更加美好的未来。教育工作者应当至少在以下几个方面做出卓越的努力。

让爱润泽儿童的生活。儿童的幸福感首先来自师长们深情的爱。这种爱是无条件的，不是你要我爱，不是计酬式的，而是我要爱你，我发自内心地爱的，是天职使然，具有神圣意义的，如同斯霞老师的童心母爱。教育就是师爱的表达，儿童的成长就是师者幸福的源泉。沙哈尔曾举过柯林斯老师的一个案例：柯林斯老师教过一个名叫蒂法尼的孩子，这个孩子有自闭症，不爱说话，老师的关爱终于让铁树开花，蒂法尼终有一天满含泪水和柯林斯老师说话了。柯林斯老师说："我当时唯一的感受是：当时那双小眼睛里的泪水就足以使我成为世上最富有的人。"曾有两位美国总统邀请柯林斯老师担任教育部长，她都拒绝了，因为她在课堂上得到了终身财富——幸福，而这种爱对于儿童心灵的滋养是意义深远的。在教育的语境中谈论师爱，一定也要有效用的考量。在这方面我比较认可诺丁斯的观点。诺丁斯认为幸福常常被等同于需要、需求或愿望的满足。但事实上我们许多时候提供给孩子的是推断的需要，是成人以为的需要，是"我为你好"设置的，未必是孩子内在的需求。所以真正的教育爱需要研究儿童，秉持儿童立场，从儿童的视角考虑问题。斯霞的了不起就在于她不仅如母亲一样爱学生，而且童心永驻，理解儿童，尊重儿童，真正把握儿童的内在需求。教育爱还应当是师者自觉拓展的爱。借沙哈尔的说法，应当为儿童建构"幸福圈"。沙哈尔曾谈到，有一位心理学家做过研究，在母亲身边玩的小孩要比不在母亲身边玩的小孩更有创造力。当孩子们在母亲身边一定范围内活动时，他们的创造力是惊人的，也可称为"创造力圈"。[③]儿童成长的"幸福圈"可以是多重的，比如相关任课教师与学生的联系，老师、家长与学生的联系，小组学习小伙伴学习构成的共同体，等等。让儿童置身其中，去做有意义的事情，自然是幸福地成长了。

让儿童享有幸福的智力活动。儿童的幸福指数，可能主要是在学习过程中表现出来的。在幸福生活中准备幸福生活，前一个幸福生活更多指向智力活动。首先，要确立学生学习的主体性地位。沙哈尔《幸福的方法》第 62 页有一段引述："在一个惬意的环境中被动地生活所感受到的快乐，远远比不上那种有激情地投入到

有价值的活动中，以及为目标而奋斗所能体验到的满足感。”激情来自内驱力，自己有这个内在愿望，刻苦、辛苦都可以乐在其中。苏霍姆林斯基曾有“智力尊严”的说法。确实，被动的学习，煎熬式的学习，没有幸福感可言。在智力活动中，没有尊严感，人只是活着，有了尊严感，才是生活着。其次，要引导学生进行完整的学习。一是知识的完整性。人们大致把知识分成三个层次：符号定义的层次，思维、逻辑的层次，思想、情感、价值观念的层次，此外还有伴随始终的方法、策略。传统的教学聚焦在最浅层次，倡导简单记忆、反复操练的学习方法，学习内容就很难激发学生对知识的热爱。二是思维发展的完整性。脑科学将大脑大致分成四个区域，对应着人的逻辑思维、形象思维、情感思维、组织思维，整体地关联，根据情况有所侧重，相互促进，相互映照，学习就会更有意思。三是学习过程的完整性。学习从目标的确定，任务的分配，到持续的问题探索和解决，再到概括化、迁移应用，以及评价和随之应有的个别化指导。在教学过程中，我们经常看到，学习目标的制订学生很少参与，学习过程中对个性化学习的支持，诊断评价后的个性化辅导，经常是缺席的，可以说，很多学生的学习过程是不完整的，何谈有适切性、成就感呢？另外，智力活动应当有学生进入心流状态的机会。心流指全身心沉浸其中的状态，大致类似于忘我投入、高峰体验等等，心流本身就是幸福感的一种体现。进入心流状态，一是要有清晰的目的，这是努力的明确方向；二是要有积极的行动，心流这种体验必定是在“做”，在行动中完成的；三是觉察，行动的主体是有感觉、感受，是有积极的情感体验的。④在教学中，我们要注意设置挑战性任务，引导学生在掌握必备知识、技能的基础上，全身心投入问题解决和创新，实现设定的目标，同时在享受快乐的同时为未来的幸福创造条件。

四、培养儿童的幸福能力

幸福的学生不仅在于享受幸福，同时还应该学会践行美德创造幸福。第一，让幸福扎根。沙哈尔谈到幸福的高度和幸福的深度时，说到他的太太对幸福高度和深度的观点：幸福的高度指人们生活中体验到的情绪波动；幸福的深度则指内心深处基本的幸福感，但他对基本的幸福感言之不详。我想，幸福的深度是内在的、本质的、生长的那些美德，是幸福这棵繁茂大树的根。比如对幸福的理解从物质的、功利的、外在的转向对内在的终极意义的理解，从而有着对人生终极价值的追求；

再如对幸福的感受从当下的享受转向终其一生对生命意义的探寻，从而使幸福具有了足够的时间长度；又如从个人的幸福到超越个人为实现社会幸福而奋斗，从而使幸福有了更大的广度。这种幸福观深深扎根，根正苗红，可以想象到它的枝繁叶茂。第二，塑造优秀品格。幸福行为本质上是一种美德的表达，培养幸福能力就是要培养好人，培养有德性、向着真善美的人。在中小学教育的语境中，特别要重视的有：正直。“德”的造字本来就包含了“直”，正直是一个社会人最基本的正向品格。自尊。自己把自己当回事，自己要求自己好，诺丁斯说，这可能是最重要的善，信然！自尊的人才会自律，自己管理自己，自己发展自己。甘地有言：“欲变世界，先变其身。”为他人、为社会、为世界的美好奋斗，总是从改变自己，让自己的生命向上升腾开始的。乐观。乐观是幸福人生的重要标记。塞利格曼的重要贡献是发现习得性无助，而积极心理学就是要引导人生能够习得性乐观。学会乐观，就是对事情的解释往好的方向想，往本质的方向想，往更全面的方向想。遇到困难，乐观的人会化挑战为机遇，不折不挠，在战胜困难中自我磨砺，从而能获得更多的幸福感。共情。有同情心、同理心，会交流，能合作，与人相处时有较高的情商，具有情绪感知能力，能够识别自己和他人的情绪，能够准确表达情绪以及相关的需要，能够区分准确或真实、错误或扭曲的感受；具有情绪运用能力，情绪信息融入认知系统；具有情绪理解能力，在人际互动时，准确理解情绪信息；具有情绪管理能力，在理解的基础上认知情感统一，在复杂的情境中有准确的判断力。[5]“幸福在他人”，对他人友好，真诚地帮助别人，自然也在生产和享受着幸福。第三，培养好习惯。能力总是具有自动化的特征，从美德培养角度看，好习惯最为契合，所以说好习惯造就好人生，有学者甚至认为“教育就是培养习惯”。在这方面基层的老师们创造了许多好的经验，比如昆山朱小敏老师的团队，就以研究好习惯的培养著称。她们建构了小学生的习惯养成的内容体系：

养成好习惯　提升好品格		
习惯类别	专题	指向品格
行为习惯	规则、诚信、爱国……	责任、友善、信任……
学习习惯	好学、阅读、思维……	坚持、韧性、变通……
健康习惯	锻炼、游戏、饮食……	热情、意志力、勇气……
审美习惯	尚美、鉴赏、表现……	正直、自信、同情……
劳动习惯	自理、勤劳、创造……	创新、协作、奉献……

当然，这其中的提炼和对应性还有值得推敲之处，但她们的总体思路是对的，而且她们拓宽了习惯养成的路径，即在课堂教学中养成，融入校园生活中养成，嵌入校外时空中养成；又建构了好习惯养成的物质载体，研制出好习惯养成的评价机制，建设好习惯养成的导师队伍。用她们的话说，多了一种好习惯，孩子们就多了一份自信；多了一种好习惯，孩子们就多了一份幸福生活的创造能力，孩子们生命成长也就能更加丰盈蓬勃。

（本文发表于《江苏教育研究》2020 年第 5 期）

参考文献

① 高海清《“人”的双重生命观：种生命与类生命》，《江海学刊》2001 年第 1 期。

②⑤ Alan Carr《积极心理学》，中国轻工业出版社 2017 年版，第 67 页。

③④ 泰勒·本一沙哈尔《幸福的方法》，中信出版社 2013 年版，第 111、83 页。

做一个幸福的老师

我曾经借林徽因“你是人间的四月天”诗句，作为幸福老师的意象。人间四月天，春和景明，天地一体，美不胜哉！许多老师肯定之余，希望能具体展开，希望能在有美好想象的同时，知道具体怎么做。受诺丁斯的启发，本文尝试从四个方面做些具体阐说。

精神领域。人之为人，本质上是人有着精神生活。我们在教育语境中谈论学生成长时，也基本是从精神视角展开的。人的精神世界一般包括心理层面、认知层面和伦理层面。不管从事什么职业，幸福的人都是精神富有的人。教师以塑造灵魂、培育灵性、引导学生朝向真善美为职业，更应该有美好的精神世界。大致包括：第一，拥有积极情绪。积极情绪是塞利格曼幸福理论的基石，在他看来，拥有积极情绪就拥有愉悦的人生。积极情绪是一个人积极乐观的基本生活态度，他们总是往前走，往上走，“朝向明亮那方”。“总体而言，就是觉得自己有多幸福”（塞利格曼语），能在现实活动中享受温暖、舒适，甚至有着愉悦、狂喜的感受。应对事件，习得性乐观，往好的方向想，往好的方向努力，即使陷入困境，也能冷静、客观地分析，找出原因，探明出路，化挑战为机遇，将创伤转变为成长。积极情绪作为人的生命底色，“素以为绚兮”，积极铸就力量，持续不断地努力，一定会有绚烂的人生图景。第二，树立人生意义。有人认为幸福＝快乐＋意义，可见“意义”的重要。幸福理论强调人生意义，就是引导人们对幸福的思考从浅俗的泥沼里跳出来，去追求终极价值。人生的终极目标向内就是人格的完整、品质的高洁。“古之学者为己”，就是提倡学以成人，就是要“立己”，站得住，立得稳。向外就是内在德性的扩展，就是要“达人”，造福社会，以至于如张载的“横渠四句”：“为天地立心，为生民立命，为往圣继绝学，为万世开太平！”虽不能至，心向往之，那也是大写的人生。亚里士多德说：“幸福是生命本身的意图和意义，是人类存在的目标和终点。”这样的人生一定是与自己的抑或他人的幸福联接的。第三，过高质量的智力生活。亚里士多德曾说：“幸福应伴随着快乐，而德性活动的最大快乐也就是合于智慧的活动。所以，哲学以其纯净和持久而具有惊人的快乐。”[①]在他看来，人的思辨活动、理性生活才是幸福。亚里士多德的这种观点后来受到多方面的批判。因为在他那里，人分三六九等，常人也就与幸福不沾边了。但我们讨论教师的幸福，亚里士多德的话还是可以借用的，也是合适的。只是今天的智慧活动还不是哲学所能涵盖，我们可以理解为一般的智力生活。这里讲高质量的智力生活是相对意义的，所谓“学高为师”，方向是必须的，高质量相对教学任务而言，是能满足教学需要。这里的高质量还提倡研究学问。习近平总书记提出三“学”一体，“学生”“学问”“学术”，根据教书育人的需要，做一个研究型的教师，智力生活就达到了一定的水平。这里的高质量还包含知情统一的意思，有感情地学习，有感情地研究，有感情地教学，沉浸在其中，快乐在其中，自然也幸福在其中。

个人生活领域。我们经常见到这样的场景：有的老师每到上课，总是安详地、微笑地候在教室门口，对于上课的学生来说，这是“未成曲调先有情”，课堂的惬意已经到来；也有的老师急匆匆地赶来上课，不知谁欠了他的，逮到谁就发火，莫名的负面情绪就会笼罩课堂。究其原因，大抵是家庭的缘故造成，所以，教师的幸福感是与他们的个人生活分不开的。我们应该提倡怎样的幸福生活呢？第一，令人惬意的品质。作为一个社会人，有着怎样的基本形象是十分重要的。基本形象是一个人内外兼修形成的。基本形象好，令人惬意，令人期待，会有事半功倍的工作绩效；基本形象不太好，有可能事倍功半。在诺丁斯看来，师者令人惬意的品质包括：身体的吸引力，外貌，（有分寸地）取悦人的能力、智慧、谦逊，带有一定优雅的举止，自尊（与谦逊相互平衡）和外向性。他们的研究表明，这些人是讨人喜欢的。有些人还有受人仰慕的品德特性，如仁慈、大度、诚实和忠诚等。[②]这里的“身体吸引力”至少有三层意义，一是遗传的颜值等等，二是如整洁、清爽等等良好生活习惯给人带来的舒服感，三是精神修炼在身体上的反映，即所谓“腹有诗书气自华”。特别是在一个熟悉的环境里，内在品质或者源自品德的身体吸引力在人际关系上更有影响力,如荀子所说:“君子之学,以美其身。”这个“身”是身心合一的。修身既有心灵的,又有美德心灵透现到具象的身体的,这对于师者是毕生孜孜以求的。第二,合理的物质保障。幸福主要是心理感受,但又离不开一定的物质基础,基本的合理的物质保障是必不可少的。体面的生活条件是教师幸福感基本的物质保证。在20世纪90年代末,不少地方的教师工资是没有落实到位的。有一次,我到苏北某地调研,一群老师拿着工资白条来反映情况。我清楚地记得,小县城路边的喇叭里正放着崔健的《一无所有》,崔健在真诚而狂暴地嘶吼:“噢,你这就跟我走!”那种无力感、无奈感令我感慨系之,心有戚戚。特别是歌的收尾阶段,重复的嘶吼至少有五六次,为什么要一遍又一遍,我当时的理解是因为“我一无所有”。当然,在基本生活保障不到位的情况下,也有相当多的老师恪尽职守,但要和他们谈使命感、幸福感那是无力和无奈的。好在这种情况早已成为历史,教师成为令人尊敬的职业正在成为现实。第三,美满的婚姻和家庭。爱情和家庭,是人的基本需要,也是人们的幸福感的主要源泉。黑格尔说:“在爱情里最高的原则是主体把自己抛舍给另一个性别不同的个体,把自己的独立的意识和个别孤立的自我存在放弃掉,感到自己只有在对方的意识里才能获得对自己的认识。”③于是,在互相融合、互相映照中获得幸福感。家庭是社会的基本细胞,持家是责任也是艺术,家政学更是一门学科。现代社会人们在衣食住行中融入了许多自己对美的理解和创造,家庭更加成为人们幸福的港湾。在我这个年龄的朋友聚会,很重要的“节目”,就是分享各自儿孙绕膝的温馨视频,大家真正是幸福得像花儿一样。第四,健康的业余生活。弗洛伊德认为人最主要的生活领域是三个方面:爱、工作和游戏,也可以理解人生活的幸福感与这三个方面都有密切关联。所以健康的业余生活是必不可少的。弗洛伊德所说的“游戏”应当是覆盖我们的业余生活,师者应当拥抱生活,享受生活,应当“好玩”,比如有业余爱好,喜欢旅游休闲,甚至与住所附近的大自然亲密接触,或者如海子所写:“从明天起,做一个幸福的人,喂马,劈柴,周游世界”“关心粮食和蔬菜”,这些都是美好生活的内容,何况游戏与爱、工作还时常是相互交融、相得益彰的。

职业生活领域。师者的幸福当然主要体现在教育教学活动中。第一,寻找使命感。对于教育这份工作,向来有四种态度,一是饭碗,做教师为了拿份报酬,养家糊口;二是职业,参与社会分工的一种选择,关注权力和声望的变化;三是事业,有一定的公益之心,有进一步做好的追求;四是使命,天职使然,义不容辞。有了使命感,工作就成了对内在需求的满足,工作就是自我实现的途径。恰如马斯洛所说:

“人类最美丽的命运，最美好的运气，就是从事自己喜爱的事情，并获取报酬。”[4]所以，做幸福的教师就要寻找使命感，发掘并光大教师职业的内在意义、本质价值。第二，播撒教育爱。教育爱源自师者内心的责任，内在的情感需要，如凯兴斯泰勒所说：“教育者的职业活动无疑靠近他们母亲的工作。其工作动力源于对人的爱，而被爱的人是她的‘亲骨肉’，这是一种无条件的爱。”教育爱基于对学生的理解和尊重，是源于童心的爱；师者的“灵魂正以信仰、希望、爱和敬的形式移情于其学生的灵魂中”（凯兴斯泰勒），这是引导向上的爱；教育爱引导学生在个性化与社会规则之间找到平衡点，是让学生在身心舒展中接受社会规范的爱；教育爱是对学生的解放，如泰戈尔的诗句：“让我的爱，像阳光一样包围着你，而又让你，拥有光辉灿烂的自由”，是讲究艺术的爱。正是这样的教育爱，才会使校园里不仅有知识的学习，还有情感的温暖，才会“到处流淌着奶和蜜”。第三，创造审美课堂。马尔库赛有言：“人借助美的相助，才能使自己置身于幸福之中。”审美课堂具有的特点是：①主体的自由。马克思说：“劳动是自由的生命表现。”黑格尔认为“审美带有令人解放的性质”。学生主体性确立，主动、自主、积极地参与到学习的过程中，是审美实现的基本前提。②美育的贯注。建构教学的复线结构，知识与情感或相互映照，或融为一体，如杜夫海纳所说，“审美只是灿烂的感性，深刻的理性包裹其中”。③形式与内容匹配适宜。“有用的组合”也是“最美的组合”（彭加勒），以美启真，亦真亦美。热烈与安静错落有致，富有内在的节奏美，特别是完成挑战性任务的过程中，学生充分发挥内在力量，进入心流状态，享受高峰体验。这样的课堂是相约的课堂，师生内心为效能感鼓舞，对上课充满期待；是相向的课堂，师生都将内心的深层渴望转化成教与学的努力，互相鼓舞，相向而行；是相遇的课堂，审美就是一种相遇，物我、师生互相融合，构成审美场中的共同体。用帕克·帕尔默的话说，这就是一种天职图景，课堂犹如天堂。③收获的丰实。审美课堂一定是有成就感的课堂，知识的学习，新知与已知融合，更新的结构化知识向未知打开大门；抽象概括形成的知识图景可以迁移，在新的复杂情境中能够应用于问题的解决与创新；知识的学习过程是有感情的，“文章不是无情物，师生俱是有情人”（于漪语），情感的熏陶，价值的认同，使学习同时也是精神哺育、精神成长的过程；知识学习的过程也是自我监控、自我反思的过程，不仅学会，而且会学；知识的学习也是激发潜能、滋养灵性的过程，《牛津大辞典》对“灵性”的解释是“真切地感受到事物的意义”，教有灵性，学有灵性，与知识相拥起舞，洞察力、批判力、创新力融于其中。第四，丰富校园生活。师生生活的幸福感很重要在于校园的生机与活力，这涉及到课程、课堂、活动、日常生活这些校园生活的领域，师生怎么在这些校园生活中共同创造幸福感呢？除了前面重点讨论的课堂教学外，笔者还想强调的：一是要有指向目标的整体设计，这样的目标往往是就现实生成的理想。沙哈尔说，理想主义的实现就是现实主义，因为现实主义的整体完全符合人性。理想主义在一定程度上就是明确体现人性的自由应该这样做。目标往往是我们最感兴趣的事情，是我们内心最坚定的意识，也是在向我们及他人传达一种克服困难的信念，幸福感可以期盼。[5]二是要从学生的差异出发，调动所有学生的积极性。学校、班级自主安排的课程、教学和活动，学生日常生活的角色体验，应该以选择性为前提，给所有的学生都提供最好的机会。正如诺丁斯所说："我们可以通过适合学生差异的学习内容为学生提供探索个人生活领域中的幸福资源的机会。"[6]三是要让学生积极参与其中。罗素说："真正令人满意的幸福总是伴随着充分发挥自身的才能来改变世界。"杜威说，要找到对一个人来说适合的那种工作是很奇妙的。要"找到"，就要动手动脑试试，适合的，投入其中，沉浸其中，活动的展开和目标的实现就成为幸福的重要来源。

公共生活领域。哈贝马斯的第一部著作《公共领域的结构嬗变》中阐说了"公共领域"的含义，他的所指大抵是公共舆论。诺丁斯在论幸福教育时，把"公共生活领域中的教育"单独作为一个独立的部分，教育成为公共生活的组成。我这里从幸福教师的生活维度考虑，是讨论师者在学校以外的社会上，践行美德、创造幸福应有的作为。第一，参与社会的文明建设。学校是一个生产文化、传播文化的机构，理应在社会文明建设中有所贡献。记得 20 世纪 70 年代初，我有幸成了一名民办教师，白天教孩子，晚上教大人，带着一帮农民兄弟姐妹脱盲，在村子里受到的礼遇那是与只教孩子不可同日而语的，自己也很享受。当然社会进步了，这种机会没有了，但只要用心去爱，还是可以为幸福社会的建设贡献力量的。杨瑞清老师在五里行知小学实践陶行知教育思想时，就创造性地把学校师生与村民融合起来，做到人人都是教育者，人人都是受教育者，极大促进了村民的文明进步。南师附中的老师们，自发组织地平线读书社，各学科老师不拿任何报酬，举办讲座、报告会，向社会开放。王栋生老师告诉我，他的那些年轻的同事们太了不起了，所有的事情都是自己来，校领导表示要支持，协商之下，学校的支持只限于提供活动场所和矿泉水。每次活动都是门庭若市，有位长者组织儿子、孙女一起来参与，他说，孙女中考时没有考上附中，但学校提供的这个机会使一家三代再没有遗憾。这样的活动在社区是非常重要的文化引导。第二，在公共生活中寻求“我”和“我们”的平衡。公民的社会生活，历来有个人主义和集体主义两种观点。个人主义关注独立感、独特性，自己或个体是理解社会思维和社会行为的分析单元，集体主义则是渴望融入群体，将集体作为基本的分析单元。和谐社区建设，或者应对一些公共事件，需要二者的平衡，需要生成“咱们”的积极心理学。⑦以教师的身份优势，自觉平衡“我”和“我们”，会对社会生活的幸福度提升起到积极作用。第三，建设“幸福圈”。我们有很多亲戚圈、朋友圈、微信圈，经营亲密关系，分享幸福体验，本身就是在生产幸福。第四，在公共领域坚持理性精神。这大概是哈贝马斯强调的意思。在公共领域，我们作为公民，作为知识分子参与，应该回归初心，探寻事情的本质，发扬理性精神，积极参与国家和社会的调节。这不是与我无关的“高大上”，事实上在自媒体时代，几乎每个人都不是局外人。幸福是关乎人的内心完整的，做自己内心认可的事情，去探寻人生的终极价值、本质意义，自然终会让我们的人生蓬勃绽放。

麦金尔太认为：“现代把每个人的生活分隔成多种片段，每个片段都有它自己的准则和行为模式。”⑧我们应该也可以积极主动地应对这种分离性，以精神领域的修炼统领、笼罩所有领域，让我们的人生保持内在的完整性。“从明天起，做一个幸福的人。”“面朝大海，春暖花开。”

（本文发表于《江苏教育研究》2020年第6期）

参考文献

① 亚里士多德《尼各马科伦理学》，中国社会科学出版社1990年版，第225页。

②⑥ 内尔诺丁斯《幸福与教育》，教育科学出版社第176、210页。

③ 黑格尔《美学》，商务印书馆1979年版，第2卷，第326页。

④⑤ 泰勒·本-沙哈尔《幸福的方法》，中信出版社2013年版，第97、63页。

⑦ C.R.斯奈德、沙恩·洛佩斯《积极心理学》，人民邮电出版社2013年版，第412页。

⑧ 麦金尔太《德性论》，中国社会科学出版社1995年版，第25页。

让学校到处流淌着奶和蜜

我曾经和校长、老师们分享过一则《圣经》故事：在创世纪的时候，上帝答应给亚伯拉罕及其后代一块土地，这块土地非常非常好，到处流淌着奶和蜜。在为幸福学校寻找意象时，我借用了这则故事，提出让学校到处流淌着奶和蜜，并得到了校长、老师们热烈的回应。“到处流淌着奶和蜜”的地方，人们不仅得以生存，而且有生活的快乐，有幸福感。在学校这个特定的机构和空间，这种幸福感主要是由以下六个“感”融和而成。

一、价值引领的方向感

幸福的人生是有意义的一生，是超越欲望、走向内心，超越当下、走向长远的，是对终极价值、精神境界的追求。正如黑格尔所说，必须经过一定阶段，抽掉欲望、冲动、意愿的具体利害之情，达到无所需要的需要，成为纯粹的思维时，才是精神的存在。[1] 在学校，就是要在教育的本质意义上思考、探寻。在学校文化建设过程中，这种思考、探寻的表达形式，往往是提炼出学校的核心价值观和学校的意识形态系统。学校的核心价值观是贯通学校所有人群、贯通学校历史的根本理念。在为什么做、谁来做、做什么、怎样做、做得怎样的实践框架中，核心价值观是回答为什么做的。它统驭着学校的意识形态系统，内在地引导着学校各部门、各方面的工作，可以谓之学校文化之魂。学校文化有了这个灵魂，师生员工的组织行为以至生活方式就有了方向感，就有了终极价值的追求，就明确了教育实践就是努力探索有意义的人生。以江苏省锡山高级中学为例，学校的前身是民国初创办的匡村中学，唐江澎校长的团队从1927年匡村中学的训育目标中受到启发，结合现有学校的功能定位和对教育本质的深刻思考，高举“人”的旗帜，以培养“生命旺盛、精神高贵、智慧卓越、情感丰满”的时代新人为核心的价值追求，以一驭多，统领各方面工作，努力让核心价值观照亮、照遍、照透校园。这样的学校就是有灵魂的，这样的工作和学习就是肩负使命感的，这样的人生就是朝向幸福出发的。

二、全面发展的整全感

第一，面向全体的“全面发展”，这是“全面发展”的大前提。建设幸福学校，是不能不言及校长和老师的。校长和教师的专业发展，近些年来大都是能力本位。能力本位必然是以两种模式为主：匮乏模式，缺什么，补什么；提优模式，培养技术骨干和能手。从校长的“全面”来说，萨乔万尼提出的校长之心（情怀）、校长之脑（思想）、校长之手（本领）就很有价值，因为内在完整了，才会有发自内心的底气、信心和幸福感。从教师的“全面”来说，强调与工作结合的学习，与信息高速公路贯通的学习，与公民精神相融合的学习。领导层和教师又有差异发展的问题。当然，我们说的“全体”主要指向学生的每一个个体，我们说的“差异”也是主要指向学生群体的，我们的教育就是要满足每个活泼泼的生命的需求，真正做到位，幸福得像花儿一样，万紫千红总是春。第二，时空结合的“全面发展”。校长和教师的“全面”前面已经说到，这里主要就学生说。“全面发展”的空间维度是德智体美劳，“全面发展”的时间维度是朝向未来的“新人”特质，比如交往与合作能力、批判性思维、创新能力等等。在学校现场，“全面发展”经常“跑冒滴漏”，就是因为功利化而使教育异化，我们需要在纯粹意义上思考，永远怀揣初心。我每每看苏霍姆林斯基的书，都是感动不已、感慨万千，因为他的出发点就是一个：要让学校生活成为孩子的“真正的、光彩夺目的一段独特的不可再现的生活”，[②]把孩子们培养成精神世界丰富的现代公民。所以他为有些教师“把教育看成是尽可能多地往孩子头脑里灌输知识，而扭曲了孩子们的正常生活”[③]而痛心，他的教育实践是真正的五育并举，以文化人。对最有可能丧失地位的劳动教育，苏霍姆林斯基给予了高度的重视，他和全体老师经常讨论“怎样让劳动成为学生的精神需求”，系统地设计了学校的劳动教育。他说："劳动成为我们学生精神生活的需要，给他们带来团结友爱的快乐，促进钻研精神和求知欲的发展，能在克服困难之后产生激动人心的欢乐，能在周围世界里不断发现新的美好事物，能唤起初步的公民义务感——人类生活必不可缺的物质财富的创造者的感情。""劳动的乐趣是一种巨大的教育力量。每一个孩子都应当在童年时代深深体验这种高尚的情感。"④他的劳动教育实践在今天仍然是楷模，他的真知灼见在今天仍然振聋发聩。第三，全方位、全过程的"全面发展"。学校育人有四个基本要素：课程、教学、活动、环境，"全面发展"要落实，四个要素缺一不可。总体上看，这四个要素中，"活动"远没有得到重视，比之其他三个要素差之甚远。一般来说，"活动"往往使学校教育向四面八方打开，社会参与度强；活动内容与个性、喜好匹配度高，自主性、选择性强；自组织程度高，主体性得到更好张扬，等等，具有独特的育人价值。校友对母校的记忆，常常不是想起某几节课，而是想起某次经典性的活动。好在不少学校对此有所认识，围绕培养目标，系统地设计校园活动。比如南师附中在创建高品质示范高中过程中，设计了"青春是美丽的"校园生活行动。"青春是美丽的"是校友巴金的题词，这句话就镌刻在校园里的巴金铜像上。青春文化校园生活行动在落实国家核心素养的前提下，特别关注"社会责任、强健体魄、审美情趣、实践创新"四大素养，分类开发活动主题和项目，再按照全体、年级、班级分层设计，继之必选、任选的组织形式，让青春文化校园生活成为撬动学生整个教育生活和社会生活的重要支点，使活动与课程、教学、环境等要素相互支撑、相得益彰，有效地促进"全面发展"的全面落实。当然"全面发展"的落实还需要学校、家庭、政府、社会四位一体，很多学校在家校合作方面做出了卓有成效的努力，表明校长们的认识还算到位。

三、学习过程的幸福感

学生对学校教育的幸福感受，主要是在学习过程中生成的。因此，我们要提倡，第一，和谐的学习。苏霍姆林斯基把"和谐"这个概念融入教育之中，他那里的"和谐"一是指并举的五育相互渗透、相互交融、相互促进；二是指间接经验（书本知识）与直接经验（生活实践）有机结合；三是指引导学生把成长过程中从关键事件获得的成就感、自豪感迁移、转化到其他事件中，把在优势领域产生的自信心迁移到其他领域。以五育的交融说，他教孩子们学语言，把孩子带到蓝天下的学校，带到思维和语言的源头。“我们向葡萄园走去，在一个遮蔽在树荫下的僻静角落里，葡萄交错展开，攀在铁架上形成绿色帐篷。帐篷里满地都是娇嫩的小草。这里一片寂静，从这里，透过朦胧的绿荫朝外看，显得整个世界都是绿色的。我们在草地上坐了下来。”[5]带孩子们观察、想象，画童话、讲故事。“我千百次地证实：儿童在给周围世界增添各种幻想形象、虚构这些形象的时候，不仅能发现美，而且能发现真理。”[6]上音乐课，他带学生到大自然中，结合大自然的景色，欣赏柴可夫斯基的乐曲，然后，“音乐——想象——幻想——童话——创作，孩子就是按照这样的一条途径发展他的精神力量的”。“我们发展孩子对音乐的敏感性，也就是在提高他的思想和志向。任务在于，要让乐曲在每个孩子心灵里开辟人的情感的生机勃勃的源泉。”[7]“在五年级时开始系统地学习关于自然、社会和人的科学原理课程，我们尽量使这三个部分的教学有机地结合在一起，不仅在少年的意识中构成一幅周围世界的图景，而且帮助他们确立自己对世界，对人类的过去、现在和将来，对自己的观点。”[8]我国的新课程顶层设计的基本思想是超越学科中心，真正以学生发展为本，苏霍姆林斯基可谓这种实践的伟大先驱。第二，主动的学习。在积极心理学的表述中，主动包含在积极情绪之中。主动是源于内心的真正需要。沙哈尔在《幸福的方法》中借奥哈德的话，画了四个圆，一个套一个，由外而内是：能做的——想做的——真正想做的——最想做的。“最想做的”就是内心的真正需要，“把工作视为一种特权，而不是责任（对孩子们也一样），这样我们不但感到更幸福，也可以学到更多的东西，同时也会有更好的表现。”[9]主动学习不是一句口号，它提倡明确挑战性目标，需要必要的知识和技能配备，需要坚韧和顽强，需要资源调配和必要的支持，有时甚至还需要刻苦、艰苦、痛苦，但是因为有意义、有信念、有激情，学习的过程让我们进入心流状态，目标的实现让我们体验到幸福，所以那些“苦”也都融入快乐、融入幸福。第三，个性化学习。学生总是有差异的，学力上不会同等，风格上不会同样。要让每个学生都快乐地学习，必须从每个学生的客观条件和内在需求出发。一是目标、内容要有选择性。校本课程就是从学生个性和学校实际开发的，不同层次、不同个性和爱好的学生都要给课程机会。国家课程有相对的基础性、选择性的区分，同样的知识模块也可以有层次上的不同要求。苏霍姆林斯基就对学生实施两套大纲，一套是必修的，一套超出大纲，供学有余力同学充分发挥学习能量的。二是过程、方法要照顾差异性。有的学生思维敏捷，有的学生思维深刻但反应不快，杜威、苏霍姆林斯基都说过要学会等待，允许学生用不同的学习风格去实现学习目标。同样的学习要求也应当允许用不同的方法、不同的时间手段完成。如背诵课文这项作业，斯霞老师指导背诵有困难的学生每天背一段，而不是要求全班都一致当天完成，慢慢地，那些有背诵困难的学生也赶上趟了。三是要通过“互联网＋”的方式支持个性化学习。“互联网＋”突破时空限制，资源丰富，有助于支持个性化学习，可以充分发挥这些功能，满足学生个性化的需求。四是评价标准、方式多样化。不用一把尺子量学生，给学生个性化学习的成果展示提供舞台。总之，通过各种有效措施，促进不同能力、不同风格的学生尽其所能，刻苦勤勉，真正体验智力劳动的欢乐。第四，非正式学习。学习是生命内涵的充实与发展，不只止于文化知识的受教；“为有源头活水来”，大自然、日常生活都是课堂，不只限于教室那个特定的空间。非正式的学习、随机的学习可谓无处不在、无时不在。诺丁斯在讨论幸福教育时认为，非正式学习这种“不用教的课程”，“给许多孩子提供了大量的、学校认为是文化修养的东西——为主流文化所高度重视的知识”。“和非正式学习常常相伴随的是幸福感，有助于让学习变得更加持久”，比“在正式背景中学习一些东西常常会更有效”。[10]

四、人际关系的愉悦感

幸福在他人，幸福在关系构成中。塞利格曼把积极的人际关系作为幸福 2.0 的五个要素之一，而积极人际关系的表现，塞利格曼的解释就是“在生活中，有人真正关心你”。在学校里，学生的幸福感很重要的就是他体会到老师真正喜欢他，关心他。教师的幸福感相当一部分则来自关爱学生的回应。在学校中，培育积极的人际关系，第一，师者应有发自灵魂深处的大爱。我们经常说，幸福的校园里应当是温暖如春的，甚至散发着一种微糖的气味，这主要是师爱营造的。许多优秀教师，都是爱的典范。斯霞老师爱学生，完全发乎本心。蒙特梭利幼儿园的口号是：“爱和自由，美和理想”。蒙特梭利认为“爱是儿童成长的土壤”。智利女诗人米斯特拉尔，出身贫寒，没有受过正规教育，自学成才，从小学老师做到大学教授。她曾发出心中的祈祷：“请赐给我爱，让我把它全部倾注在我的学校”“让我比做母亲的更为慈爱，像母亲一般爱护那些不是我亲生的小孩”。苏霍姆林斯基说：“我生活中什么最重要？爱孩子。”但是，爱又是一门艺术，是需要学习才能掌握的。公正是爱的基石，如果出现不公正，“群众的眼睛是雪亮的”，小朋友都有数得很，那你和学生的关系一定很糟。认识是爱的前提，要爱学生，首先要了解学生、研究学生、认识学生，才可能有儿童立场。尊重是爱的关键，尊重意味着从学生的内在需求出发，意味着师生人格上的平等。责任是爱的体现，使命在身，相信孩子，相信自己，全力以赴，像苏霍姆林斯基所说，一定要取得“进入新宫殿的通行证”。[11]第二，培育儿童处理人际关系的美德。行为是品性的外显，要有积极的人际关系，就必须重视相关美德的培育。比如：感恩，感恩表明具备被人爱的能力，那些师爱如海的老师感到学生的成长是他们幸福的源泉，就是因为他们的爱得到回应；帮助他人，有人抱怨生活中没有幸福感，积极心理学的大师们开出的药方是“帮助他人”，帮助他人，表明你已经在践行仁爱精神，苏霍姆林斯基安排高年级学生到低年级做小小辅导员，这些高年级学生因此获取的幸福感弥漫人生，因为品性和能力、耕耘与收获相互转化，如滚雪球一般，越滚越大；同理心，这是感知他人状态的情绪反应，是匹配他人情绪的一种能力，但又不是他人复杂情绪的复制，而是需要对他人有恻隐之心，从而能理解他人，帮助他人；[12]社会智慧，顾名思义，应该是社会交往中表现出来的智慧，塞利格曼解释社会智慧，是对他人和自己的认知，能了解别人的动机和感觉，并作出很好的回应。[13]学校是社会的一部分，学校也是小社会，很多学校诸如社团活动、班队活动、节庆活动，以及小组合作、伙伴式学习等，重要目的之一就是培养学生人际交往的美德品性。品性的形成，就在拉近与幸福的距离。第三，要把握交往行为的内在平衡。人际关系，关键在一个度，过犹不及，否则就会起反作用。比如亲近与距离，爱学生，当然要亲近，但又不能爱如捆绑，因为你的爱，让学生喘不过气来，那就适得其反了。教育即解放，到一定阶段，为师者要学会退让，学会隐去，这也可以叫作“退一步海阔天高”，因为有了距离，学生有了足够的发展空间，他们才能成大器、立大业。为师者远远的关注和深情的祝福，更是一种深刻的大爱！再如利他与利己，无论师生之间，还是同学伙伴之间，都应把握自爱与爱人的平衡。不是因为要利他，要助人，就全然不顾自己。如果以损害自己的幸福为代价，你也很难给别人赠予幸福。师者爱学生，在一定程度上是以自爱、利己为基础的，正是因为爱自己的人格，爱自己的形象，才能在浑然不觉、不加“计算”的情况下爱学生，对同事关系的处理亦是。又者表扬与批评，激励当然是有助于促进学生健康成长的，但不分场合、没有分寸的表扬，接近于哄与骗，贻害无穷。“教育行为所需的知识应该是针对具体情境而且指向我们所关心的具体孩子。”[14]如果在事情的本质意义上学生是错误的，那一定要批评的；如果同一件事情一群学生都错了，那么负主要责任的学生和所谓的“好学生”更应该被狠狠批评的。“好雨知时节，当春乃发生。”无论表扬与批评，恰逢其时、恰如其分、恰到好处，才能真正发挥作用，促进孩子的蓬勃生长。

五、专业发展的丰盈感

在学校的师生关系中，教师处于主导的地位，以至佐藤学说到学生学习的主体作用，认为是一种“被动的主体性”。幸福学校的建设，教师如果没有幸福感，学生的幸福感显然只是奢谈。“学校到处流淌着奶和蜜”，也在于教师有幸福的感受，这种感受来自于学生蓬勃的成长，也来自教师自己专业发展的丰盈感。第一，从“我们”走向“我”。“我们”是基础的、共同的、普遍的，做一名教师，首先是“共同基础”，这是合格性，这也是不容易的，一方面一个基本胜任的教师要做到精神、情感、知识、能力的内在完整，需要补缺，需要历练；另一方面，科技、社会的发展和教育本身的深刻变革，不断丰富着职业能力的内涵，要与时俱进，懈怠不得。师者希望有所成就，不能止步于合格和基本胜任，“最好走的路是下坡路”，我们不愿意庸庸碌碌，人生就应该常常在气喘吁吁的爬坡路上，一个重要的目标，就是从“我们”蜕化成“我”。“我”标志着什么？一是有风格的教学。布封有句名言：“风格就是人”。风格是人的精神个体性的外在东西，是属于自己的东西，这需要师者对知识通透的理解，对学生真切的了解，对自己个性准确的把握。20 世纪 80 年代末，有一天我带领泰州师范毕业班的同学来到姜堰实验小学见习，被安排听两位老师分别上《卖火柴的小女孩》，用现在的话叫同课异构，第一位是娄文英老师，后来曾作为全省小学教师代表，当选全国人大代表，娄老师功底扎实，非常了得，普通话更是超过当时县电台播音员，而《卖火柴的小女孩》适合声情并茂，以情动人，娄老师的课上得很震撼，很感人。后上课的是一位男老师，名叫沈志敏，可惜后来到行政队伍中了，普通话相当地不标准，但他理性思维见长，上课时先从结尾小女孩在新年微笑地死去入手，由果溯因，环环逆推，让学生充分认识到小女孩的命运是逻辑的必然。听完课，我和同学们交流，就感到这两节课就是鲜活的教学艺术论，他们的课人课一体，风格鲜明，“我们”的那些东西都以“我”的个体性特征表达出来了。二是有境界的教学。“境界”在审美领域出现，较早的如南宋蔡梦弼引张九成《心传录》语云：“读子美‘野色更无山隔断，山光直与水相通’，已而叹曰：子美此诗，非特为山光野色，凡悟一道理通透处，往往境界皆如此也。”[15]可见，“境界”指诗人的怀抱与客观的景象融为一体，通透亮堂，上课亦然，主客融合，通体透明。在我看来，最佳的有境界的课堂，应该是有灵性的。于永正老师曾主张让学生学得有灵性，诺丁斯谈精神性提升时，喻以日出的瑰丽景象，“灵性开始升腾”。达到灵性境界的课堂，人和知识相拥起舞，在如痴如醉中领悟到知识的本质，精神亦在这样的审美过程中升腾。许多优秀老师的教学高潮都达到这样的境界。第二，从经师走向人师。徐特立先生对这个问题有精辟的见解：“教师是有两种人格的，一种是‘经师’（因为中国过去教经书的知识的称经师，现在教科学知识，为了容易记，所以仍袭用这个名称），一种是人师，人师就是教行为，就是怎样做人的问题。经师是教学问的，就是说，除了教学问以外，学生的品质，学生的作风，学生的生活，学生的习惯，他是不管的，人师则是这些东西他都管。”[16]所谓经师易得，人师难求，为什么？因为人师首先要“身正为范”，用诺丁斯的话说，自己要有令人惬意的品质，我们在本文中提到的苏霍姆林斯基、斯霞等等，都是伟大的人师。“人民教育家”于漪可谓当代人师的杰出代表，她对“教书育人”的理解就是深刻鲜明的人师观。她认为，“育人”是大目标，“教书”要为“育人”服务。培养一个学生，对他的思想素质、道德情操、知识的深度广度、能力的强弱、智力的高低、体质的情况要有总体的设想，要有完整的概念。德性统率，五育并举，并在全面发展的基础上，让学生个性特征体现得更加充分，更为美好。[17]这些思想对于有志于此的老师们是有深刻启示的。第三，从“群众”走向“领袖”。这是从专业领域说的，这里的“领袖”是非正式的，指的是专业领袖。提出这样的命题，一方面基于学校管理制度变革的大趋势，英雄式的领导逐步退出舞台，民主型的领导机制在逐步形成，许多学校都在推行分布式领导，扁平化，项目式，集思广益，集体创新，这就使得专业领袖有可能脱颖而出。另一方面从教师专业成长的内在要求看，一个优秀的教师必须拥有课程教学领导力，必须在学校变革的过程中，挑起更重的担子，肩负更大的责任，发挥更大的作用。专业领袖的形成在于让教师参与学校变革计划的制订，让他们负责具体变革项目，在“做”的过程中成长。在这方面，锡山高中做出卓有成效的探索。从20世纪90年代后期起，他们围绕校本课程开发，选修Ⅱ系列课程建设，学校课程的全面建设，面向专业大类选择的研创式大任务课程体系构建，形成阶段性重点突破的项目。比如研创式大任务课程体系构建，具体项目有《省锡中学校课程方案（4.0版）》的研制，学校课程实施与评价，学校课程开发机制与平台建设，指向核心素养发展学习方式变革探索，体悟教学法研究与推广，支持深度学习的智慧教学系统研发，真实校园情境下学生生活秩序的自主建构行动。在共同价值观引领下的老师们作为决策者、组织者、参与者融入学校变革与发展的事业之中，专业领袖在“做”的过程中，完成目标，实现自我成长，推进学校发展，也给教师这个职业赋予新的内涵：学习的领导者，自己和自己的学生构成学习型团队；项目的发起者，参与学校变革政策的制订和实施；课程教学的领导者，以深厚的专业素养，和谐的人际关系，率领专业社群进行集体创新。当然，不可能所有教师都实现这三个转化，金生鈜教授在谈到人民教育家培养时说，重要的不是实现，而是实践。确实，只要在路上，就是在开启一种幸福的人生。

六、物态环境的生命感

学校是一个特定的空间，总是需要物质条件的。正如苏霍姆林斯基所说：“建立物质基础是一个严肃的教育学问题。”[18]第一，学校物态环境要指向学生的精神成长。张家港实验小学有着这方面的自觉意识，学校提出的宣言是：做精神明亮的人，过正常的积极的学生生活。为了让学校宣言落地，他们努力寻找和童年相适应的，匹配度高的教育内容，搭建舒适度、自由感、成长性高的生态环境和童年秩序。江苏省的课程基地，主要是课程资源和教学设施，它们本身就是一个教学情境，在这个情境中展开的学习主要是任务导向型，自然就给学生许多“出场”的机会，有力地促进学生主体精神的成长。第二，要明确物态环境的功能定位。在我看来，学校的物质设施和空间环境，一是花园，“学校的任务就是要使人们在少年期就生活在美的世界中”。[19]绿树成荫、鸟语花香会给儿童带来美好的遐想。二是学园，学校的实验室、专用教室、课程基地乃至整个校园都应该是创意学习空间。三是书香乐园，“天堂是图书馆的样子”（博尔赫斯），“没有一艘船能像一本书/也没有一匹骏马能像/一页跳跃的诗行那样——/把人带向远方”（狄金森）。不少学校让学生随处可以捧起书卷，静心悦读，是一种很好的创意。四是精神家园，“每一堵墙壁都说话”，学校文化的先贤在说话，学校发展的愿景在说话，学校秉持的核心价值观在说话，活泼泼的学校主人公也在说话，学校在温馨如家的同时也是孩子们文化扎根的精神之家。第三，物态环境要有生命气息。用刘慧校长的话说，张家港实验小学的校园环境体现着自然的美学精神，让校园的每一天，每一个时分都是新的。在不少百年名校，如江苏省南菁中学、苏州景范中学、苏州平江实验学校、常州局前街小学，到处可以感受文化源流在流淌，校长们都是试图让历史照亮未来，整个校园往往都彰显着学校文化独特的精神气质。第四，要让学生与环境对话。创意教学空间把教师、学生、教科书、环境联结在一起，组成学习共同体。自然环境的经营尽量让学生参与。张家港实小的校园有一条美丽的分岔小路，刘慧说，在校园里，校长聊天，教师聊天，同学聊天，大树下聊天，池塘边聊天，细雨中聊天，在诗情画意中聊天，聊天也成了诗情画意。我看过老师们拍的一张照片，一个小男孩四仰八叉地躺在草地上，面朝蓝天在遐想。据说，老师问他干什么，他的回答是："我在思想哩！"借用诺丁斯的话，"灵性升腾了"。苏霍姆林斯基说："我们在审美素养的培育中赋予花卉很重要的地位。"[20] 帕夫雷什中学和我们现在很多学校一样，让学生种植、护养植物，让孩子们感觉到因为有他们的劳动和创造，校园有了更美丽的样子。于是，幸福感也就升腾了！

（本文发表于《江苏教育研究》2020年第7期）

参考文献

① 黑格尔《逻辑学》，商务印书馆1974年版，第2版序言。

②③④⑤⑥⑦⑧ 苏霍姆林斯基《育人三部曲》，人民教育出版社1998年版，第14、15、259—260、30页、32、69、76、432—433页。

⑨ 泰勒·本-沙哈尔《幸福的方法》，中信出版社2013年版，第89页。

⑩ 内尔·诺丁斯《幸福与教育》，教育科学出版社2009年版，第12页。

⑪ 孙孔懿《苏霍姆林斯基评传》，人民教育出版社2017年版，第188页。

⑫ C. R. 斯奈德、沙恩·洛佩斯《积极心理学》，人民邮电出版社2013年版，第244页。

⑬ 塞利格曼《真实的幸福》，万卷出版公司2010年版，第150页。

⑭ 马克思·范梅南《教学机智：教育智慧的意蕴》，教育科学出版社2001年版，第64页。

⑮《历代诗话续编》，中华书局1983年版，第208页。

⑯《徐特立教育文集》，人民教育出版社1979年版，第204页。

⑰ 余慧娟等《人民教育家于漪》，《人民教育》2019年第20期。

⑱《苏霍姆林斯基选集》第 1 卷,教育科学出版社 2001 年版,第 23 页。
⑲《苏霍姆林斯基选集》第 3 卷,教育科学出版社 2001 年版,第 447 页。
⑳《苏霍姆林斯基选集》第 4 卷,教育科学出版社 2001 年版,第 563 页。

试论百年名校的“核心资产”

百年名校如何超越百年积淀，创造新的辉煌？在一定意义上说就是要盘活、放大自己的“核心资产”。百年名校的“核心资产”有哪些呢？笔者以为至少包括以下五个方面。

一、以“学以成人”为内核的文化传统

百年名校的创办者都是饱学之士，深受中国文化的浸染。百年名校这个“百年”又是个约数，有的上延几百年，甚至是追达千年的学府，它们本身就是中国传统文化的命脉所系。百年名校的存在，就是以传承中国文化为维度看，“学以成人”是其精神内核，所以有人说，中国教育思想史的精髓就是四个字：“学以为己”；2018年8月在北京召开的第38届世界哲学大会以“学以成人”为主题，得到广泛热烈的响应，说明它今天在全世界仍然具有普遍意义。孔子当年慨叹：“古之学者为己，今之学者为人”，呼吁要回到原点，“学以为己”。按照儒家的思想，求学首先是为了修身，是本着“君子—仁者—圣人”的路子走，首先在于学会做人，丰沛自己的精神境界，培养自己的道德操守。儒学讲“礼”“乐”都是源于道德。比如“礼”，作为一种文化价值体系，是在有机地促进人格的生长。古人说“三不朽”，立德，是树立高尚的道德；立功，是因为有高尚的道德，所以要为国为民，建立功勋；立言，是因为有了高尚的道德操守，所以提出自己的真知灼见。“三不朽”中，立德为首，而且是德性统

率，这也就是今天我们讲“立德树人”的本源意义。千年学府，百年名校，都是秉承“为己之学”的宗旨创办的，百年名校的传承与超越，首先就应该坚守这样的传统，落实立德树人的根本任务。

二、以向往未来为目标的理想追求

百年名校之所以有“名”，之所以一路“名”到今天，与创办者们、主政者们的理想追求分不开。这种理想追求大致分两个方面，一是办学是为了培养人才，改造社会；二是为了把学校带到一个新的高度，把学生培养成我们合理想象的新人。后者又是包含了前者的，所以培养新人是办学者根本的理想追求。今天我们讨论百年名校超越发展的命题，不仅仅是为了向前贤致敬，更主要的是对未来的向往。按照海德格尔“三时相”的理论，在“将来”“已在”和“当前”三时相中，“将来”应是中心或龙头，这个将来不只是还未来到，而是让缘在自身到来的、无法现在的化为能在。其龙头一摆，身尾盘舞，蔚为壮观。[①]正是这种对新人的想象，鼓舞着先贤们书写办学的辉煌。北宋著名教育家胡瑗提倡“致天下之治在人才，成天下之才者在教化，教化之所本者在学校”，至今在泰州、苏州、湖州一带仍是余脉流响。胡瑗在答宋神宗之问时提出“有体”“有文”“有用”，大致可以与道德、知识、能力对应，这可以看作胡瑗的人才标准，自然也是他对学生的期待。安定书院所在的江苏省泰州中学，就依据胡瑗“明体达用”的思想，提出校本化的培养目标。江苏省锡山高中的前身匡村学校，在 1926 年就制定了“十大训育标准”。今天的锡山高中在建构学校文化体系时，既从“十大训育标准”中汲取营养，又呼应时代要求，明确以成全人为终极的价值追求，成全生命旺盛、精神高贵、智慧卓越、情感丰沛的时代新人。这样的想象和追求成为锡山高中人不竭的动力，也成为学校取得卓著办学业绩的重要原因。

三、以他山之石为借鉴的开放视野

在相对确定的意义上，百年之前，正是民国初年，那也是一个国门打开，留学潮高潮迭起的年代。许多先贤都怀揣理想，远渡重洋，求学于发达国家，以他山之石作为借鉴，回国后办学校、办实业，更有不少直接投身于民族救亡的伟大事业。由于他们国学功底深厚，出国求学的目的性很强，所以他们如果走教育救国的路子，往往都能按照现代教育的模子来办学校。在国内，“欧风美雨”也是绵延不断，造成广泛的影响。这种开放，造就了名校的“现代”品质。比如南京师范大学附属小学，民国初年曾有俞子夷校长主政的阶段。俞子夷1909年赴日本考察单级教授法，回国后即筹设单级教授法练习所；1912年在江苏第一师范附小任教，开始试行新的教学法；1913年赴欧美考察教育；1918年至1926年在南京高等师范学校任教，并组织附属小学进行各种新教学法的实验研究。1928年俞子夷在《一个小学十年努力纪》的序言中写道：“南师附小的方针便重在实验，这是10年前所定的方针，至今没有变更过。”学校当年种种举措创当时教育教学研究风气之先，曾吸引杜威先生实地参观、考察并发表演讲，坐落在校园里的杜威院至今仍让人想象起当年的盛景。前面提及的锡山高中从匡村学校的文化资源中汲取营养，而十大训育标准则是留美教育哲学博士殷芝龄先生主政时提出的。无论是培育标准，还是课程，在今天看来，仍然是具有现代意识的。他山之石，可以攻玉，打开窗户瞭望发达国家的教育风景，可以给我们有益启迪，而阔大的胸襟、开放的意识，则是学校走向高品质，教育走向现代化不可或缺的精神元素。这里还需要赘言的是，把时间的长度向前延伸几百年，上千年，只要有“名”，都是与办学的开放分不开的，古代书院的讲学与会讲就是思想解放、学术繁荣的一种标志。胡瑗的分斋教学法，则可以看作教育主动适应社会发展需要的创新之举。今天我们传承的百年名校的办学传统，坚持开放精神，应该是基本内涵之一。

四、以使命担当为信念的人格典范

名校大都是出自名家的培育，有的百年名校，或集聚一群教育名家，或有数位教育大家先后主政。这些教育界的先贤最闪亮的是他们的人格品质，其中最应为后人景仰效仿的应当有：第一，以教育救国为己任。陶行知在大学毕业时就认识到：“人民贫，非教育莫与富之；人民愚，非教育莫与智之”“不教育其群者，其必受外侮，而臻于之”。在民国教育中举足轻重的蔡元培先生，一向视教育为救国的唯一途径。他提出的军国民教育、实利教育和道德教育，标本兼治地把育人与强国联系在一起。创办留学教育的容闳，其思想出发点就是“通过西方教育，中国将得以复兴，变成文明富强的国家”。百年名校文化传统的传承，仍然要坚持并且弘扬这样的“国家思维”，以中华民族的伟大复兴为重要的价值指向。第二，文化自觉。中国传统的教育名家以及民国时期的教育家群体，大抵是儒学浸泡出来的。如前说到，儒学是“为己之学”，以修身为第一价值追求，自己的精神世界丰沛了，自然进入到社会，为他人，为社会做贡献。所以这些教育大家办学校，完全是骨子里生出来的责任感和使命感，而且，儒学传统具有丰富的办学积累，张岱年先生曾写过一篇文章《儒家哲学是教育家的哲学》，对此有全面的阐释。其中一个重要的认识是，儒家作为教育家的以身作则，孔子说“政者正也”“其身正，不令而行；其身不正，虽令不从”，正是“己正”生成文化自觉，而“正人”则是以文化人，指向人格培养，于今天仍然具有重要意义②。第三，奉献精神。许多名校的创办者、主政者在办学过程中都表现出崇高的奉献精神。陶行知先生“捧着一颗心来，不带一根草去”，至今声犹在耳，回荡不绝。他在办教育的过程中，表示“哪怕卖掉裤子也要坚持下去”“穷到要饭也要办教育”。江苏省苏州第十中学前身是振华女中，由王谢长达女士 1906 年创办，取名“振华”，旨在振兴中华。1917 年王谢长达三女儿王季玉硕士由美学成回国接管校务，学校办得声名卓著，费孝通、何泽慧、杨绛等都是从这里走出去的，许多中外大家如章太炎、胡适之、杜威夫人等对之赞誉有加。王季玉女士为振华殚思竭虑，呕心沥血，且终身未嫁。当后辈问及时，王季玉先生答曰：“我嫁给振华了。”所谓教育家办学，很重要的是教育家自身的“正人”。我们学习这些前辈，就应当以他们为道德楷模。

五、以扎根探索为路径的经验创造

名校之“名”，往往也在于扎根之深。民国初年诞生的名校，往往试图在中国的传统教育中植入现代教育的因子，所以都非常重视实验。这种实验有社会性的，比如平民教育运动、乡村教育实验等；更多的是具体办学过程中引进民主教育思想和新的教育方式。成就之大小，关键在于是否真正扎根。扎根了，就意味着理论与实际结合了，西方的经验被创造性地转化了，学校就有了“属于自己的句子”。同时，还应该看到，百年以来，这些名校一路“名”下来，是因为后人们承传了前辈的实践理性和创造精神，是因为他们坚持扎根，创造了新的经验，甚至新的理论。以江苏为例，斯霞、李吉林、李庾南、于永正等一大批名师，都是扎根讲坛数十年，创造了具有很大影响力的研究成果，成为全国知名甚至有国际影响的教育家，他们所任职的学校自然也更为有名。南京师范大学附属小学 110 年校庆时，我有一个题为《面向未来》的演讲，提出南师附小向未来进发，行囊里已经有了四本著作，第一本是《教育哲学》，斯霞老师的“童心母爱”是这本书鲜亮的主题，南师附小百年来“爱的教育”之实践提供了丰富的案例；第二本是《教育实验学》，20世纪初，主政者们就开实验之风，设计教学法、道尔顿制、公仆会都进行过成就显著的尝试，50年代学制改革，80年代听说欣赏实验，斯霞老师的分散识字，等等，多年来对课程和教学的研究，都积累了丰富的经验；第三本书是《教育管理学》，20世纪20年代，南师附小就出版了《一个小学十年努力纪》，110年校庆时出版了《一个小学新十年努力纪》，相互映照，相映成趣，一脉相承中新的创造尤其令人刮目；第四本书是《教育现象学》，南师附小的校训是“怀大爱心，做小事情”，从小事情做起，爱的教育才能成为学校日常生活的现象世界，而主政者、执教者就是在日常生活中观察、关注、支持孩子的成长，在成就孩子们的同时也成就自己。

我想这样的理解是有普遍意义的，百年名校的文化传承需要我们认真梳理，提炼宝贵经验，同时又有面向未来的人生姿态，有对新人合理的想象，从而在新的情境中激活文化传统，创造新的辉煌。

（本文发表于《中小学德育》2019年第1期）

参考文献：

① 张祥龙《海德格尔传》，商务印书馆2007年版，第202页。

② 张岱年《儒家哲学是教育家的哲学》，《华东师范大学学报（教育科学版）》1989年第1期，第24—26页。

关于普通高中高品质建设的战略考量

普通高中的内涵建设，从二十世纪八九十年代以来，常有提及。但为了适应普及普通高中教育的需要，当年普通高中建设主要还是规模速度型的。进入新世纪，特别是《国家中长期教育改革与发展规划纲要》颁布以后，这个问题逐渐提上议事日程。各地对示范、星级等普通高中建设指标的修订，就明显加强了对内涵建设的引导。2018 年，江苏省更是在多年酝酿的基础上，主动对接国家从高速度向高质量转型的发展战略，启动高品质示范高中建设，在省内外引起较大反响。2019 年，国务院办公厅出台《关于新时代推进普通高中育人方式改革的指导意见》，愈见高品质示范高中建设“文章合为时而著”。怎么真正提升普通高中的品质，对于全国普通高中的发展，是具有重大意义的命题。笔者结合国家的要求和江苏的案例，认为要从以下三个方面多加考量。

一、明确价值定位

普通高中高品质建设的价值追求，一方面可以依据国家出台的一系列文件，归纳出普通高中的功能定位，另一方面可以从人们对高品质普通高中“高看一眼”的期待，概括其相对于一般学校特有的优秀意蕴。“基础性”“示范性”可以视为两个关键词。

1. 基础性

普通高中是基础教育的最高阶段，讨论普通高中建设，都应该在基础教育这个范畴，同时兼顾其基础教育最高阶段的特点。

普通性　凡是基础的，都是普通的，从人的成长角度看是通识的、共同的，而不是职业的、专门的。“人在成为律师、医生、商人或制造商之前首先是人……没有普通教育，人有可能成为称职的律师，但是普通教育可以使他们成为富有哲理的律师——他们会去寻求（并有能力理解）原则，而不仅仅是将自己的记忆里塞满具体的细节。”①“教育使人成为人”，虽说“成为人”的过程伴随终生，但基础教育阶段的“人”是未完成、未成熟的，基本上是不参与职业活动的，所以应当是以心理层面、认知层面、伦理层面共同性的精神性成长为主的，应当要落实教育方针中德智体美劳“基于标准”的那些共同要求。

根基性　经常有人说基础教育是打地基的，“比喻都是跛脚的”，“地基”是不可能自己往上走的。基础教育阶段的高中教育，国家一再明确“为学生的终身发展奠定基础”，包含了内在的生长。我把这个特点表述为根基性，一方面是说它是基础的、稳定的，另一方面是从终身教育视野观照。终身教育是人们一生连续不断接受教育的总和，但这个“总和”不是量的简单叠加，而是包含了“春种一粒粟，秋收万颗子”的内涵，它有内在的生长性。精神的种子种下去，会有“面朝大海，春暖花开”的美好期待。

大众性　我国普通高中已经进入普及化阶段，这里讨论“大众性”主要指向育人方式改革强调的高中学生“全面而有个性的发展”。在情怀方面，要把以学生发展为本的理念落实到每一个鲜活的个体；在制度方面，要以公正为基石，创新制度设计；在策略方面，要把握基础性和选择性、大众教育与精英教育、能力匹配与风格匹配等方面的内在平衡，让每一个学生都有课程机会，让他们的高中生活都成为个性蓬勃的幸福时光。

预备性　《关于新时代推进普通高中育人方式改革的指导意见》《普通高中课程方案》都提出高中教育“为学生适应社会生活、高等教育和职业发展作准备”，这就规定了普通高中的预备性功能。从普通高中发展的实际情况看：第一，预备性要关注生活和教育的宽度。高中教育与社会生活、高等教育和职业发展并非都是直接的简单对应关系，在高等教育大众化、普及化的背景下，高中教育不存在精英化教育阶段的分流，可以理解为包括接受高等职业教育在内的高等教育，本身也是一种社会生活，接受高等教育后也有“职业发展”的问题。所以虽然不排斥这三个方面是三个去向，但是更要理解为即使同一去向也包含了三个方面。第二，要特别关注“学会学习”的预备性。“学会学习”至少包括学习内容的选择、学习时间的安排、学习技能和方法的掌握。绝大部分高中生是要升入高一级学校的，即使暂时不接受高等教育，投入社会生活，从事职业活动，以及接受终身教育，都应当把学会学习作为核心素养。

2. 示范性

“基础性”说的是普通高中的纯粹精神。当前我国普通高中的发展，就是需要一批学校排除杂念，按教育规律办学，体现纯粹精神。真正做到位，就有了品质意蕴，起到引领示范作用。具体说来，可以从以下方面判断。

教育公平到位　凸现教育公平是国家基本教育政策。一所有影响力的高中学校，其办学秉持和偏好，不仅关乎本校的办学方向，而且会成为一个地区义务教育阶段学校和同类学校的风向标。教育公平则是其正向引导的首要问题。一所高品质示范高中的教育公平应当体现在两个方面，一个方面是形式公平，如录取、分班、选科、推荐保送等，都应该体现秩序正义，无可挑剔，方能站得住、立得稳。另一方面则是实质公平，“给每一个人平等的机会，并不是指名义上的平等，而是要肯定每一个人都能够受到适当的教育，而且这种教育的进度和方法是适合个人特点的”。[②]这就需要尊重每一个学生的个性，“松竹相别、菊堇各异”（小原国芳语），进入高中时，每个学生的兴趣、爱好、个性、能力都已初步显现，学校应当充分尊重，顺乎自然；发现每一个学生的潜能，由于初中学生的未成型，由于高中学生发展的丰富性，应当通过各种机会，研究发现学生的潜在可能性；为学生提供适切的教育，尊重差异，因材施教，为所有学生提供适合个性发展的机会，真正促进学生“全面而有个性的发展”。

教育质量上乘　“教育——这首先是人学。”（苏霍姆林斯基语）学生的质量最重要的是做人的质量。中国教育思想史的精髓可用“学以成人”概括，立德树人、教书育人都源于此。所以讨论教育质量最根本的是看学生的德性养成。其次，学生不能成为政治和道德的“空口袋”，应当追求德性统率的全面发展。再次，学生质量不仅有五育并举的空间维度，还应有朝向未来的时间维度，要培养学生批判性思维、创新能力和非认知素养。同时，差异化的个性又得到充分发展。在这种整体质量观的范畴内，发展素质教育自然会有较高甚至很高的学业质量，就像有的学校宣传的“不为高考、赢得高考”，稳定的、骄人的高考成绩成为发展素质教育的题中应有之义。

教育活力充溢　一所学校死气沉沉、了无生机，是无法与高品质勾连的。反之，好的学校总是充溢着向上的、青春的蓬勃活力。主要体现在：第一，主体力量的激情迸发。活力来自对人的解放。郑敏在《回望我的西南联大》中概括西南联大的办学特色：“自由松散的联大”“特立独行的老师”“肆意生长的学生”。钱学森回忆在北京师范大学附属中学读书是“人生的一个高潮”，也是因为其时的主政者给学生自由充分发挥创造氛围、提供舞台。第二，体制、机制的灵活。体制、机制的建立和变革应以学生发展为根本指向，使师生个性舒展，在教与学的活动中如鱼得水，各擅胜场，而不是捆住、捆死学生和老师。第三，丰富多彩的校园生活。江苏省高品质示范高中建设，在十项指标中列上“校园生活”一项，是因为丰富多彩的校园生活是学校充满活力的重要表征，也是因为这方面是学校内涵建设相对薄弱的环节，所以单独列出，希望高中学校有整体性考量，以高品质校园生活，增进校园生活幸福感，促进学生蓬勃发展，成就梦想。

教育生态健康　教育生态是反映教育内外部各种关系的。生态美学的关键词是稳定、和谐、美丽。稳定是说生态圈具有一定秩序，要关注具体人群和事物的生态位；和谐是说各个部分、各个层次有机融合，共生共长；美丽是说和谐共生的景象是美好的、美丽的，系统运行是健康的、高效的。学校的教育生态，内部指以师生关系为主的人际关系，以及人和校园物态环境的关系；外部是指人与社会，包括家校关系，学校与所在社区的关系，学校、家庭、社会、政府四位一体的关系，学校与引领、辐射所及的其他学校、社群的关系。这些关系的构成都应该以稳定、和谐、美丽为意蕴。

二、探寻历史方位

价值定位是基本的教育理解，落实到具体筹划、组织推进，我们还应明白自己在哪里，肩负着怎样的使命。因此，应当准确地探寻高品质示范高中建设的历史方位。

怎样回应时代关切？在人类社会经济发展的进程中，已经经历以土地、劳力为核心资源的农业经济，以技术、市场为核心资源的工业经济，现在进入以人的素质为核心资源的知识经济。为适应科技和社会的飞速发展，从而提出核心素养、素质生产力等等，以明示人的培养、人力资源建设的方向。《中国教育现代化2035》和省级“教育现代化2035”，也都是基于科技和社会的发展，以培养“新人”为目标，全方位描绘出教育改革的蓝图。科技和经济发展本质上是人的问题。“因为人的实践活动，是创造价值的唯一途径，而实践主体的每一个活动要素——知识结构（价值基础）、专业技能（价值能力）、职业道德（价值规范）、创新能力（价值成果）”，对于素质生产力而言，都是不可或缺的。③要真正提升素质生产力，必须“从娃娃抓起”，从基础教育抓起。特别是让学生真正学到带得走的东西，真正培养学生的责任心和创造力，相对而言是我们的短板，亟须一批高品质的学校作出有力示范。

怎样体现国际视野？在全球化的背景下，我们不应该也不可能关起国门办学校，应该放眼全世界，倡行“拿来主义”，汲取人类的共同文明和世界上先进的教育经验。一方面人类在发展中长期积累了许多共同的文明成果，特别是办教育，办学校的纯粹经验。以近些年来为例，积极心理学提出要培养人的美德优势，提出六个放之四海而皆准的美德：智慧与知识、勇气、仁爱、正义、节制、精神卓越，又进而在其下位归纳了24种美德行为。经合组织等为适应知识经济的到来，率先提出的核心素养等等，这些人类文明的共同成果自当大胆拿来，创造性转化成核心的教育资源。另一方面，“他山之石，可以攻玉”，要特别关注国际先进高中的办学经验。江苏省锡山高级中学就特别重视这方面工作，对欧美、日韩一批先进高中进行了较为深入的研究，从愿景与使命、课程与学习、师资与队伍、评价与保障等方面进行系统梳理。我们感到锡山高中高品质示范性高中建设方案的专家和同行都比较“洋气”，具有现代品性，这与唐江澎校长的团队在这方面下的功夫是分不开的。

怎样激活文化传统？“扎根中国大地办教育”，其重要的一项历史使命就是中国优秀文化传统的传承。从具体学校看，可以理解为大中小三个视域。大的视域就是整个中华文明的精神，比如刚健自强、和而不同、仁爱宽恕、经世务实等等，这些纯粹的精神是四达并流，无所不在的。中的视域就是一大批有着深厚传统的百年名校共同性的精神，或者学校所在地域文化的本质意蕴。笔者曾对百年名校的核心文化资产做过概括：以“学以成人”为内核的文化传统；以向往未来为目标的理想追求；以他山之石为借鉴的开放视野；以使命担当为信念的人格典范；以扎根探索为路径的经验创造。④至于区域的文化精神，往往凝聚着前辈的智慧和汗水，是“一方水土一方人”应当秉承的宝贵财富。比如地处张家港的江苏省梁丰高级中学在研制高品质示范高中建设方案时，关注学校文化与“张家港精神”的有机融合，说明学校领导具有这方面的自觉意识。小的视域就是具体学校的文化积淀。许多校长反复阅读学校校史，向前贤致敬，创造性地继承，都有出色的表现，对高品质示范高中建设的筹划，都可以让人感觉到学校文脉的流淌和回响。当然，大中小三个视域，在具体学校应当是融合的，具体学校是在个性中包含了大、中视域普遍性的东西，同时又有自己的特色。另一方面，这样的回望是以向往未来为导向的，对文化积淀汲取的财富是符合事物发展本质规律，契合学校发展实际，在今天和未来的语境中，都仍然是充满活力的。

怎样破解发展难题？高品质示范高中为其所处的生态位决定，必须探索高中发展积累问题的解决与创新。比如分数至上，当下，分数是基础教育特别是高中教育的“语法”，不讲分数，似乎交流都有困难。高中教育不是不要分数，而是要让高的学业表现成为发展素质教育的必然，而是要看以什么手段，付出什么代价取得分数。高品质示范高中要以“新人”培养为目标，建构终身发展取向，以综合素养、素质生产力培育为核心的实践体系，真正促进学生全面而有个性的发展。再如体制制约，体制僵化在我国教育领域是不争的事实，一方面要希望政府不断松绑，激发学校主体的活力，另一方面学校要敢闯敢试，与高等学校、职业学校等加强合作，与企业、社会加强合作，探索育人模式的新路子。又如千校一面，启动高品质示范高中，本身就是一元化与多元化的统一。正如有些大学校长所说，大学“一流”具有一元化特征，大学“特色”具有多元化的特征。[⑤]“高品质”是一元化，“特色”则是多元化，有时“一元化”就是在“多元化”中表达出来的。学校建设要在“合法”“合理”“合时”的前提下，“寻找自己的句子”，[⑥]真正如《国家中长期教育改革和发展规划纲要》所要求的：“办出特色，办出水平，出名师，育英才。”

三、创新战略筹划

高品质示范高中建设的战略筹划是这项工程的蓝图，要做得有新意，有内涵，有操作性，需要很高的站位、很强的理解力和创造性。在研读江苏省普通高中全部申报方案后，我领悟到以下三个方面尤为重要。

凝练学校精神　学校是一种文化存在，一定是和精神联结的。何谓精神？正如黑格尔所说，必须经过一定的阶段，抽掉欲望、冲动、意愿的具体利害之情，达到无所需要的需要，成为纯粹的思维时，才是精神的存在。[7]精神是和教育、教化联系在一起的，所以不同的国家、民族有不同的精神。在具体的学校里，学校精神又体现特定群体理想的追求、文化的传承、问题的应对、性格的必然，体现特定群体对教育本质、教育规律的理解力。精神和文化联系在一起，作为文化的一部分，它与制度文化、行为文化、物质文化熔铸成学校文化的整体。此时的精神就不都是无形无象的，它往往以核心价值观、培养目标、办学理念等形式表达出来，又借助物质和行为体现出来。高品质示范高中建设，首先就是一种精神追求；境界的高下，往往也在学校精神的凝练和表达上。江苏省高品质示范高中建设榜上有名的学校都非常重视这方面工作，其中锡山高中尤为出色。江苏省锡山高级中学从面向教育现代化这个宏大背景出发，借鉴国际高品质高中的先进经验，激活学校深厚的文化传统，凝练了学校的愿景与目标，以此表达学校精神。学校愿景是建设具有现代品性的高中，主要是以学习共同体（学习）和民主型组织（管理）的建设加以体现。培养目标是培养“生命旺盛、精神高贵、智慧卓越、情感丰满”的时代新人，这样的目标与20世纪20年代初学校前身匡村中学训育目标一脉相承；以“生命为信仰而澎湃”的情怀和德性统领，五育并举，以文化人，体现“新人”特质；从五业贯通、终身发展角度设计，其“五业”是高中阶段的学业，大学阶段的专业，安身立命的职业，建功立业的事业，襟怀天下、造福人类、安顿灵魂的志业。整体的思路视野开阔，气魄宏大，情怀深挚，体现了唐校长和他的团队对高中教育发展规律的深刻思考和准确把握。

建构实践体系　通常关于“文化”的认知框架，把文化分成精神文化、制度文化、行为文化、物质文化。学校文化的实践体系就是把精神文化引导下的制度文化、行为文化、物质文化整合起来，与学校工作如课程、教学、活动、管理等基本领域对接。高品质示范高中的实践体系建构，一般体现如下特点：①校本性。江苏省示范性高中评估标准把对高品质示范高中的建设要求分解成立德树人、办学思想、师资队伍、课程体系、学校治理、校园生活、人才培养、智慧教育、国际交流、发展生态10方面，进而又细化为28个监测点。这些是共性的要求，具体到学校，各自的文化传统、区域的生态位，师生特别是校长的主导性风格、理解能力等各不相同，必然都在“寻找属于自己的句子”，在我们见到的所有建设规划中，几乎没有建构实践体系是与以上10条简单对应的。比如南京师范大学附属中学的实践体系由六个工程组成：精神明亮：德育样态的建构；融通生长：课程体系的优化；思维飞扬：课堂教学的深耕计划；“青春是美丽的”：校园生活行动；“人人名师”：教师团队的发展；民主科学:完善学校发展的生态。显而易见,评估标准的具体要求都已涵盖,附中“嚼得草根,做得大事”的情怀和气度,创新意识和自由精神也都比较自然地包孕其中。②结构性。实践体系包括了学校工作的不同领域、不同块面,但绝不能是拼盘式的,而应是有机整体。首先,应当基于某种学理框架,使实践体系内在完整。如唐江澎校长认为,高品质示范高中建设,必须以创新的思维、前瞻的目标、有效的方法、扎实的举措,在实践中回答“培养什么样的人、为谁培养人、怎样培养人、靠谁培养人、在怎样的环境里培养人、培养取得什么样的成效”这六个教育的根本问题。正是基于这样的认识,锡山高中的实践方案有着较为完整的逻辑架构。有的学校从文化的“四分法”入手,即以精神文化、制度文化、行为文化、物质文化,对接、整合学校工作的各个块面。也有的学校依据国家的政策文本,把相关要求化用为学校应答的内在结构等等,都有其可取之处。其次体现学校文化的“一致性”。福柯说:“一致性”是“一个文化得以存在的条件和组织原则”。[⑧]“五色为文”,学校文化理应丰富多彩。作为一种组织文化,学校文化又应具有统整性,应当是以学校精神为灵魂,凝聚丰富性。所以,实践体系涉及的各个领域、各个块面的工作,都应是学校精神照亮的。包括学校的物质建设,“让每一堵墙壁都说话”,不是杂烩式的,先贤在“说话”,社会的主流价值观在“说话”,丰盈蓬勃的师生在“说话”,自然物的生命在“说话”,以及百年名校积累的文化家当在“说话”,怎么选择,怎么统整,都是以学校精神为聚集点的,又都熠耀着学校精神的光辉。这样,就能实现“一”和“多”的统一。[⑨]从我们见到的建设规划看,相对好的实践体系构建,都体现了“一致性”的努力。③操作性。实践体系是为了“做”,需要“做”的。首先要说清楚。各个领域、各个块面的表达要减少交叉,让人有“眉清目秀”之感,而不是“眉毛胡子一把抓”。对具体工作、工程的要义说明白,让人知晓究竟是怎么回事。比如南京外国语学校的育人模式,提出要培养具有“中国心智”的国际化人才,关于为什么、是什么、怎么做,一层一层地说开来,层次清楚。其“怎么做”包括:具有“中国心智”的国际化人才培养目标的校本建构,中西方文化交融的初高中一体化课程构建,指向学习力培养的无边界课堂建设,走向学生治理的管理制度创新,关怀世界中心议题的多样化社团建设。内涵丰富,特色鲜明,而又让人一目了然。其次要有现场感,好上手。不少学校在建设规划中制订了过程设计和年度计划,有的学校借鉴境外、国外一些先进高中的做法,对实践体系中的重大工程都进行了子项目的设计,其中包括目标内容、受益对象、预期效益、进度预算、责任团队(人员)、检核设计等。显然是真抓实干，可以期许的。

突出优势探索　优质学校和学校特色不完全是一回事，优质学校都是有特色的，有特色的学校不一定是优质学校。但是，当到了高品质的发展平台，去讨论学校特色建设，对于解决学校发展同质化的问题就有意思、有意义了。这一类学校的特色建设基本路径都是对学校优势的探索，其中应当把握如：①目的性。学校优势探索不是炫耀，不是显摆，而是有问题解决和规律探索的必要，学校又在这方面积累了一定的基础和优势，“舍我其谁”，理当率先实践探索。江苏省教育厅要求有关申报学校在实践体系的后面，要附两至三个重点建设项目，也体现了对学校优势探索、特色建设的政策引导。比如南京师范大学附属中学的重点建设项目，其中一个是“‘青春是美丽的’：校园生活行动”，在设计时就有很强的问题意识，葛军校长的团队非常想望校园到处洋溢着青春的朝气、蓬勃的活力，活力很重要的是联接着活动，但是受应试教育影响，不少高中都是死读书、读死书、读书死，了无生气的。相对而言，南师附中的学生是有独立人格、自由精神的，校园生活也是多彩的。高品质示范高中建设启动后，葛军校长想到，以前的校园生活充其量是“无心插柳柳成荫”，现在以自觉意识，主动为之，应当成为育人方式的一条重要路径，学校精神的一种重要表达，所以设计了这个项目。校园里著名校友巴金的塑像上，镌刻着巴金的寄语“青春是美丽的”，正好成了项目画龙点睛的主题，相信其成果会对其他学校具有借鉴意义。②契合点。学校优势和办学追求，在历史与未来、本土与国际、共性与个性中形成某个契合点，做起来，做成了，就是优势发展、特色形成。比如南京外国语学校提出培养具有“中国心智”的国际化人才，就是针对外国语学校方向性存在的普遍问题提出来的，就是在契合点上的生长。③贯通性。学校优势的形成不是一朝一夕的，优势探索要尽可能与学校的文化积淀和前期探索相贯通。江苏省锡山高级中学有一个重点建设项目是“面向专业大类选择的研创式大任务课程体系建设”，具体包括：《省锡中学校课程方案(4.0版)》研制，学校课程实施与评价，学校课程开发机制与平台建设，指向核心素养发展学习方式变革探索，体悟教学法研究与推广，支持深度学习的智慧教学系统研发，真实校园情境下学生生活秩序的自主建构行动，高品质校园艺术活动实施，俱乐部制校园体育活动实施。且不说远到匡村中学阶段学校课程建设的积累，就说新课改背景下，锡山高中从20世纪90年代末以来的课程建设，1.0阶段主要是校本课程开发，2.0阶段主要是选修Ⅱ课程建设，3.0阶段则是学校课程的全面建设，重点在学校实施国家课程的探索，基于课程基地的学习场域构建，和教师课程领导力的培育。现在的4.0阶段，着力在人才培养方式的转型。一脉相承，在继承中创新，给人拾级而上，渐入佳境，甚至风光无限的美好想象。

高品质示范高中建设，是对学校办学境界的追求。据专家研究，把“境界”这个概念引入审美领域，较早是南宋蔡梦弼引张九成《心传录》语云：“读子美‘野色更无山隔断，山光直与水相通’，已而叹曰：子美此诗，非特为山光野色，凡悟一道理透彻处，往往境界皆如此也。”[⑩] 系统筹划高品质示范高中建设，把政策文本的字义、有深度的教育理解，体现教育本质的学校精神，与学校制度、组织、行为、物质建设融为一体，形成“自己的句子”，且又通体透亮、形神兼备，当是成为一种美好的境界。愿同仁们共同为之努力！

（本文发表在《人民教育》2020年第9期）

参考文献

① 陈向明《美国哈佛大学本科课程体系的四次改革浪潮》，《比较教育研究》1997年第3期。

② 联合国教科文组织国际教育发展委员会《学会生存——教育世界的今天和明天》，教育科学出版社1996年版，第105页。

③ 刘梓良《唤醒人自身中“沉睡着”的力量》。

④ 杨九俊《试论百年名校的核心资产》，《中小学德育》2019年第1期。

⑤《大学校长视野里的大学教育》，中国人民大学出版社2004年版，第14页。

⑥⑨ 杨九俊《学校特色建设：“寻找属于自己的句子”》，《教育研究》2013年第10期。

⑦ 黑格尔《逻辑学》，商务印书馆1974年版，第2版序言。

⑧ J.丹纳斯、T.斯奇拉托、J.韦伯《理解福柯》，百花文艺出版社2002年版，第20页。

⑩《杜工部草堂诗话》卷二，《历代诗话续编》第208页。

我们怎么做教育教学研究

——基于中小学教师的视角

教学即研究，世界劳工组织早将研究作为教师职业必须的要求。但在教师的生活中，"研究"似乎更正式，更有一种档次上的界定。人们在讨论教师研究时，其实也给了一些标准，比如，文章在正式刊物发表，在正规的评奖中获奖，等等。斯滕豪斯认为，"私下的研究在我看来简直称不上研究，部分原因在于我们将研究视为一种共同体活动，而未发表的研究对他人几乎没有用处。"本文的讨论正是在"公开发表"这个"水平线"上进行的。

一、谁来做教育教学研究

教育研究首先应当建立"共同体"的概念。谁来做教育教学研究？是微社会一个临时的生命共同体。这里的共同体除了斯滕豪斯所说的那种潜在状态，大致有四种情况。第一是一群人组成的研究团队，一些大的研究项目，都不是"一个人在战斗"，往往参加研究的是一个庞大的团队。如江苏省泰州中学洪宗礼老师领衔的"中外母语教材研究"，参与的专家学者有160多位。上海教科院顾泠沅老师当年的青浦数学教学实验研究，就由"场内"的教师和"场外"的专家共同组成研究团队。第二，研究者的背后有强大的专业队伍在支撑。这些专家、同行未必出现在文章的作者署名处或获奖者名单中，比如李吉林老师的情境教育研究，由于她的聪慧、执着和勤奋，得到刘佛年、高文、杜殿坤等高校教授的关注和支持，这些专家的某些思想，其实已经融进情境教育的理论与实践。许多参与情境教育实验的一线老师，其实也不断丰富着李吉林老师的思想。现在一些名师、名校长成长工程中，培养对象教育思想的形成，大都是“众人拾柴”燃亮的。第三，同事的相互滋养。在学习型组织的文化氛围里，同事之间围绕某些问题和命题，思想激荡，相互启迪，生成了某些研究的项目，深化了某些研究的进展。第四种情况是学生成为共同体的构成。更多的老师是面对课堂、面对学生的独立研究，按照研究伦理，要研究学生，应当尊重他们，应该得到他们的支持与合作。江苏吴江汾湖实验小学有一段时间，校本研究的主题是“让学生参与研究”，就是在引导教师建立共同体意识。江苏省锡山高级中学被誉为“大陆校本课程的发源地”，锡山高中校本课程的开设，都是以对学生的广泛调研为基础的，课程实施过程，自然也离不开学生作为实践主体的参与。教育教学研究的共同体有什么特征呢？（1）认同感。没有认同感就没有共同体。一是对生活意义的认同感。“我来到这个世界，为了看太阳”，因为向上向前的生活姿态，使大家走到一起。二是对研究主题价值取向的认同感。参与情境教育的实验者与研究者，本身就关注人的全面发展，关注教育教学审美性，关注全人发展的课程载体，关注学习科学视角教与学的改进，对情境育人的思想都十分认同。三是对研究领衔人的认同。课题、项目的主持人、领衔人，其德性、才干、组织力，是共同体形成的粘合剂，其价值追求与个人魅力往往吸引同行加入研究。于永正老师粉丝众多，“桃李满天下”，一些追随者自发结盟，研究、推广于永正语文教育思想，就是源于于永正老师的强大号召力。（2）主体性。如前述及，连接共同体的是活生生的主体力量。共同体之间常常能设身处地为同伴着想，但不是也不能以关系的亲密为基准，否则，共同体就成了“朋友圈”了。本雅明认为，共同体形成的关键因素，在于个体的自由，正是每个个体是自由的，他们都能独立思考，畅所欲言，这个共同体才具有活力、具有力量。（3）交响乐队式的组织构成。高中语文教材编写启动时，出版部门邀请南京大学丁帆教授和笔者担任主编，在向初中语文教材主编洪宗礼老师请教研究核心团队如何构成时，洪老师提出的三条选人标准是：公益之心、水平相当、结构合理。共同体就是一支交响乐队，每个人都有自己的职能，有自己的生态位，每个人都不可或缺，于是相互补充、相互衬托、相互映照，共同弹奏辉煌的乐章。

二、为谁做教育教学研究

我们的回答是为自己的教育人生做教育教学研究。第一，确立学习为自己、研究为自己的基本观念。中国传统教育思想的核心是“学以为己”，孔子当年就感慨“古之学者为己，今之学者为人”。[①]“为己”当然指往“内圣”的向度，指道德境界的修炼。儒家主张士大夫之学“有益于身，有用于世”。[②]这里的“为己”是包括逐步过渡到为社会，为他人的。在儒家看来，唯有个人为了自己寻求道德完善，社会才能从中获得裨益，个人目的之所以达成，原因正是个人目的中包含了公共目的。现在关于教师的价值判断有两个不同的标准体系。一是与现行人事管理制度相适应的是外向的。它的存在有现代社会管理、社会运作的必然性。它是依据社会可判断性，因而总是统一的，也是僵硬的。二是与教师发展和人生体验相适应的，是与精神相关的，内向的。如前述及，它在中国传统文化中有着深刻的基础和渊源，这二者其实就是“为己”与“为人”的关系。我们不一定非要将二者对立起来，但主次和先后不能不讲。否则，对功利的追求也是欲速而难达的。从路径上看，不能解决个人修为与精神体验的丰富性问题，也很难获得社会资本。法国社会学家皮埃尔·布迪厄社会学研究的核心主题就是个体文化作为一种“文化资本”。个体的文化修养总是一种资本形式，个体总是存在用自己的精神内涵兑换社会文化资本的倾向。有成就的教师总是先做到个体精神的饱满，然后达到社会的认可，更好地服务于社会。当学习、研究是为了自己精神的丰沛、内心的完整，以及个人价值的实现，这样的教师就会满怀信心一路向上走。如果学习、研究只是为了身外之物，学习和研究处于“被”状态，就都成了苦差事，某个功利性的目标达到了，上进的通道也就自我关闭了。第二，坚守自己的内心。人生的路上有很多诱惑，怎样对待这些诱惑决定了许多人研究道路的长短。如果我们的研究已经达到一种生命自觉，我们在做研究，就是做自己内心认可的事情，研究本身就会让我们感到快乐，就是一种幸福时光。当外在干扰、诱惑来临时，我们能果断排除，那我们一定会走得远。斯霞老师曾被任命为南京市教育局副局长，年轻的李吉林曾有可能做校长，洪宗礼有机会做副局长、宣传部长，他们都谢绝了，他们坚持做内心认可的事情，所以有了令人瞩目的成就。邱学华老师曾向我介绍，文革前他在华东师范大学做老师，主动“要官”，要求到附小做教务处副主任，因为做个官有利于他开展尝试教学的实验。文革中他回到老家，后来任常州师范学校校长，他主动要求辞官，而且一辞到底，到常州市教科所做一名研究人员，因为这样他可以摆脱冗务，专心从事尝试教学的实验和推广。李庾南老师76岁时，还兼任班主任，还在上初中数学课。她告诉我，她的讲台人生，首先是自己喜欢、惬意。年轻时上课是为了捧好饭碗，现在捧饭碗是为了享受教育。第三，将异己的转化为本己的。我们很难做到所有的研究都是本乎内心。有时，领导交待的任务，或者某种偶发的原因，达成某个未必指向本己的目标，但都可能让我们成为研究者。泰州九龙实验学校的顾广林老师对初中数学活动课的研究成果获省基础教育教学成果特等奖，他研究的触点完全是意外的，更是异己的。那是顾广林参加南师大数学系他们这个班校友十年的聚会，他没有同学相聚的快乐，只有内心深处的寂寞。因为有的同学升官了，有的同学发财了，有的同学出名了，怎么说也人模人样了，他只是一个农村初中的数学教师，被冷落乃情理中事。顾广林暗下决心：再过十年，让你们刮目相看。他认真选择研究课题，从每个单元的活动课入手，引导学生动手"做"数学。在研究中，他逐步发现在"做"中体验建构，学生的数学素养提高了，自己当初的"负气"早已忘得一干二净。他乐此不疲地开展研究，想的是惠及学生、成长教师、充实自己。恰如神学大师所言："研究如果不转化为爱，还要研究干什么？""转化"是我们校正研究价值的关键。

三、怎样做教育教学研究

基础教育一线的教育教学研究，关键在强化六种意识。第一，现场意识。教育教学研究基于教育现场，通过教育现场，还要回到教育现场。关注教育现场，在一定意义上是一种教育现象学倾向。现象学研究倡导"面向事实本身"，"面向事实本身"当然有超越现实、提升现实的内涵，但它首先基于现实，从现场出发，这样的研究更真切。海安城南实验小学的许卫兵老师，带领团队研究对剖腹产儿童的教育"干预"，他们将教室里的座位表上孩子的名字写成两种不同的字体，在学生完成任务，进行小组合作，学业成绩检测时有意识地进行错题分析比照，尤其加强对学生的个体观察研究，建立剖腹产儿童的学习档案，与家长组成共同体，通过教育"干预"给这些孩子特殊的关怀。由于"面向事实本身"，研究体现了较高的准确性和可信度。"睡魔正与诗魔战，窗外一声婆饼焦。"现场意识还会为我们带来教育教学一线的"烟火气"，让人感受到生活本身的鲜活和亲切，增加感染的力量。顾泠沅老师和我初次见面时，说从我的文章中感受到我在中小学有较长的教学经历。在我看来，这是对我的文章多少保持教育现场生动气息的褒奖。第二，问题意识。教育教学研究以问题为导向，需要在教育现场通过观察思考，发现问题、提炼问题，进而研究问题、解决问题。江苏省锡山高级中学的张克中老师，一度作为《文汇报》“笔会”的专栏作家。我曾问：“克中，你这些文章的触发点来自哪里？”张克中老师告诉我，对选入高中语文教材的经典文章重新有所“发现”，这是《文汇报》“笔会”编辑与他的约定。他对某些经典文章的新解，受三个因素的影响，一是学生在课堂讨论时匪夷所思的创见，顺着走就会形成绝妙好文；二是几乎所有学生对文本都陷入平庸化理解的泥沼，这么些优秀的高中生尚且如此，可见一般读者也都不能认识文章独特的价值，非常值得花大力气去重新解读；三是自己备课“静夜思”时内心的触动，值得写出来与读者分享。可见，张克中的写作都是来自教育现场的问题。哈佛大学有句名言：“教育的真正目的就是让人不断地提出问题，思考问题。”教育教学研究的直接目的更是解决问题。当然，问题有很多种，对于中小学老师，他们的研究应当是“一切景语皆情语”“处处留心皆学问”。但如果有了“宏大叙事”的气魄和能力，则应更关注贯穿始终的、普通性的那些基本问题、结构性问题。还应加强问题意识，不断发问质疑、追问，使研究的过程成为分析、解释、质疑的过程。第三，谱系意识。中小学教师的研究大多是“在场”的，源自心灵、叩响心弦，就可能形成成果。但如果要聚焦一个结构性问题持续研究，如果需要学术性的交流和表达，这就要规划。我们要研究一个问题，总是希望能有所突破，能对问题的解决有所贡献，这就要借助潜在的共同体的力量。先要搞清楚关于这个问题的已有研究，大概是什么状况，这就需要学会做文献综述，以便了解相关主题的研究状况和前人、他人取得的成果，在已有成果的思想滋润的基础上开展工作。“若不了解关于这一问题前人做过什么，我们要拓展、创新，基本是不可能的。其实，继承比创新重要，只有继承，才有可能创新；没有继承，就不可能有创新，而文献综述就是一种继承。只有基于前人研究工作的基础，才能确定我们的研究价值，研究工作才有可能取得进展。”③第四，方法意识。研究方法指在研究中发现新现象、新事物，或找出新理论、新观点，揭示事物内在规律的工具和手段。研究总是要讲究方法的，研究方法的应用使研究符合规范性的要求，其实也是使研究成果在科学性上经得起推敲。要注意的是，每一种研究方法都有其局限性，基于教育现场的研究往往具有综合性特点，也就需要研究方法的有效组合和必要补充。顾泠沅老师的青浦教改实验，在行动研究中引导科学发现的逻辑，增加了理论创新的可能性；用经验、筛选的方法填补了调查与实验之间的方法论空白；把传播学特定模式嵌入研究流程，为大范围的教学改进提供了保证。研究方法的创造性运用，成为青浦教改实验成功的重要原因。第五，理论意识。教育现场展开的是教育的生动实践，但教育现场的研究并不排斥理论，理论与实践相互激荡，理论与实践双重探索，这样的研究更可能成大事。在这方面，李吉林老师的研究堪称表率。她努力学习教育心理学、课程教学论，学习科学、美学等基本理论，用以指导实践；注重从实践中提炼理论成果，借助理论收获推进实践的深化，循环往复，螺旋上升。她的情境教育研究，仅在《教育研究》就发表论文13篇，这也可以理解为她的理论攀越上13层台阶，她的教育实践得到13次提升。有的老师认为，我写的就是自己的教育教学经验，没有什么理论，也不需要理论。暂时没有理论不要紧，但排斥理论显然是不对的。德雷福斯说，理论的营养可以促进研究"从日常实践的脉络中超离出来"，创造新的日常生活。哪怕是叙事研究，也应在明晰概念、理解原理的基础上进行，也应该在学理上站得住，也应该实现一定程度上的"超离"，这就需要汲取理论的丰富营养。

四、研究成果怎样凝练表达

研究成果怎样凝练表达？人各有志、人各有智、人各有技，这真是个相当个性化的事情。为了比较清楚地说明问题，我把它概括为"1234"，即研究成果的表达应倡导一个基准，讲究两套功夫，把握三个角度，穿越四重境界。

一个基准，即有深刻体验的独到和创造。任何研究都期盼"新见"，哲学家诺齐克说："我对人类智慧所能做的贡献，不是去阐释或维护自己先前的观点，而是提出新的观点。怡悦我，激发我的，是去思考新的问题，提出新的看法，过去如此，现在依然如此。"对于这种境界，中小学教育教学研究也应"心向往之"，提出新的东西，在一定程度上体现创造性。当然，中小学老师的"新见"有多种形式，至少包括走进实践的理论创新，先进理论的成功应用，生活的教育叙事蕴含的"事理"，在亲为中悟到的某些心得，等等。另一方面，"在场"的研究，这些新见又是与叩响心弦的体验相连接，相融通的。正是亲力亲为，让生活的体验、生命的体验中闪烁着理性的光泽，这些"新见"是情感与思想的结晶。如斯霞老师的教学实践，童心在闪耀，母爱在润泽，思想也在生长。李吉林教师的情境教育，理论的形成和成熟，也是深刻的情感体验贯穿的过程。举一个具体案例来说，南通虹桥第二小学刘昕老师，曾碰到一个“横竖不说话”的学生。刘老师比家长更着急，更上心，和这个孩子每周做一次单独的交流，而且每次交流都认真准备，到了第三个月，这个孩子终于在办公室门口主动喊上一声“刘老师”，刘昕和办公室的同事都激动得哭了。后来，这个孩子渐渐融入了集体生活。刘昕精选一部分和这个孩子交往的故事，出版了《关于一个学生的笔记》。刘昕现在也成为了“江苏省人民教育家培养工程”培养对象。在关爱学生这方面，我以为她已有些教育家的样子。她的研究成果在情怀方面具有深深的感染力。

两套功夫，一套功夫名为讲故事，一套功夫叫作结构化。教师的教育教学研究大致是一种“教育现象学”，现象就是个体的实际经验，对个体（包括自己）实际经验的尊重和把握，会让人有一种存在感。所以应当提倡叙事，讲故事。讲故事源远流长，远古的歌谣、情歌、传说、神话等等，就包含了丰富的情感价值，兼容了多种社会规则，它与那种以阐释、解释为主要特征的知识，形成了人类知识发展史的两股源流。这似乎还契合时代发展趋势，美国学者丹尼尔·平克曾提出，未来属于高感性的时代，现代人应当具备六种能力，其中就有说故事的能力。他认为相对于论点而言，故事以叙事方式的独特性和内涵的多喻性，可以收获巨大的传播效果。所以，不仅叙事研究，即使是按照逻辑层次展开的阐说中，我们也要讲好故事。南京第十三中学的曹勇军老师把自己的课堂称为“我与你的故事”，他直言，自己的研究就是非虚构、介入式、叙事化，就是讲好自己的故事。有些老师在阐说过程中引为例证的故事让人眼前一亮，真有胜过一打说教的感觉。另一方面要把自己的想法有顺序、有层次地表达清楚，具有内在一致性，就要学会结构化。只要想想“结构”这个词的源头，想想建筑中结构的意义，我们就会意识到结构化对于文章的重要性。结构化就是要有逻辑性。金生鈜教授认为：逻辑是认识的起点。逻辑不是限制认识，而是引导认识，使认识更好地探索真理。逻辑是我们针对问题进行理性思维的方式，关涉我们思想的正确性和有效性。结构化就是要有关联性，观点与观点，不同的理论论据与事实论据，古今中外，虚实之间，怎样能堆砌到一起，甚至通过有机建构融为一体呢？正是结构化使事物之间具有了关联性。结构化体现“建筑性”，这里借用陈嘉明教授“建筑说理”的表述，“各种材料各得其所，于是文章的架子就搭成了，就立起来了。”我甚至认为，中小学优秀的研究者要过把文章写长这一关。有一定的文章长度，才能比较充分地展开自己的观点，体现出一定的纵深度。有人说，有话则长，无话则短，干吗要写长文章！在我看来，无话就不写，还要“则短”干什么！“有话”说明你有自己的想法，说明你想得比较多，那就写下来。如果我们想得多，想得新，想得透，想得系统，就会有说服力、影响力，这也是对写作能力的一种要求。较长篇幅的文章，需要一定的逻辑结构能力，这对思维能力、谋篇布局能力都是一种锻炼。当然，有长文写作的能力，并不是要求所有文章都是长文，文章长短确实看表达的需要。

三个向度。教育现场具有整体性特点，研究往往侧重某个方面，大致说来，对于一个比较优秀的教师，有一定的研究积累，则可以往教育哲学、实践模式、教学风格这些方向进行凝练，发出声响。个人的教育哲学是以专业公开的教育哲学为依托，作为个人信仰或价值标准而存在的，它可能表现为教育理念、教育教学主张、教育口号等，总是使个人的教育活动带来一致的倾向性。实践模式是基于长期探索、创造或认可的，能够体现教育规律的教学模式、教学方法等。教学风格是个人对学科本质独特的理解和表达，是教学艺术所能达到的最高境界。这些方面都只是实践的一个维度，都可以反映实践整体性的某种特点。有些老师能够在三个方面都有建树，如斯霞老师，她的教育哲学是童心母爱，她识字教学的实践模式是随课文识字，她的教学风格是朴实大气，都达到相当的高度。有的老师侧重于某一方面，但对三者有统摄的功能，比如李吉林老师的情境教学。对于绝大多数老师来说，可能更多着力在教学风格的凝练方面。但要注意的是，仅此一个方面其实对一个人整个的教育教学，甚至教育生活，都是相互联结的，都是相互融通的。比如，教学风格最本质的是在我们对某个学科独特的理解、发现与实践，这其中包含了自己的教育教学思想（教育哲学、教育观念视角）和自己比较认可的操作范式（实践模式视角），也包含了我们对人生的独特理解和追求，往往是自身性格的生动体现。有的老师被赞誉人以课立、人课一体，是因为课也是他的人格的表现，是他的人生状态。

四重境界。教育教学成果的凝练表达，似乎有几个阶段：一是经验性的。许多老师起步写的都是教育教学经验，比较感性但没有深度，比较个人化但进入不了公共话语系统。二是科学性的。能够用教育教学的基本理论说清楚问题，学理上立得住，包括在明晰概念、理解原理基础上的经验表达，都达到了这种境界，但似乎还是“普通话”——普普通通的话，缺少打动人心、发人深思的力量。三是个性化的。指已经能熟练地运用基本理论讨论问题，对问题的认识形成了独到的见解，对观点的表达形成了“属于自己的句子”，是一种有风格的表达。四是形成“关键词”。对自身的教育思想和教育实践进行高度概括，形成一种品牌性、标志性的表达，并得到广泛认可。比如童心母爱之于斯霞，情境教育之于李吉林，尝试教育之于邱学华，无需说明，大家都明白。无论是作文，还是为人，这应当看作是一名教师最高的贡献，最杰出的成就。“横渠四句”曾描述知识分子最高的文化理想：“为天地立心，为生民立命，为往圣继绝学，为万世开太平。”一名真正的知识分子，由让渡自己到让渡他人，由内心丰沛到立功、立言，以中小学（幼儿园）教师的身份，在教育教学研究中凝练出“关键词”，是可以看作在一定程度上实现知识人的文化理想的。至少，“在路上”，是毋庸置疑的。

（本文发表于《江苏教育研究》2019 年第 1 期）

参考文献：

① 龙昭雄《论语与现代生活（上）》，广西人民出版社 2013 年版，第 17 页。

② 龚书铎《清代学术史论》，紫禁城出版社 2014 年版，第 46 页。

③《重视文献综述在教育研究中的价值——访北京师范大学教授、长江学者张斌贤》，《教育科学研究》2015 年第 4 期，第 29—32 页。

高中语文新课标新在哪里？

《普通高中语文课程标准》2017年底由教育部颁布；依据新课标统编的新教材，2019年9月正式启用；随着全国各地分批次进入高中课改，一线老师正在创造着课程标准期待的课堂教学。为了让新课标进入教研组，进入课堂，完整地理解、准确地把握其新的意蕴，显得十分必要。本文以结构化的思路，试图从目标、内容、实施、评价四要素来审察高中语文新课标的新意所在。

一、新在提炼语文核心素养，明确语文课程目标

本次高中课改是从落实立德树人高度，因应科技和社会飞速变化而启动的。学科核心素养则是立德树人在学科课程的落脚点。高中语文课程标准提炼了语言建构与运用、思维发展与提升、审美鉴赏与创造、文化传承与理解四个核心素养，又进而按照一对三的思路，列出十二条具体内容，明确了语文课程目标。[①]语文学科核心素养具有其鲜明的特点：

1. 内在完整性。语文课程核心素养从四个方面解释，只是方便理解，其内在是相互关联，相互渗透，甚至你中有我，我中有你的。比如语言与思维，可谓一张纸的两面；只要有语文成品和语文活动，都会涉及文化；说语言总会提及语感，语感本身是思维的一种表征，又常常表现为一种审美敏感。这四项核心素养又是以语言建构与运用为主导的，因为只有这一项专属于语文，其他三项都是以这一项为基础

的。据郑桂华教授说，相对于其他三项，“从一些渠道获得的信息来看，人们对‘语言建构与运用’这一表述的接受反而最低”。郑桂华教授针对这种状况，对个体语言到底能不能建构，怎样区分“语言建构”和“语言运用”，做了有力的阐述。[②]笔者认为，关键还是明确“是什么”。顺着郑教授的思路说，“建构”具有一些基本特征：定向性，“建构”最朴素的解释是建筑起一种构造，可见建构是有方向的；主动性，建构是主体作用的过程；情境性，情境往往是激活主体能动作用的基础，建构总是在一定情境中实现的；个体性，学习是一种个性化的行为，每个个体建构的起点、过程、结果都是有差异的。至于“建构和运用”的关系，主要可以从内外两个维度看，语文学习对内就是涵育内化，对外就是以言行事，内、外的相互激发，螺旋上升，就是在推动素养的提升。由此也可以理解课程标准在总括核心素养时所说：“在语文课程中，学生的思维发展与提升、审美鉴赏与创造、文化传承与理解，都是以语言的建构与运用为基础，并在学生个体言语经验发展过程中得以实现的。”

语文核心素养的内在完整性不仅体现在这四项的相互关系中，还体现在核心素养对非核心素养的统摄作用上。比如语言还有一些现代语言学的逻辑、概念不能说明的东西，可能语焉不详，混沌一体，也可能余音袅袅，深远绵长，所谓“可以意会，难以言传”“言有尽而意无穷”。这些都可以由语言、思维、审美等维度的核心素养统摄起来。

2. 育人根基性。根基兼有基础、品行、可生长性等内涵。核心素养的根基性特征，一是可以从母语的特质看。母语是人们的精神家园，按照朱自清先生的说法，做一个受教育的中国人，就应当受古典的训练。这种训练最重要的是植下中国文化的精神种子。另一方面，“文章合为时而著”，今天对待古典，当有现代的眼光；波澜壮阔的伟大时代，自会生产新的代表性的语文成品；现代中国人，又需要通过了解多样化文化，瞭望并攀登世界文化高峰；现代科技社会发展构成的时代风貌，总是会在语文生活中直接呈现亦或间接地映衬。语文核心素养建基于这些古今中外的丰富质料，对于学生精神发育、精神成长是至关重要的。二是从特定的时代要求看。语文课程的价值取向，总是为主流意识形态所决定的，语文课标基本观念的第一条，就是提出“坚持立德树人，增强文化自信，充分发挥语文课程的育人功能”[③]。在这里，政治品性是第一位的。从统编高中语文教科书看，就是以培养具有“理想信念”“文化自信”“责任担当”的时代新人为目标的。因此弘扬中华优秀传统文化、革命文化和社会主义先进文化，成为其重要特色。普遍的共同营养，特定的时代要求，又是一而二、二而一地存在着的，它们是永恒性与时代性的统一，而时代性又不断向永恒性转化，这种精神滋养，使学生既具有道德意义的德性，又继承了政治品性的红色基因。这也是立德树人最本质的意义所在。三是从立人的完整性来看，立德树人强调的是德育优先，强调的是德性统率的完整发展。刚才提及课标基本理念的第一条，同时指出："坚持加强课程内容与学生成长的联系，引导学生积极参与实践活动，学习认识自然、认识社会、认识自我、规划人生，在促进人的全面发展方面发挥应有的功能。"[④] 核心素养在很大程度上"能力立意"，正是这一功能定位的体现。

3. 行为倾向性。学科核心素养是学科育人价值的集中体现，是学生通过学科学习而逐渐形成的正确价值观念、必备品格和关键能力。在一定意义上，核心素养是"做中学"形成的，"做"又是核心素养可看见的重要途径。从核心素养的词组构成看，就是明确要从语言、思维、审美、文化等方面去"做"，课标还根据高中生的特点，提出"做"的内容和要求。这是符合学生认知规律的，学生的学习不在于老师讲多少，而在于学生通过积极的学习实践自主建构多少；这更是符合语文学习规律的，语文是综合性、实践性很强的学科，即使是语言知识，也是强调在语境的运用中去体悟、建构，否则不可能扎下根，带得走。

4. 内涵具体性。新课标对四项核心素养做了概括性的阐述，王宁教授在此基础上做了进一步的解释。[⑤]

核心素养	内涵		
语言建构与运用	积累与语感	整合与理解	交流与语境
思维发展与提高	直觉与灵感	联想与整合 实证与推理	批判与发现
审美鉴赏与创造	体验与感悟	欣赏与继承	表现与创新
文化传承与理解	意识与态度	选择与继承 创新与借鉴	关注与参与

课标在对核心素养进行阐释之后，按照一对三的思路，每项核心素养提出三条对应性的要求，使核心素养具体化、目标化，从而构建了语文课程目标体系。

二、新在设计语文学习任务群，建构语文课程的内容

新课标设计了语文学习任务群，“语文学习任务群以任务为导向，以学习项目为载体，整合学习情境、学习内容、学习方法和学习资源，引导学生在运用语言的过程中提升语文素养”。[6]语文学习任务群是对语文课程本质的重要发现，应当加以深刻领会。

1. 语文学习任务群是语文课程结构的基本要素。普通高中语文课程由必修、选择性必修、选修三类课程构成。三类课程分别安排 7—9 个学习任务群。应当关注的，第一是基础性。学习任务群首先列出的是“整本书阅读与研讨”“当代文化参与”“跨媒介阅读与交流”“语言积累、梳理与探究”四个，显然是从高中学生高质量的语文生活考虑的。“整本书阅读与研讨”放在第一个，与教材多以单篇文本形成相互补充、相互映照，重在引导学生明晓整本书阅读是高质量的语文学习的重要内容。“当代文化参与”则着力把课堂向四面八方打开，将语文学习置于当代文化生活的阔大空间中。“跨媒介阅读与交流”则是在信息化背景下为应对时代挑战提出的，似乎可以从语言与信息技术融合形成的新的工具的掌握和使用来认识。“语言积累、梳理与探究”在所有任务群中具有支柱性、基础性地位。这四个任务群都具有贯穿性，渗透于高中所有学习阶段，穿插于其他学习任务群之中。必修阶段列出的“文学阅读与写作”“思辨性阅读与表达”“实用性阅读与交流”是对传统文体划分的某种超越，更多按语文成品的作用划分，对语文素养的形成也都具有基础性的功用。第二，选择性。本次高中课改在保证共同基础的前提下，设置选择性必修课程和选修课程，为不同发展方向的学生提供有选择性的课程。从语文学科特点出发，选修课程在高三阶段也会得到重视，这是自然而然的事情。

2. 语文学习任务群体现了语文课程的本质特点。语文课程的本质特色主要体现在两方面，一是综合性、实践性。语文学习任务群都是语文成品、语文活动的集聚，任务群相互之间也是开放的，这些都体现着语文课程综合性的特点；“任务群”的命名本身，意味着语文课程的学习是任务驱动的，是在落实实践性。二是工具性与人文性的统一。工具性，一般表现在知识、技艺、能力、语言文字运用等；人文性包括将母语运用作为一种生活方式、生命体验、生存智慧，阅读与鉴赏、表达与交流、梳理与探究的主要内容以及为什么选择这些内容，还包括怎样去进行这些语

文学习的实践活动。工具性、人文性是密不可分的，分开来说只是为了讨论问题的方便。“学习任务群追求语言、知识、技能和思想情感、文化修养等方面，多层次目标发展的综合效应，而不是学科知识逐‘点’解析，学科技能逐项训练的简单线性排列和连接”[⑦]。可见，工具性和人文性统一是任务群的内在追求。

3. 语文学习任务群体现了对语文课程新的认识。过去的语文课程内容是以旁观者知识、文章体式、考试能力等为主的。高中语文课标的研制，吸收了多年来特别是近20年来课程改革的经验和成果，反映了人们对语文课程内容的新认识。一是人文主题的统领。语文学习是文体组元还是人文主题组元，一直是有不同意见。课标组明确学习任务群以人文主题为灵魂，统编教科书也体现了这样的思想。学习任务群往往形成大的专题、大的情境、大的任务，比较容易“跳”出一个鲜亮的人文主题。从认知图式的建构来说，人文主题统领，往往就是一个完整的内容图景，可见也符合学习的内在规律。二是兼顾文体、超越文体。语文学习任务群是某种语文成品和语文活动的集聚，突破了传统按照文体分类的做法。比如实用性阅读与写作，传统的说明文只是三部分中的一部分。但不唯文体，不是不要文体，在更广阔的视野里辨体，可能对体式的把握更为准确。三是贴近高中生语文生活的实际和语文素养发展的需要。比如当代文化参与，跨媒介阅读与交流，都把语文学习融入到社会生活的大情境中。四是以学习项目为支撑。一个任务群设计为多个学习项目，任务驱动式构成学习任务群基本的学习方法。

4. 语文学习任务群具有高度的整合性。学习任务群是一个“群”，必然是一种综合呈现。课标提及的整合有学习情境、学习内容、学习方法和学习资源的整合，应当关注的还有读写融通，现在任务群都是把读和写融为一体的，写作的话题、要求都是从任务群内部生成的，而不是人为地另外设一个序列，这样更有利于读与写的双向互动，相互激荡；还有阅读与鉴赏、表达与交流、梳理与探究三种学习方式的整合，这三种学习方式基于传统的听说读写，又超越之，在任务群落地时常常是有效整合的；此外，任务群之间是相互开放、互为整合的，那些通用的任务群常常贯穿其他任务群，即使专属的任务群也是开放的。

5. 语文学习任务群以自主、合作、探究性学习为主要学习方式。学习任务群有“学习目标和内容”“教学提示”两个部分，“教学提示”对教学方法做出了明确的指示，比如文学作品的阅读与写作，提出运用专题阅读、比较阅读等方式，应以学生自主阅读、讨论、写作、交流为主，怎么讨论、怎么交流都有提示，指导相当具体，总体上体现了自主、合作、探究的变革方向。

三、新在以积极的语文实践，构建学习活动的实践。

高中语文课改的基本理念之一，就是“加强实践性，促进学生语文学习方式的转变”。落实这一理念，必须树立问题意识。长期以来，高中学生的语文生活是异化的，主体性是丧失的。这种异化概而言之有三种情况，一是非人化，学生并非作为生命体，而只是一种物件，更准确地说是一种器皿，所谓“学生要有一杯水，教师要有一桶水”，到达极至，甚至提出“老师要有自来水”，都是强调知识的简单灌输。二是符号化，学生处于人与非人的边缘状态，不是一个有独立的人格、独特生命的具体的人，而是分数、成绩的符号。比如公开课上常听到：“哪位是科代表？请起来回答。”科代表就是成绩好的符号。三是成人化，用成人的思想替代学生的思考，学习不是一种成长，而是替代成人在完成一种任务。促进学生学习方式的转变，其实也是生活方式、生命存在方式的转变。从课标精神看，我们要较为彻底地解决问题，需要在以下几个方面着力。

1. 创设大情境。素养往往是在复杂的情境中，调动资源，进行问题的解决与创新过程中表现出来的。“群”本身就意味着情境的形成，“学习任务群”意味着任务导向的学习在大情境中完成。因此，要十分重视情境的创设。需要明确的是，现在所说的情境，不只是传统教学中起激发兴趣的情境，更重要的是真实任务带来的情境，场景式学习包含的情境，文章互文生成的情境，当然也包括认知与情感统一形成的情境。情境的创设，才可能使学生酝酿真正的学习生活。

2. 加强体验性活动。体验指的是通过亲身经历进行认知的一种方式。体验具有主体性特征，在体验的过程中，往往主体与物境相融相生，生命进入创造的状态。于漪老师说：“文章不是无情物，师生俱是有情人。”人们又常说：“生活的边界有多广，语文的边界就有多广。”语文课程相对其他学科，拥有体验式学习更肥沃的土壤，应当从体验起步，在体验中把从特殊性寻求普遍性的通道打通，还应当在知识建构、内化后仍回到具体化的状态，通过进一步的体验，螺旋式上升。

3. 运用学科独特的学习方式。学科方式有共性的，比如自主、合作、探究；也应当有个性的，体现学科独特性的。伴随着体验活动，语文学习应当用学科独特的学习方式进行。唯此，才会有老师欣赏的“语文味”。我们在组织编写 2003 版高中语文课程标准教科书时，曾对此进行过较为深入的研究，提出了文本研习、问题探究、活动体验三种基本的语文学习方式。[8] 文本研习，指的是围绕经典性文本，创设对话情境，引导学生参与阅读对话，表达、交流阅读的体验、感受和思考，侧重于提高学生解读文本、鉴赏作品的能力。问题探讨，着眼于发现问题的意识，引导学生发现问题、分析问题、解决问题，在问题驱动下学习，在探讨中发展理性思维和批判意识。活动体验，引导学生围绕人文内涵和学习要求，结合具体学习材料，开展丰富多彩的语文活动，在活动中体验，在活动中思考，在活动中探究，在活动中提高综合的语文素养。我们把自己的研究成果通过教科书的编写体现出来，受到广大老师们的欢迎。2017 年版高中语文课标提出语文学习的三种基本方式：阅读与鉴赏、表达与交流、梳理与探究。我们认为，其基本精神与我们的主张是一致的。当然，现行课标表达更为完整些。按照课标精神，高中语文学习的实践活动就是用三种基本的语文学习方式进行，从而“积累言语经验，把握语文运用的规律，学会语文运用的方法，有效地提高语文能力，并在学习语言文学运用的过程中促进方法、习惯及情感、态度与价值观的综合发展。”[10]

4. 坚持开放性。笔者有一个教学主张：“让课堂向四面八方打开。”[10] 提出后，得到许多老师的响应，可见大家对课堂教学的封闭性都是持批判态度的。语文课标提出的基本观念，就有对开放性的要求，希望学生“在跨文化、跨媒介的语文实践中开阔视野，在更宽广的选择空间发展各自的语文特长和个性”。[11] 语文学习任务群，“群”本身是一个大情境，“群”的内部，各种知识呈现、活动设计，是相互呼应的。任务群之间也是互相打开的。任务群的学习，主要是项目式，自然包含了“向四面八方打开”的内涵。可以说，坚持开放性，是积极语文实践活动的题中应有之义。

四、新在研制学业质量标准，为语文学业评价提供依据

作为一个课程形态，评价是必不可少的内容。高中语文新课标研制了语文学业质量标准，使课程核心要素得到完整性体现。

1. 以椭圆思维认识质量标准。有人认为思维有三种形态，一种是平面思维，是在一个水平层次上的增加和扩展；一种是垂直思维，是由浅入深的；还有椭圆思维，思维轨迹会不断回旋到同一个地方，但这个地方是熟悉的陌生地，是在整体循环上升中的跃迁。语文课程学业质量标准可以椭圆思维审察，语文学科四个核心

素养建构了学业质量标准的基本框架，每个核心素养可分五个层次表达。因为语文核心素养具有内在完整性，因此对五个不同层次的表达而言，那些要素的再现并不仅仅是点对点的，而是包含了语文素养全部内涵的充实和扩展，是一种总体性的提升。

2. 语文学业评价的科学性在于评价标准的丰富性和评价方式的多样化。语文学业评价，是基于语文核心素养完整性的，所以质量标准的内涵，一方面力求把内在的东西用外部可测量、可评价的方式描述出来，但又要有过程性评价、表现性评价的空间，特别是涉及到思维、情感态度价值观时，就多用一些行为动词，多用一些表示情感程度的词语进行描述，可以感觉，但未必都被测量。

3. 以任务导向为中心，加快教学和考试改革。学业评价涉及到任务群的教学和考试命题，从语文课程特点看，都应加快从知识导向向任务导向转型。考试命题情境化，任务性的题型应当占更大比重。任务群的学习，则应从全部学习过程考察，全方位给予评价，在大单元的学习评价上，多以复杂情境的任务，引导学生用单元学习形成的素养要素，去进行问题解决和创新。

参考文献

①③④⑥⑦⑨⑪《普通高中语文课程标准》，高等教育出版社2017年版。

② 郑桂华《如何理解“语言建构与运用”这一语文核心素养》，《语文学习》2019年第12期。

⑤ 王宁、巢宗琪《普通高中语文课程标准（2017年版）解读》，高等教育出版社2018年版。

⑧ 苏教版教材组《普通高中语文教科书培训手册》（内部资料），2005年版。

⑩ 杨九俊《让课堂向四面八方打开》，《教育发展研究》2014年第8期。

树人为本　合时而著

即将在全国使用的统编本普通高中语文教材，坚持立德树人方向，扎根中华民族优秀文化土壤，贴近高中生认知特点和身心发展需要，借鉴国外母语教育经验，吸收语文课改成果，是一套立意好、特色明、质量高的好教材，为高中生的语文学习提供了优质的课程资源保障。

以人文主题为灵魂。高中语文教材编写，首先进行了经典文本、语文活动与人文主题的多重互动，明确以人文主题为灵魂。所谓人文主题，就是引导学生向善、向真、向美，在生命成长中反复出现并贯穿始终，持续地起着涵养品德、陶冶情操、完善人格作用的人生命题。高举人文主题的旗帜，是基于中国教育的优秀传统。有人以“学以成人”概括中国传统教育，在很大程度上说出了中国传统语文教育的精髓。中国传统的求学是为己之学，就是学做人。古人所说的立德、立动、立言三不朽，立德不仅为先，而且是统率的。这些都是立德树人的源始。同时，这也是语文教育的内在需求。语文教育是以经典文本为主要材料的，文以载道，文以喻道，语文学习向内涵养精神品格，向外有“以言行事”“以言取效”的实用性，向内是第一位的，向外的一面也是以向内为根基的。高举人文主题旗帜也是受现代教育观念的启迪。课程改革倡导以学生发展为本，要求不能仅仅关注人学的知识，更要关注学知识的人。语文学科关注学知识的人，最为重要的在于关注学生的精神成长。从以上三个方面看，中国的语文教育道德价值观是第一性的，无条件的！当然，高举人文主题旗帜并不是提倡道德说教，而是要如杜甫《春夜喜雨》描绘的那般，形成春风化雨、润物无声、花团锦簇的三重境界。

“文章合为时而著”。高举人文主题旗帜，更是时代的需求。人文主题在不同的时代应有不尽相同的表达，我们倡导的人文精神应当是永恒性和时代性的统一。我们要培养具有“理想信念”“文化自信”“责任担当”的一代新人，在教材编写的资源选择上，就应关注四个要素：一是优秀传统文化。新教材重视中华优秀传统文化的继承与弘扬，选入古代诗文64篇(首)，占比50%。接受古典的训练，植下民族精神的种子，领略中华古代文化的博大精神，增强民族文化自觉和自信，进而肩负起继承光大的重任，是高中语文教材的应有之义。二是红色基因。高中语文新课标加强了革命传统教育，革命传统主要是指革命志士、英雄模范人物和广大人民群众，为民族解放事业、社会主义建设事业、改革开放事业英勇奋斗锐意创新所表现出来的革命情怀和革命精神。人们习惯称之为红色基因。语文教材是红色基因传承的重要载体，除了落实课标设置的“中国革命传统作品研习”“中国革命传统作品专题研讨”两个学习任务群，在其他单元中，教材也选择了不少革命传统的优秀作品，如必修上第一单元，毛泽东的《沁园春·长沙》，郭沫若的《天狗》，闻一多的《红烛》，茹志鹃的《百合花》，铁凝的《哦，香雪》，都属于革命传统作品，形成全单元的主体部分。三是时代精神。这部分主要是在革命传统作品中包含的社会主义先进文化的内容，如《实践是检验真理的标准》《青蒿素：人类征服疾病的一小步》《探界者“钟扬”》等。另一方面，新教材还重视呈现时代风貌，专门设置相关单元，引导学生跨媒介阅读、表达，参与当代文化生活。四是外国优秀文化。新教材选入一些不同国家与民族的文学、文化经典作品，以期引导学生了解丰富多样的人类优秀文化，汲取人类思想的精华，感受人类精神世界的丰富性，培养开放的文化心态，增强文化选择和文化理解能力。

全面落实语文学习任务群。高中语文课标以语文学习任务群建构了语文课程内容，学习任务群也是语文核心素养生根、生长的土壤。在一定程度上，新课标语文教材的质量就取决于语文学习任务群怎样得到全面落实的。

一是对应语文学习任务群，形成教材整体的框架结构。高中语文必修编写2册，选择性必修编写3册；必修共15个单元，覆盖课程标准所要求的7个学习任务群；选择性必修共11个单元，覆盖课程标准所要求的9个学习任务群。必修教材外，像“整本书阅读与研讨”“当代文化参与”“跨媒介阅读与交流”这些学习任务群，在选择性必修及以后的选修阶段还相机渗透；“语言积累、梳理与探究”在必修和选择性必修各安排一个单元之外，还要求贯串整个高中阶段。

二是按照人文主题和学习任务群要求，精心选择以经典文本为主体的核心学习资源。如前所述，教材编写从立德树人高度，贴近高中生语文学习的实际，特别注重选择那些带有永恒价值、超越时空、常常为时代情境激活的语文成品，有的甚至就是时代情境生成的具有经典意义的新成品。艾略特说："经典作品只可能出现在文明成熟的时候，语言及文学成熟的时候，也一定是心智成熟的产物。赋予作品以普遍性的正是那个文明，那种语言，以及作者自身广博的心智。"这样的经典文本支撑起学习任务群和人文主题，对于高中生的精神发育和素养养成具有非凡的意义。在新教材中，还有活动类单元，对应"当代文化参与""跨媒介阅读与交流""语言积累、梳理与探究"等任务群，这里的学习资源所精心选择的一些阅读文章，除照顾特定的任务群要求外，也大都要求达到文质兼美的标准。

三是让语文核心素养落地，建构语文教材的知识体系。统编教材编写，深刻理解核心素养的丰富内涵，认真梳理我国传统语文教育特别是新课改以来语文教育的经验，逐单元反复进行人文内涵、语文素养要求、经典文本和学习活动相关性研究，并参照经典文本的难易程度和核心素养不同层级的要求，建构语文教材的知识体系，使课程目标切切实实地得以生根。以必修上册第一单元为例，除了前面所列举的五篇（首）之外，还有昌耀的《峨日朵雪峰之侧》和雪莱的《致云雀》。教材组提出编写时要落实的素养要求有：1. 理解诗词选用意象抒发感情的手法，把握小说叙事和抒情的特点，体会诗歌和小说的独特魅力；2. 学会从语言、形象、情感等不同角度欣赏作品，提升审美能力；3. 尝试诗歌写作，学会运用意象表达自己的情感，增强语言表现力。教材编写时则努力通过学习活动的设计，引导这些素养要求得以落实。

四是以学生积极的语文实践，形成学习活动的主线。语文学习任务群内在地规定了学生的语文学习是任务导向的，核心素养的养成也内在地要求素养通过学生自己积极主动的语文实践活动来形成和发展。苏霍姆林斯基曾提出"智力尊严"一说，让学生成为学习主体，培养主体人格，这也是育人的要求所在。语文课程具有综合性、实践性的本质特点，只有通过学生自主的语文实践活动，这些本质特征才能得到彰显。统编教材在这方面形成重大突破，对学生的学习活动进行整体设计，而这种学习活动又是以语文学科经典的学习方法进行，即在语文学习中自觉运用阅读与欣赏、表达与交流、梳理与探究等方式，实现知识的自主建构和素养的逐步养成。

创新教材呈现方法。统编高中语文教材从培养学生核心素养的需求出发，落实学习任务群的内在要求，在呈现方式上大胆创新，使语文教材的编写取得了重大突破。

一是构建语文学习的大情境。语文教材单元设计以人文主题统领，这就使整个单元构成了一个大的人文情境；突破单篇逐个设计的形式，以板块构成单元的内部结构，这些板块又是一个既相对独立，又与其他板块相互关联、相互映照的情境；人文主题围绕高中生精神成长设计，学习任务常常与真实生活连接，使得单元情境实现文本情境与生活情境的融通；在单元整体情境中，灵活整合阅读与鉴赏、表达与交流、梳理与探究等学习活动。这样形成的学习单元，是立体的、开放的、非线性的、生长的，是一个情境，一个场，一个高效的学习空间，构成了学习语文素养生长的肥沃土壤。

二是设计多样化的单元形态。传统的语文教材，单元形态基本是单一的。统编高中语文教材从学习任务群的要求出发，量体裁衣，设计了三类单元形态。阅读与写作单元，着力引导学生在深度学习中达成课程目标。整本书阅读单元着意引导学生自主阅读品味名著，建构阅读整本书的方法和经验。活动类单元，以一体化的任务贯串始终，突出学生的参与和亲历，让学生在丰富多样的、充满生活气息的语文活动中观察、倾听、思考、探究，有更多的机会实践学习，从而有效提高语文素养。

三是创新自主性语文学习的助学系统。传统教材的助学系统，主要是练习系统，统编高中语文教材吸取其中有价值的东西，创造了引导学生自主性实践的学习系统。比如阅读与写作单元，栏目设置分为单元导语、选文、学习提示、单元学习（研习）任务。学习提示旨在激发兴趣，提示重点难点，建议学习方法。单元学习（研习）任务则安排一组结构化学习（研习）任务，引导学生围绕本单元自主、合作、探究，以综合提升语文核心素养，同时为学生个性学习、选择性学习提供积极支持。这样的设计不仅令人耳目一新，而且使学生自主学习得到有效保证，从而有力地促进了语文教学从单向传递向实践建构转型。

（本文发表于《人民教育》2019年第20期，收入本书时有改动）

如何落实语文学习任务群

新的《普通高中语文课程标准(2017 年版)》(以下简称"新课标")设计了学习任务群,建构了语文课程的内容。我认为,学习任务群是对语文学科本质的重要发现,我相信它会写进语文课程史。这里仅就任务群的落实,谈一些我不成熟的想法。

一、语文学习任务群的落实,要以高中生的精神成长为根本的价值取向

在上一轮高中语文课程改革出现的新教材中,七套中有五套是用人文主题来组元,即便以体裁组元的,也很重视人文元素。这说明大家已经基本认识到,语文教材需要根据学科的本质特点,高举人文旗帜,把高中生的精神哺育和精神成长放在一个突出的位置上。这种人文主题,大致是围绕高中生的精神成长,沿着人与自然、人与社会、人与自我三个向度打开。"新课标"在设计学习任务群时,无疑吸收了上一轮课改这方面的经验。王宁教授在有关文章中说:"所谓学习任务群,是在真实情境下,确定与语文核心素养生成、发展、提升相关的人文主题,组织学习资源,设计多样的学习任务,让学生通过阅读与鉴赏、表达与交流、梳理与探究的自主活动,自己去体验环境,完成任务,发展个性,增长思维能力,形成理解和应用系统。"这种阐释体现了学习任务群的人文导向。可以认定,"新课标"的新教材也会

高扬人文旗帜的。

落实学习任务群，指向高中生的精神成长，对此要十分关注。从人文内涵意义上说，要努力体会任务群和教材呈现背后的思想意蕴，要认真领悟主流价值观的引导，同时要从完整人格的高度，把握主流价值引导下学生精神完整性的生长。这是时代需求，也是我们的文化传统。从时代需求看，立德树人是我们教育的根本任务，“德”首先是“接班人”意义上的，是社会主义的核心价值观；从文化传统看，儒家倡导的是“为己之学”，读书“有益于身，有用于世”，最根本的价值是“学以成人”，是修身养性，沿着“君子、仁者、圣人”的路子“向上翻”（牟宗三语），做一个精神高贵、人格完整的人。任务群及教材中相关的人文主题，形成高中生“获得教养的途径”，我们真正理解并有效落实，就可以把立德之“德”的主导性和丰富性较好地体现出来。

这是从内容角度说的，我认为从过程角度而言也要从高中生精神成长的价值追求出发，认真落实学习任务群。语文学习任务群的“任务”这个词，特别强调学生积极的语文实践活动，这是一根主线，这种积极的实践活动最重要的价值就是确立了学生的主体地位。因为学习也是一种生命的状态，在积极的语文实践活动中，一个人才有可能站起来。这种对主体性的唤醒、塑造，本身也是学生精神成长中一种非常本质的东西。学习任务群的“任务”这个词，特别强调自主、合作、探究的学习，强调开放的语文实践。这就涉及学习者个体与群体、社会、自然界的关系问题。这种学习实践活动，也是洋溢着人文精神的。认知活动必然会伴随着情感活动，苏霍姆林斯基就特别强调“智力尊严”，在知识的学习和能力的训练中，学生要有尊严，自己愿意去做，喜欢去做，想去做，那么他就有尊严；如果让学生死记硬背，做无用功，他就没有尊严，人本身的价值就泯灭了。这也是学生精神成长的重要方面。我们语文学科的第一价值追求，应该是学生的精神成长。“教育使人成为人”，我的理解是，要从“人”的本质内涵层面完整地理解精神成长。

二、语文学习任务群的落实，要以新的知识观来审视和重组知识

这几年我们讲了很多知识观，诸如陈述性知识、程序性知识、策略性知识、明确知识、缄默知识，对这些，我们都应该融通地理解。陆志平老师在讨论任务群的文章里谈到有序知识和混沌知识，并且说到这两者之间是辩证关系，有时候混沌知识

中隐含着更深刻的秩序，它们不是相互排斥的。很多时候语文这一学科表现出来的语文素养，是一种缄默知识——只可意会不可言传。波兰尼说，所有的知识要么是缄默知识，要么植根于缄默知识。所以从这个角度讲，不要过多地追求那些知识点，那是违反语文知识本身特征的。

在讨论语文学科知识时，很多同志都希望体系化，一目了然。受树状思维影响，有些老师画出了知识树——有多少知识点就有多少枝枝杈杈；有的老师非常喜欢“一课一得”。在教学处于知识主导的时代，这种发现是了不起的。但是在今天，任务群不仅指向完成任务，也包括学生获得的东西，这些东西从来都不是一个点，一定是一个组块，一定是由多方面组成的。相对树状思维，现在有的学者提出一种块茎思维。什么叫块茎思维？就像马铃薯，向四面八方生根。我们这个时代的阅读生活，以碎片化阅读为主，即使是在体系化的语文学习生活中，也少不了碎片化的阅读。在我看来，语文这个学科就有块茎思维的特点，所有可以触及的东西都可生长。当然我们不仅要块茎思维，而且要把树状思维和块茎思维融合起来，创新我们的语文教学。

也有专家讲，人们的思维方式有三种：一是水平思维，春风、春雨、春花、春草……一一铺陈，逐个写来，是平面的；二是垂直思维，认识不断地深入，拾级而上；三是椭圆形思维，从这个地方出发，还可能回到这个地方来，但再次回到这个地方，可能已经不是原来的样子了。如叶圣陶先生说的，“在课文里走一个来回”，再回来时，已经有了新的发现和理解。这是语文学习特别明显的一个特征。我想这些对我们都是有启发的。

我不是搞哲学的，知识观有很多新的东西，我还没有都涉及，有的还需要再去体悟。当然，融会贯通的理解还远没有做到，我说这些只是强调，作为一个语文老师，关注新的知识观，可以给我们带来一些新的思考。结合一些新的知识观的表述，我认为落实语文学习任务群需要重组知识。

第一，把浅表的知识变成完整的知识。比如古诗文，很多老师把它作为语法训练的材料。几千年历史就沉淀出这几十篇诗文，仅仅把它们作为语法材料，作为文言文训练的材料，肯定是有问题的。任何经典的东西，都有三个特征。第一，它反映了人类深厚而深刻的思想情感，这就是人文母题的基本内容；第二，它是那个时代采取的最好的表达方式；第三，在语言上，它是那个时代的典范。同样，学者们在讲知识完整性时，认为第一层次是定义、概念，第二层次是定义、概念背后的思维、逻辑，第三层次是再后面的思想、信念、情感。道理是差不多的，而我们只看重最浅层次知识的考试功能，仅仅看到那些词性，那些句式，只是为了考试，增强学生对某种题型的敏感性，可能把最根本的东西丢掉了。所以，这种重组就是要把浅表的变成完整的。

第二，把零碎的变成结构化的。现在高中新课改特别强调结构化、大观念、大主题，如果过多地关注知识点，实际上是一种比较落后的表现。在语文学科，对于这种结构化的内涵，我更喜欢用“认知图式”来表示。认知图式是我们在反映思想、表达观点、了解世界的时候形成的，认知图式的丰富，是一个孩子语文世界不断拓展的重要表现。很多经典作品都提供了一些具有典范意义的认知图式。需要说明的是，这里有树状思维的成分，这表明我们不是拒绝、排斥树状思维；但这又不是简单沿袭树状思维，树状思维关注知识点，是打通点与点的联系，而我们说的结构化，更多是一种借用的说法，是指一种图式思维。它与任务群的“群”是可以相联结、相融通的，它强调教学的整体视野。

第三，把冰冷的变成温暖的。语文课上学生为什么打不起精神？认知和情感是两张皮，或者只有认知，缺少情感，这是违反教学规律特别是违反语文教学规律的。于漪老师多年前就不断讲：“文章不是无情物，师生俱是有情人。”这里有知识完整性的问题，也有教学中认知与情感统一的问题，更有人文内涵被有意无意过滤掉的问题，应该给予重视并切实纠正。

第四，把僵硬的变成鲜活的。教鲜活的语文包括还原到生活本身，但最重要的是培养学生审美的敏感，你带学生去读，总有令人惊喜的发现，语文就鲜活了，就能激发学生对母语的感情和兴趣，学生在沉浸和陶醉中就会有更多的充实感。

三、语文学习任务群的落实，要以任务为导向进行大单元设计

语文学习任务群有学习方式的内在规定性。如果梳理一个基本的程序，我想应该是用核心素养去统领真实情境、任务驱动、语文实践、学业评价，这是一个基本的课堂教学框架。当然深入下去有很多东西，比如说学业评价不仅仅是做题目，不仅仅是考试，还有在学习过程中学生的学习表现评价；在拓展与应用的时候，怎么在一个新的情境中，运用新学的方法完成语文任务，等等，都是对学习质量的评价。讨论大单元教学设计，我认为有三个关键的要素。

一是真实情境。按照一些专家的意见，这个情境不是以前我们讲的小情境，用一幅画、一首歌激发、撩拨学生的兴趣。它应是一个大情境，是一个从头到尾贯穿

整个单元任务群学习的大情境，同时又是一个真实的情境。在这方面，课标组的专家们有一些很好的建议，值得我们领会并进一步思考。

二是项目化。任务群就要完成任务，"新课标"写明了，任务可以分解成几个项目。这种项目化体现在：第一，参与性。学生不是旁观者，我们过去接受的讲授知识，叫"旁观者知识观"，而现在学生通过积极的语文实践去体验建构的叫"参与者知识观"。第二，具身性。它强调身心如一，身体和心灵是完全融合在一起的。这在儒家源头那里就有，比如孟子讲的"践形观"，说人有三个面相，一是形的面相，二是气的面相，三是心的面相。"心"是意识的，而"气"和"形"是非意识的，它们是一个整体，不能分割。学生的精神成长有时候是通过具身的学习形成的，"腹有诗书气自华"，精神气质可以影响形貌，所以孟子说"形色，天性也，惟圣人然后可以践形"。具身学习同时还强调人与环境的互动，在这样的真实情境中，人与人、人与环境的双向互动和激荡，才有可能生成素养。第三，挑战性。我们交给学生的应该是具有挑战性的任务，学生的学习是在不断地接受挑战和战胜挑战的过程中进行的。这种挑战更多的是思维的挑战。第四，选择性，不同的个体、不同的小组有选择空间。第五，连续性，这种项目化的学习应该是一个通盘考虑、连续安排、有组织、有设计的过程，如果偶尔进行一次就不是课程，也未必是教育。

三是融通整合。落实任务群的时候要有融通整合的思想，比如"群"和"文"是什么关系。一是要从群出发，整体把握我们要完成的任务，从群走向文，经过文的理解，再回到群，实际上这也是个椭圆。群的意识要加强，但是不放弃对单篇以及某个组块的文本的阅读理解。二是要有机整合，阅读与鉴赏、表达与交流、梳理与探究这三种学习方式应该是有机整合的，不能被割裂。任务群之间也是可以整合的。任务群之间可能有边界，但是这种边界应该被模糊。三是课内课外应当融通，应该向生活本身打开，回归生活，参与生活，创造生活，引导学生走向高品质的语文生活。

（本文发表于《七彩语文·中学语文论坛》2019 年第 3 期）

文学阅读与写作任务群的设计思路与教学设计

一、文学阅读与写作任务群的编写依据

文学阅读与写作任务群在必修课程的8个学分中占有2.5个学分，比重最大。这是因为文学具有认识功能、教育功能和审美功能，在语文教育中居于重要的无可替代的位置。

教材文学阅读与写作任务群相关内容的编写，应当考虑义务教育相关课程内容、学生母语认知水平和国家设定的高中学生在这个阶段应当达到的素养要求，这些都凝聚在课程标准的具体表达中。课标中关于文学阅读与写作任务群的学习目标和内容，概言之，是要引导学生阅读古今中外诗歌、小说、散文、剧本，使学生在感受形象、品味语言、体验情感过程中提升文学欣赏能力，并尝试文学写作，提高审美鉴赏能力和表达交流能力。课标要求是教材编写的依据，我们可从以下方面重点把握。

1. 向内与向外的融通。语文教育向内有涵育心性、向外有以言行事的双重功能，文学教育亦是。课标文学阅读与写作任务群的学习目标和内容共有四条，其中两条说阅读，从“理解”“把握”“认识”“发现”角度说，侧重在吸收和涵育，两条说表达，从写作和交流角度说，侧重以言行事。但二者又是相互贯通，相互激荡的。比如要求“养成写读书提要、笔记的习惯”，既指向表达，更指向向内的吸收与汲取。

2. 个案与规律的统一。学习总是从个案入手，更多的是从经典范例入手，而又要推及“一般规律”，教学提示部分还提出“使所学的文学知识结构化”。这就要求把握好特殊与一般的辩证关系。

3. 重视学习方法。课标首推“精读”方法，提出“结合自己的生活经验和阅读写作经验”，要求“养成写读书提要和笔记的习惯”，把学会学习放到了应有的位置。

4. 审美能力培养至关重要。这是文学阅读与写作任务群与其他任务群相比，最为重要的特征。课标强调“审美体验”，强调“感受”“品味”“欣赏”等，提出在审美活动中“有自己的发现”“捕捉创作灵感”，都需要在教材编写中得到落实。

二、文学阅读与写作任务群的设计思路

教材编写完成文学阅读与写作学习任务群 2.5 个学分的内容，用了完整的 5 个单元，在“劳动光荣”单元中还有古诗一个板块，总体思路是：

1. 以人文主题为灵魂。人文主题就是引导学生向善、向真、向美，在生命成长过程中反复出现并贯穿始终，持续地起着涵养品德、陶冶情操、完善人格作用的人生命题。教材的人文主题是从高中生精神成长出发，进行经典文本、语文活动与人文主题多重互动形成的。文学阅读与写作任务群五个单元的人文主题是：青春的价值，生命的思考，自然与情怀，悲剧的力量，环境与命运。特别要说明的是，人文主题组元并不是提倡道德说教，而是要如杜甫《春夜喜雨》描绘的那般，形成春风化雨、润物无声、花团锦簇的三重境界。

2. 按照人文主题和学习任务群要求，选择经典文本。文学阅读与写作任务群教材编写立足于立德树人高度，贴近高中生语文学习实际，特别注重选择那些带有永恒价值、超越时空，常常为时代语境激活的语文成品，也包括时代情境生成的具有经典意义的当代作品。在经典文本选择后，把握统一体例，按照任务群要求，跨文体组成单元，每个单元由两至三个板块构成，强化文本的互文关系和情境的层次性。

3. 让核心素养特别是关键能力落地。在教材编写中按照经典文本的难易程度和核心素养不同层次的要求，建构语文教材的知识体系，使课程目标切切实实落地生根。如“青春的价值”单元，分成三个板块，第一板块是毛泽东的《沁园春·长沙》，第二板块是四首现代诗歌，包括郭沫若的《立在地球边上放号》、闻一多的《红

烛》、昌耀的《峨日朵雪峰之侧》、雪莱旳《云雀》，第三板块是两篇小说，分别是茹志鹃的《百合花》和铁凝的《哦，香雪》。在编写时提出的素养要求有：①理解诗词选用意象抒发情感的手法，把握小说叙事和抒情的特点，体会诗歌和小说的独特魅力；②学会从语言、形象、情感等不同角度欣赏作品，提升审美能力；③尝试诗歌写作，学会运用意象表达自己的情感，增强语言表现力。教材编写则通过整体设计落实这些具体要求。

4. 精心设计任务导向的学习活动。新教材在这方面形成重大突破，人文主题统领，形成大情境；导语提出核心学习任务，使核心素养目标具体化；学习提示引导学生扫清障碍，选择学法；单元学习任务是对核心学习任务的回应，又有着内在结构化的考量，总体上形成任务导向的学习活动设计，为课标要求的“加强实践性，促进学生语文学习方式的转变”，打下了坚实的基础。而在文学阅读与写作任务群各单元中，特别注重从审美维度设计学习活动，使任务群的特点尽可能得以体现。

三、文学阅读与写作任务群的教学建议

课标的“教学提示”对文学阅读与写作任务群的教学提出明确的建议，给我们的教学提出方向性、原则性的指导，按照“教学提示”的精神和教材编写时的相关考虑，建议老师们在以下方面给予关注。

1. 创设学习情境。课标“教学提示”明确要求“创设阅读情境”。过去讲的创设情境主要是激趣性的，现在讲的创设情境更多应从项目化学习情境、内容（任务）、活动、结果等基本要素方面来理解。这里的情境可能是真实任务带来的情境、场景式学习包含的情境、虚拟情景形成的情境，当然也包括认知与情感结合的情境。很重要的是关注人文主题统摄下文本互文作用形成的情境，以及板块内部、板块之间形成的情境。特别要重视人文主题蕴含的命题是穿越时代的，即使是古代诗文也是具有当代意义的，这些对于学生的精神成长是具有真实性的，是合适的。这样，人文主题及相关文本与学生生活经验、成长内在需求就融会贯通了，学习的情境也就能更好地创设。

2. 以核心学习任务为总抓手。高中课改倡导大单元、大情境、大任务教学，从语文教材的编写来说，这个大任务往往是单元核心学习任务。单元核心学习任务上要对接核心素养的具体要求，下要统领单元各类学习活动。以“环境与性格”单

元为例，包含《祝福》《林教头风雪山神庙》《装在套子里的人》《促织》《变形记》五篇小说，单元导语提出了这样的要求："学习本单元要注重知人论世，在人物与社会环境共生、互动的关系中认识人物性格的形成和发展，关注社会批判性。"这个核心学习任务呼应了任务群中核心素养的要求，贯通了所有文本，"学习提示"和"单元学习任务"又在层次性和结构化方面加以落实，学生通过自主学习和探究，应该能较好地完成任务，达成学习目标。

3. 灵活进行教学设计。从总体看，每个单元由导语、不同板块的文本和学习提示、单元学习任务构成，导语是总领的，学习提示是针对单篇或一个板块的，对学生初步学习给予指导，单元学习任务则是综合的、结构化的，也可以理解为是核心学习任务分解成的几个学习项目。课文中加星号的为自读课文，与主体课文形成精读与略读的关系，建议老师们根据实际情况灵活进行教学设计。以"生命的思考"单元为例，这个单元的第一板块是曹操的《短歌行》和陶渊明的《归田园居(其一)》，第二板块是李白《梦游天姥吟留别》、杜甫《登高》和白居易《琵琶行并序》，第三单元选文为苏轼《念奴娇·赤壁怀古》、辛弃疾《永遇乐·京口北固亭怀古》和李清照《声声慢(寻寻觅觅)》，大单元打通，分板块，或者单篇突破都是可以的。有些自读课文与精讲课文根据教学实际需要做些调整也可以。仅以大单元整体设计为例，八首诗词作品的学习，可以在创设学习情境的前提下，通过四个项目来完成。第一，借助互联网和其他资源，查阅这八首诗词创作的时代背景，考察诗人是在什么样的状态下创作了作品，作品可能寄寓了诗人什么样的内心情感；第二，通读这八首诗词，探究作品中诗人的生命表达，借助第一个项目的结论深度体察诗人的感情世界与精神追求；第三，探讨诗人对诗歌形式的具体选择，李白为何选择古风、杜甫为何选择格律，这些诗体与表达诗人的情感有何直接的关系；第四，诵读，可以举办班级古风诵读会，借助声音传递我们对诗歌作品的深度把握，呈现诗人的生命追求与精神品格。如果组织分板块或单篇的教学，建议要从"群"的意识出发，从大单元的角度去认识各个板块和单篇。在板块或单篇学习时要注意围绕核心学习任务，最后回到单元，回到"群"上来，综合地、整体地完成单元学习任务。

4. 引导学生在积极的语文实践中实现深度学习。学习任务群内在地规定了语文学习方式是任务导向的。加强实践性，转变学习方式也是课标提倡的基本观念。在文学阅读与写作任务群的要求中，课标对自主性学习不断予以强调。根据这些要求，我们在引导学生积极语文实践时，一是要加强任务导向，把项目化学习的基本要素完整落实；二是坚持学生的主动参与，这种参与性活动包括身体性的，更多则是以学科经典学习方式，即阅读与鉴赏、表达与交流、梳理与探究进行的；三是任务、项目应当具有挑战性，应当在学生最近发展区引导思维的发展、情感的深化；四是要重视本任务群学习的审美性特征。"以青春的价值"单元说，青春是选文的题材共性，抒情是选文表现手法的共性，诗性语言是这些选文语言风格的共性，青春意象、抒情方法、诗性语言共同组成这个单元"青春"的审美价值，教学时由此入手，似乎能从审美体验角度把握其蕴含的一般规律。

5. 关注读写结合。文学阅读与写作任务群有 8 次写作任务，教材在 5 个单元之中安排了 5 次大作文，还有 3 次需要老师们在教学中相机安排。根据课标要求，阅读与写作是相互联通的，写作任务是在单元大情境中生长的，这样的设计有助于激发学生写作的欲望和热情，也能促进学生对经典文本的深度学习。

6. 体现时代感和开放性。要关注到"整本书阅读与研讨""当代文化参与""跨媒介阅读与交流""语言积累、梳理与探究"对于文学阅读与写作等专属的任务群，都有贯通的意义，每个专属任务群都应在"跨文化、跨媒介的语文实践中开阔视野"。任务群的各个单元之间，必修与选择性必修相关任务群，都应用联系的观点整体思考教与学的问题。文学阅读与写作的当代性更应予以重视，一是当代意识，即使是古代诗文，也要关注其当代意义；二是加强与当代社会的联系，高中生的语文学习也是这个年龄的青年当代语文生活的一种形式，让学生的语文学习与当代社会生活建立联系，应当是一个大情境的问题，也是学好当代语文作品重要的前提；三是不以教材篇目多少决定当代的分量，应当提倡"泛教材主义"，当代优秀文学作品总是当代语言的最好表现形式之一，学习优秀当代文学作品既是目的又是手段，因为古代语文作品和外国语文作品的学习都是建立在当代语言环境里的。

（本文发表于《教育研究与评论》2020 年第 6 期）

试论语文学习的认知图式

图式理论是认知心理学家用以解释理解心理过程的一种理论。按照图式理论，人脑中所储存的知识都能分成单元，构成组块和组成系统，即形成图式。知识的学习在一定意义上，就是图式的建构和优化。引导学生建构自己的认知图式，对于提高语文教学的质量，培养学生的语文素养，无疑具有重要的意义。

一、认知图式的由来和基本特征

认知图式的形成，源远流长，据说要从柏拉图的理念论说起。最具标志性的首先是康德，他是最早提出"图式"概念的，他认为图式是介于概念与感性形象之间的结构，一个人接受新知，只有与他脑海中固有直观化、图式化的知识关联起来才能产生意义。皮亚杰的认知发展理论也是具有里程碑意义的，皮亚杰认为认知发展就是图式的形成和变化。在他看来，主体与认识对象在认识过程中构成双向互动和交流，产生同化、顺应和平衡的影响，就达成了认知结构形成和发展的基本过程。皮亚杰提出认知发展的四个阶段，感知运动阶段，儿童通过感知和运动来体验世界；前运算阶段，儿童的世界开始由符号思维构成；具体运算阶段，儿童开始通过逻辑思维理解经验；形式运算阶段，人们发展出通过系统检验假设来进行推理的能力。后来有学者根据皮亚杰的工作，又提出后形式运算思维，称作辩证运算或简称为智慧知识，指使用逻辑论证、讨论和推理作为智力探索的方法[①]。每一个阶段都有其独特的图式，由前向后又形成由低而高的发展样貌。现代的认知心理学家进而提出信息加工理论，不断丰富了图式理论。从总体上说，他们都认为图式是知识的框架和结构，是记忆中表征知识各个要素相互联系、相互作用形成的具有一定心理结构的网络。学习者认知图式的建构，根据不同的学习类型，有增长、调整和创造三种方式[②]。

认知图式具有的鲜明特点，一是整体性。认知理论的发展，曾深受西方心理学格式塔派的影响。格式塔派心理学强调整体与完形，认为整体大于部分之和。认知图式亦然，图式不是物理实件的部分堆加，不是要素的拼凑，而是认知的建筑板块。图式对外界的反应也是整体的。二是一般性。图式是抽象概括形成的，它经历了从特殊到一般、从个别到普遍的过程。正因为如此，图式可以迁移在新的复杂情境中，图式激活就能作用于问题解决与创新。三是主动性。图式是主体认识客观事物形成的。它包括动力系统，即需要意识；控制系统，即价值观念等；工具系统，即思维方式、思想方法；材料系统，即知识与经验；调节系统，即非理性心态要素和非逻辑思维形式。[③]可见，图式有赖于主体的积极作用。四是层次性。图式可以有不同层次，可以有亚图式。学习中的思维升阶往往意味着低层次图式被激活后，去激活高层次的图式。一个图式可能统领亚图式，比如常说的小说有三个要素：环境、情节、人物。小说的人物塑造这个认知图式下面，如佛斯特在《小说面面观》中就有扁平人物和圆形人物之分。

二、语文学习的认知图式

认知图式一般有内容和形式之分，在讨论语言学科学习时，则可以把它分为内容、形式、语言三种。

内容图式，指的是语文成品的主题和内容。比如人们说《诗经》的贡献主要有两个，一个是生动深刻地反映了当时的社会风貌，还有一个是奠定了中国诗歌的审美范式。审美范式属于形式，社会风貌则是内容。在语文学习时，随便打开哪篇课文，我们都会看到一个客观世界，可能是科技的，也可能是人文的；可能是远古，也可能是未来，还可能就是当下；可能是丰盈蓬勃的人类世界，也可能是美不胜收的大自然。大体都是语文核心素养所指的“文化”。说到一种生物，人们马上会想到的是动物还是植物，以至某个亚图式；谈到一出清宫戏，人们马上会置于清代历史的认知框架内。随着学习的不断深入，我们对世界的认知也不断丰富，以至黑塞说，不断研读经典，“最初，他们把这个世界当成一所小小的美丽幼儿园，园内有种着郁金香的花坛和金鱼池；后来，幼儿园变成了城里的大公园，变成了城市和国家，变成了一个洲乃至全世界，变成了天上的乐园和地上的象牙海岸，永远以新的魅力吸引着他们，永远放射着异彩”。④

形式图式，指的是关于文章体裁和章法方面的知识。体裁即文本形体的组合方式，形成作品的内在结构。文各有体，从文艺性角度看，课文中有诗歌、小说、散文、戏剧，还有童话、寓言、神话、民间故事等等；从实用性角度看，有记叙文、议论文、说明文、应用文及非连续性文本，都各有其体式特征。我们经常讨论的文体意识，就是强调对文体特征的把握，其实也就是文体图式的应用和丰富。关于文体图式要把握的，第一，同一体裁下面还有“亚图式”，比如诗歌，以赋比兴说之，赋者，直书其事；比者，托物言志；兴者，触物起情。散文也可以再往下走一个层次，分如抒情散文、叙事散文、状物散文、喻理散文等等。五年级上册第一单元“一花一鸟总关情”，都是写心爱之物的，《白鹭》侧重于审美状物，《落花生》侧重于托物喻理，《桂花雨》侧重于借物抒情，都包含了散文的亚图式。第二，文章的体裁总是有辨体与变体的互动。一方面，要符合体裁的规范，另一方面又不断有体裁的突破。比如小说，现实主义小说，我们习惯讲环境、情节、人物三要素，但这对于现代主义小说就行不通。都说小说是虚构的，但现在就有纪实小说。所以在中小学语文教学中，关于文体要素的说法，应当慎重。对于一些文体创新的作品，要看作学生文体图式丰富创新的好样本。第三，文章选入教材，都是文章重构的过程，特别是节选的作品，更可能是一种重构，需要用新的眼光打量。比如《少年闰土》，进入小学语文课本，文章的母体是《故乡》这篇小说，如果拘泥于此，用小说的三要素去套，就没有办法教了，不妨根据节选的特点，将其当作一篇写人的散文，引导学生体会作品怎样以事写人，体悟其抒情性。

所谓章法，就是段篇的构成规律。刘勰在《文心雕龙·章句》中说：“夫人之立言，因字而生句，积句而成章，积章而成篇。”有章法，就是段落的句子安排讲究规律，而这种规律，就是一种图式。教学时加以留意，就有助于促进学生的图式建构。比如《莫高窟》，有的老师教学时只关注卧佛和飞天群像，显然缺乏图式意识。只要浏览一下课文，就可以看到，这篇文章二、三两段分别写彩塑和壁画。面对纷繁丰富的场景怎么写呢？先用一组排比句略写，再详写卧佛和飞天。详略得当，就是章法方面的图式。这样的认知图式掌握了，对于运动场、公园、田野等场景，学生就能胸有成竹了。

语言图式，指的是语音、字、词、句等方面的语言知识及应用。苏霍姆林斯基谈到学生基础不牢时说："不妨设想一下，我们盖一座漂亮的楼房，可是把地基打在很不牢固的混凝土上，灰浆不断地剥落，砖头也在脱落，人们每天都忙于消除工程中的毛病，可是始终处在楼房倒塌的威胁之下。"他还严肃地指出：许多语文教师正是处在这种状况之中，"他们在盖楼房，可是地基在裂缝。"[5]建构语言图式，无疑是夯实语文学习的地基。具体的字词句教学自当重视，这里姑且不论。笔者想讨论的是，除了那些字词句运用基本规则构成的图式外，怎样让学生学得"活"，挺有讲究。比如词语教学的结构化意识，有的老师教学生字词时不动脑筋，很随意地一个个教过去。看看薛法根老师，总是把词语分成几组，对应课文内容，词语本身就构成特定的图景，词语与词语之间构成了有机联系，词语的学习与课文内容的理解建立了联系。再如有些词语、语句的表述本身就可能是经典的图式，要注意把握。许多词汇就是一个特定的意象，凝结着上千年民族的审美心理，如果不加体味，随意放过，实在可惜得很。《卖火柴的小女孩》结尾写："新年的太阳升起来了，照在她小小的尸体上"，有的老师教学时视若不见，殊不知，以乐景写哀情就是一种审美图式，"昔我往矣，杨柳依依"如此，黛玉之死的音乐声、《祝福》结尾的爆竹声，都是如此。

三、引导认知图式建构的教学策略

教学的关键不在于一个个知识点的反复咀嚼，而在于认知图式的建构。为此，我们提出改进教学策略的若干建议。

1. 重视认知图式为指向的教材开发。

"用教材教"，新课改的这种倡导，包含着对教材的再开发、再创造。这种开发、创造往哪里走呢？认知图式指向非常具有探索、实验的价值。从内容图式看，教材大都采用人文组元的方式，人文组元本身就形成一个相对完整的世界。比如三年级上册第一单元，以"校园生活"为主题，《大青树下的小学》是写校园一天的生活，《不懂就要问》是写课堂学习的生活，《花的学校》是写课后游戏的生活，习作"猜猜他是谁"以同学为观察对象，口语交际"我的暑假生活"则是写校园生活的延展。可以说，构成了"校园生活"完整的图景。在以后的语文学习中，碰到写校园生活的题材，直至小学毕业之前“难忘小学生活”的综合性学习，校园生活的内容图式就会很丰富，而且为不断增加、不断优化提供了广阔的空间。再如六年级上册的鲁迅单元，有鲁迅的作品，也有他人怀想、纪念鲁迅的作品，使学生可以从多角度感知鲁迅，有这样的内容图式打底，走向鲁迅、走近鲁迅就有了可能。从形式图式来看，不少语文要素直接指向文章的体裁和结构方式。比如故事的想象，故事的起因、经过、结果，阅读故事的猜测与推想，都是具体的语文要素，落到实处，学生自然能初步建构故事这种体裁的认知图式。在《小岛》中，出现过两个“竟”：“掀开油布一角，竟露出一片绿油油的菜地”“那一片油布已经翻开，露出了一大块菜地，那绿油油的一片，竟构成了一幅中国地图”。有的老师教学时抓住两个“竟”字，提炼出这个故事的情节出乎意料、情理之中的特色，对学生把握这类文章的体式，领悟这篇文章的特色，落实“体会课文表达的思想感情”这一语文要素，都起到积极作用。至于语言图式，在教材中更是俯拾即是。比如，关注有新鲜感的词语和句子，关注语言的生动性，怎样处理动静、详略，等等，都是直接的语文要素。段落的构成、修辞的运用、文章的节奏，等等，也都提供了建构认知图式的丰富素材。关键的是，我们应当做有心人。

2. 突出整体感知的学习方法。

认知图式强调的是完形，是整体。在格式塔理论看来，整体大于部分之和。整体有时也应该分解，但整体不是各个部件、要素的相加，而是可以生成新的东西。奥地利学者爱伦费斯曾有“第七种曲子”的说法。他打比方说，演奏一支由六个乐音组成的乐曲，这六个乐章加起来，就不是原来六个乐音的样子，而是产生了变了调的曲子，生成了更美妙的具有新质的东西[⑥]。这样的观点对于语文学习是有启发的。第一，坚持“整体—部分—整体”的基本方法。语文学习要经过初识整体—局部理解—整体升华的阶段，但在语文教学现场，最后一个阶段常常不见，我曾经戏称，教着教着就把那些经典文本搞得“瘫”在那里了。所以，回归整体这一步骤不能省略。在局部理解中，课文结构的各个部分，内容上的各个方面，思想意义的各个层次，艺术表现的各个侧面，都变得清晰明确了，但同时原本生动形象，有血有肉的艺术整体也分散而无力了。前辈学者说，所谓教课文，就是带学生在课文里走几个来回。分解后，还要回归到整体上来，让课文以通体透亮、形神兼备的完整样貌呈现出来。在这个过程中，自然产生某种图式，精神也得以升华。对于一些经典，或知人论事，或以意逆志，时代与作品，读者与作者，也常常融为一体的。又如中国古典诗歌，“情志为本”，然而往往“言不尽意”，于是“立象以尽意”，有的甚至有“象外之象”“象外之意”。引导学生“入乎其内，出乎其外”，得以领略体悟，孩子们也就能欣赏到“第七支曲子”的美妙乐章。第二，倡导情境语文的基本风格。斯霞老师提出“字不离词，词不离句，句不离篇”；李吉林老师的情境教育，其起点和内核都是情境语文；孙双金老师的情智语文，与前辈其实弹奏的是同一支曲子；薛法根老师的组块语文，一个组块就是一个情境，相对课堂整体说，组块又是情境的一个层次。我们不是不可以教细节，不是不可以关注某个点，但是要放在整个情境中，让它“活”起来。这其实也包含了上面所谈到的整体感知的问题。《慈母情深》中，写破缝纫机、不算年轻的女人、灯泡，都多次用到了“七八十”这个数字，把这里的反复描写放到课文的大情境中就可以发现，这里的阴暗、压抑、艰辛，笼罩了全文，后面老头儿的“嚷”，女工的“喊”，“我大声说出”，母亲“大声回答”，还有母亲让人鼻子发酸的神态、动作，以及开头“我”“要这么多钱”，结尾“我第一次”的醒悟，都与这“七八十”融为一体。这种反复的手法在文中至少用了六七次之多，又是一气贯注，互为补衬。学生沉浸在大情境中，体验这些细节的温度，对反复这种写作手法的语言图式，对“体会作者描写的场景、细节中蕴含了感情”这个语文要素，对母爱的人文主题，都会有感觉，有感受，有感知，有感情。第三，关注知识的前后贯通。从一个单元看，各篇文章，以及口语交际、习作、语文园地等各个板块，都有各自的功能定位，要以关联的观点整体把握；从一学期、一学年、六学年看，知识总是螺旋式上升的，在循环渐进的过程中，我们展开的是椭圆形思维，这是螺旋式上升过程中的思维状态，所以要从知识体系视野看待某个具体的知识内容，这样，认知图式就可以不断丰富，不断发展。比如苏教版的几篇说理文，都是以学习为主题展开，贯通了看，其中的题材、道理有助于形成相关的内容图式；如何展开论点，选择哪些论据，采取哪样的论证方法，都有不断深化的层次感，而这就是说理文形式图式的不断丰富；用词造句，段落构成，甚至于反诘句的使用，与说理文的语体风格相适应，而从三年级到六年级，置于同一体裁背景的不断积累，则有助于语言图式的形成。

3. 坚持以学生积极实践的语文学习为主线的基本路径。

建构认知图式，是一种主体行为；“知识的要义在于知识的运用”（怀特海）；实践性是语文学科最重要的本质特点。因此，必须以学生积极实践建构语文学习的主线。第一，主动适应学生发展的需要。作为目的和动力要素，需要意识到影响认知的主过程。有了需要，人的主体性就被激活。教育，在一定意义上就是为了适应、满足学生的需要。这里要注意的，一是把握学生真正的需要。诺丁斯说，学校教育很多是推断的需要，然后强加给学生。在她看来，成人推断的需要与孩子们自己的需求经常发生冲突。她曾经引述过别的学者的意见："通常在孩子被迫去'为了他们自己好'而做一些自己讨厌的事，或接受不能表达自己痛苦的惩罚"，于是，孩子就产生一种"扭曲性的性格"[⑦]。因此，要研究学生、理解学生、发现学生，从学生原有的知识图式出发，以期激活高一级认知图式。二是要把握每个学生的需要。每个人都是独特的个体，学生学习的基础不完全相同，学习的风格存在差异，学习能力总有强弱之分，认知图式也都存在个体性特征。有人说仁者见仁，智者见智，其中一个原因，就是认知图式的个体差异，我以为这是有道理的。所以，我们要在坚持基础性的同时，倡导选择性，让学生在建构认知图式的过程中，个性饱满地发展。三是倡导教学的审美性。张世英教授认为，审美境界是人生的最高境界，可以对应西方的宗教境界。道德境界还是受约束、受规范的，是必须这样做；审美境界是生命主体的内在追求，是自然会这样做。进入审美境界，主体与客体，师者与学生，人与境，往往融会贯通，形成同构关系，主体的主动性、创造性被充分点燃，以至奏响"第七支曲子"，在本质上也就满足了学生身心自由的内在需要，从而更好地确立了学习的主体性。第二，倡导项目化学习。项目化学习内在地规定学生要"做"，要参与，要经历。项目化学习一般包括任务、情境、活动、结果几个要素。这里的"情境"是贯通整个学习过程的，比如我们所说的人文主题，就是笼罩整个单元的；我们常讲的真实任务驱动，"真实任务"就是情境，一定贯穿始终。这里所说的"任务"，现在常常有"大任务""大结构"的表述，可见，有结构化、图式化的意蕴。这里所说的"活动"，应当是对大脑中某种图式的唤醒。在参与性的语文实践中建立原有知识与新知识的响应，在关联性的寻找中，丰富、调整或者创造新图式。这里的"结果"，指的是知识技能，学会学习，以及情感价值观等方面的收获，包含了认知图式的相关内容。图式应当是产生式的，项目化学习正是经历产生的过程。无论是项目化学习，还是用别的方式学习语文，还应关注缄默知识与显性知识的关联性。波兰尼认为，知识要么是缄默的，要么是植根于缄默知识的。伯姆说："思维实际上就是一种微妙的潜在默契和意会形成过程，是一个心领神会的过程。"[⑧]在语文学习过程中，我们要引导学生运用缄默知识，同时要看到这类知识"往往处于意识的边缘或意识阈限之下，在特定的情境和任务之下可能被激活，进入意识层面，从而有可能对其加以表征。"[⑨]需要我们通过深度对话，让学生不仅"在场"，而且"出场"，多一些表现的机会，引导缄默知识向显性知识的转换。其实这也是认知图式产生、成型的一个重要过程。第三，重视语文知识的积累与应用。高中语文课标重要的一个突破，是把语文的学习方式表述为阅读与鉴赏、表达与交流、梳理与探究。“积累”常常和“梳理”伴随而行。“梳理”也好，“积累”也好，不仅仅是字词句，而且包括人文主题、文本反映的客观世界，即内容图式；作者心智的表达，作品的陌生感，作者创作的个性，即形式图式；语言图式，也要从结构化等方面多加考虑。语文知识的积累还有一个重要的视角，就是不能排斥、忽视碎片化阅读。现代人的语文生活大都是碎片化阅读，如果与结构化的学习打通，有意识地梳理积累，把碎片化的知识，凝聚到相关的认知图式中，语言学习想必可以事半功倍。语文知识的应用，主要是认知图式的迁移。现在的教材，都是读写单元整体设计的，从读向写迁移，主要的学习支架是包含在阅读文本中的认知图式。同时，又要通过表达与交流，反思、优化原有的认知图式。段、句的模仿练习也应该如此。语文知识的应用，还应该包括现实生活的文化参与，包括日常生活自然状态下的语文实践。师者有意识地组织语文综合性学习，引导、鼓励孩子提高语文生活的品质，都是很有必要的。前者因为义务教育语文课程标准有这方面的要求，教材也设计相应的板块，总体是得到落实的，但后者还没有得到重视。斯霞老师当年教语文，引导学生对人说话要有礼貌，结合语文课本，从三年级到六年级，积累了四组词语，无论课上，还是在课后，斯老师都随着学生年级的变化，引导学生自觉使用相关词汇，久而久之学生词语的运用也就拾级而上，语文生活的品质也就得到了不断的提高。这对于我们是非常有启发意义的。

（本文即将由《江苏教育》发表）

参考文献：

① C. R. 斯奈德、沙恩·洛佩斯《积极心理学》，人民邮电出版社 2013 年版，第 196 页。

② 唐方贵《图式研究的历史演变》，《重庆教育学院学报》2003 年第 1 期。

③ 齐界《认识的主体性结构——认知图式及其对认知过程的制约性》，《社会科学研究》1992 年第4 期。

④《黑塞说书》，《读者》1991 年第 3 期。

⑤ 苏霍姆林斯基《给教师的建议》,教育科学出版社1980年版,第12页。

⑥ 童庆炳《文学审美特征论》,华中师范大学出版社2000年版,第46页。

⑦ 内尔·诺丁斯《幸福与教育》,教育科学出版社2006年版,第61页。

⑧ 戴维·伯姆《论对话》,教育科学出版社2004年版,第16页。

⑨ 李茵、黄蕴智《内隐理论的历史视野与当代探索:概念澄清及方法考虑》,《北京大学教育评论》2005年第4期。

“入乎其内，出乎其外”

——谈谈对统编版小学语文教科书的解读

从2019年9月起，统编版小学语文教科书全面启用。新的理念，新的体例，以及大量的新课文，给老师们带来的冲击和压力可想而知。减缓冲击和压力的基本途径，是加强对教科书解读的研究，引导老师们“入乎其内，出乎其外”，为真正做到“用教材教”，充分发挥统编版教科书的作用，打好坚实的基础。

一、读整套书、全册书

解读统编版教科书，首先要读整套书、全册书，领会编写的基本理念，把握教科书的编写体系，吸收教科书中所蕴含的语文课程改革的前瞻性思想和成果。

第一，关注人文内涵怎样指向儿童的精神成长。学生的精神成长是语文教学根本的价值取向，是母语课程第一位的任务，这是毋庸置疑的！统编版教科书的单元大都有鲜明的人文主题，这些人文主题具有政治性、道德性以及反映事物本质规律的求真性等特点。理解这些人文主题，对于传承革命文化、社会主义先进文化、中华优秀传统文化，涵养道德品质，正确认识客观世界，都具有重要作用。因此，要从整套书着眼，从国家确立的基础教育培养目标，学生发展核心素养，或者“人与自我”“人与社会”“人与自然”基本向度等方面，对人文主题进行全面梳理，特别要研究同一人文主题在不同册次重复出现是如何深化的；对一个学年或一学期使用教科书中的人文主题，也要有体系化的考虑，思考一下这个学期、学年侧重哪些人文精神教育的主题，它们与儿童身心特点和生活经验的关联性如何；还要考虑到有的单元没有覆盖全单元的人文主题，如阅读策略单元、习作单元，但具体的课文是有具体主题的，比如“围绕中心意思写”，“中心意思”就是人文内涵所在，不能因为聚焦语文要素，而丢失了人文主题。要坚持把德性的涵育落实到所有语文课文的教学中，落实到所有语文学习活动中。

第二，关注语文核心知识、关键能力是如何布局的。统编版语文教科书提出“语文要素”，从语用维度提炼了一部分语文核心知识，又让语文的关键能力更为显见。一是要从语文能力培养的体系着眼，重现语文要素的序列安排和梯度提升；二是要认识语文要素对于小学生语文学习一般的、普遍的意义，知晓语文要素在本单元重点突出哪一方面，但并不代表只限于本单元，语文要素是渗透在全程的语文学习过程中的；三是要看到有的语文要素覆盖不了整个单元，但语文的核心知识和关键能力总是存在的，所以教学时不能有唯语文要素的想法；四是不要囿于“双线组合”，人文主题和语文要素常常是融为一体的，比如“一花一鸟总关情”，既是人文的，又是工具的，没有必要把一个整体掰成两半，所以语文要素的落实要有机地与人文精神教育相结合。

第三，关注读和写的体系是怎么构建的。一是要理解精读、略读、课外阅读（快乐读书吧）三位一体的阅读体系的建构。统编版教科书十分重视“读”，课文+“阅读链接”“日积月累”“和大人一起读”“我爱阅读”“快乐读书吧”等等，都体现了总主编温儒敏教授主张的“读书为要”，在教学时要有整体性的考量，有的还要尽可能向课外打开，比如“快乐读书吧”就可以在寒暑假放假时提前布局，引导学生利用假期进行整本书或者整体性阅读，要结合单元教学布置阅读的长线作业，提前有所积累，到具体课文、具体单元教学时，才能水到渠成。

第四，关注学生积极语文实践为学习主线的设计思路。教科书编写组在《编写说明》中开宗明义：教科书以课标为依据，吸纳语文课程改革的优秀成果，“注重培养学生的创新精神和实践能力，积极倡导自主、合作、探究的学习方式，加强语言文字运用，加强语文和生活的联系，致力于构建开放的、富有活力的教科书体系，全面提高学生的语文素养”。[①]这个总括性的表述是辐射、影响到教科书的方方面面的，我们要关注全册书、整套书落实语文实践活动的顺序安排和前后关联，理解、把握教科书是如何体现从扶到放、循序渐进、螺旋上升的，还要在体系性把握的基础上树立几种基本观点。一是确立参与者知识观，这是相对旁观者知识观而言。旁观者知识观学习是主客二分的，采用的是惰性知识取向的机械性学习，参与者知识观倡导学习者在全身心的参与中体验，在参与中建构知识，主客融合。二是强化归纳式思维观，这是相对于演绎思维而言。传统的语言教学主张把知识告诉学生，所谓“知识短文”，语修逻文的概念化知识都被看得很重。对于语文学习，在一定意义上，积累大于方法，应当是归纳思维与演绎思维的相互激荡，学习首先是由个性到共性，学生在老师的引导下，从具体的课文或相关的语文活动中，梳理归纳出认知图式，再通过各种拓展应用丰富、发展认知图式，归纳的过程就是知识结构化的过程，归纳的过程往往也是各个个体主动学习的过程。三是树立椭圆形思维观，这是相对于水平思维、垂直思维而言。无论是一个具体的学习任务，还是全册书、整套书，学生大都是在文本中，在语文学习活动中，有目的地来来回回的过程。每一次“回”，都是一次提高甚至跃迁。对于整套书而言，特别需要把知识体系的布局、学生语文能力的提高、学习活动的设计，系统地加以考量，从而使学生积极的语文实践成为一个拾级而上、螺旋上升的过程。

二、读大单元

统编版教科书强调单元的系统性、整合性，具体的备课要以单元为基本单位。

第一，建构单元大图景。按照认知图式理论，语文的认知图式可以分为内容图式、形式图式和语言图式。人文主题组元的语文教科书，十分有利于学生建构内容图式，可以说，一个单元就是一个相对完整的内容图式。比如三年级上册第一单元就是按照“校园生活”这个主题组织的：《大青树下的小学》是写一天的校园生活，《不懂就要问》是写课堂学习的情景，《花的学校》是写课外的生活，习作是以同学为观察对象的，“语文园地”中包含了兴趣小组活动的观察和讲述，“口语交际”以“我的暑假生活”为题，则是学校生活的拓展延伸。如果从整套书视角看，我们还可以把此前写校园生活的内容与本单元融通，同时学习本单元建构的校园生活图景，又为以后在学习生活中不断丰富奠定了基础。再如五年级上册第一单元“一花一鸟总关情”，三篇精读课文中，《白鹭》是审美的，《落花生》是喻理的，《桂花雨》是抒情的。可以说，散文不同类型的亚图式构成了散文体式的认知图式，这样的知识建构显然有助于学生的知识结构化。

第二，要理清、处理好单元内部不同板块的关系。统编版教科书融合读写、融通读写，“口语交际”“交流平台”“日积月累”“词句段运用”“习作”等板块内容可以在课文学习时渗透的，要在教课文时解决。特别是“语文园地”中“交流平台”的内容应结合课文学习组织学生适时交流、无痕渗透；“日积月累”的内容往往契合人文主题，应在学习具体课文时相机补充连接；“词句段运用”往往出自课文，应在精读课文时落实；“习作”中的一些要求可在随文练笔、小作文中提前落实。略读课文的基本地位是精读方法学习后的在老师引导下的实践运用，一般按标题下的“学习提示”开展学习活动，但若确实是有价值的，提升为精讲也未尝不可。毕竟精读、略读只是编者的一个价值判断，不是一成不变的，以往人教版教科书中的一些精读课文，到了统编版教科书里成了略读课文的现象就说明了这一点。

第三，尝试进行大单元教学。在教学过程中的大单元意识，主要是从大单元视角审视单元的知识构成，是在具体课文和知识板块教学时互相关照，有机渗透。有些单元的内部构成比较特殊，我们也可以在有机整合的基础上形成相对独立的板块组织教学，还可以把整个单元打通了组织学习活动，这当然对整个单元有通体透明的理解。比如五年级上册第八单元，是围绕“读书”编排的，大单元教学可以安排四个学习活动：学习活动一，探讨为什么读书，学习资源包括“词句段运用”和“日积月累”的内容，包括《忆读书》《我的“长生果”》中包孕的读书对于人生的意义，也可以从《古人谈读书》中适当拓展“学以为己”的思想；学习活动二，探讨读什么书，学习资源可以冰心、叶文玲分别在《忆读书》《我的“长生果”》中个人体验为主，也可以带到“交流平台”中请小朋友们讲述，还可以拓展到金克木先生的《书读完了》，从而理解哪些是我们精神成长的“必读书”；学习活动三，探讨怎样读书，学习资源可以《古人谈读书》为主，也可以引导学生梳理概括冰心、叶文玲谈到的读书方法；学习活动四，召开班级读书经验交流会，可以涵括“口语交际”“我最喜欢的人物形象”和“习作”“推荐一本书”的内容。这样，本单元所有的内容都在融通的基础上实现了重构，也体现了以学生积极语文实践为学习主线的思想。

三、读课文

统编版教科书经典文章多，新选的文章多，对老师们的阅读形成一定的挑战。教师的职责所在，是“明白之人使人明白”（顾冷沅语），怎样才能使课文的阅读进入通体透明、形神兼备的境界？

第一，树立大文体意识。文体即文章体式。陈伯海教授曾指出，流行的看法，以文体归之于文本语言，强调从语言技巧的角度来探讨体式的构建。虽然从语言组合方式入手是进入文本体式的必由门户，但决不可因此将文体学还原于语用学，对文学文体尤其如此。因为文本特别是文学文本，蕴含着作者的生命体验。文学文本更多以巧妙的意象组合而导入内在情意空间的充分展开，致使感性生命流注无碍。因此，研究文体，要从形体结构与生命结构的二重性能的整合上来把握。[②]正是基于这样的认识，我们认为，应当跳出传统的“小文体”意识，确立大文体意识。本文受陈剑晖教授的启发[③]，把文体分成“文类文体”“语体文体”“主体文体”“时代文体”。文类文体，就是我们通常所说的文章体裁，它明确了各种体裁的文章外在形式和内在肌理的不同，一般来说，可以分为文学和实用两大类。文学类，诸如小说、诗歌、散文、戏剧，又如寓言、童话、神话等等。实用类，大抵指记叙文、议论文、说明文、应用文。小学阶段引导学生在比较规范的意义上把握文章的形体，重视文类文体的教学是无可厚非的。语体文体，陈剑晖教授认为是作家风格的标志，我认为这种说法与陈教授自己强调的主体文体就混淆在一起了。我理解的语体文体，更多是地域语言风格的标识，比如，汉语与西语及其他国家明显的语言差异，哪怕都在中国，南北东西，山里海边，“十里不同风”，在语言表达上各有异趣。都是抒情诗，中国古典诗歌基本是“言——象——意”的结构，西方的诗歌除了象征派以外，大抵是直抒胸臆式的，就可以作为例证。主体文体，“文体——这是才能本身，思想本身。文体是思想的浮雕性、可感性，在文体里表现着整个的人”。[④]恰如陈剑晖教授阐释时所说，主体文体鲜明地体现了作家的主体意识，包含了作家潜在的美学、情感、个性的审美心理结构。比如《落花生》，作者许地山、“落花生”这一意象与文章的文风浑然一体、朴实无华。这正是主体文体所致。再如叶圣陶先生主张写文章尽量去掉关联词，让文章更加清通流畅，但鲁迅文章的特色之一就在于关联词，复句的使用，鲁迅在当时社会背景下复杂的、深刻的、欲言又止而不得不说的回环曲折的表达，正是“整个的人”形成的主体风格的特征。时代文体，“文章合为时而著”，每个时代都有每个时代的风格，甚至于一些文章文体都有与时代关联的鼎盛期，时代风貌又自然会投射到各种文章那里。毕飞宇告诉我，他在南大文学院上课，和学生讨论“黄河之水天上来”，自己情不自禁地大吼一声：“盛唐啊！”我以为值得击节赞赏，正是盛唐，正是李白，“黄河之水天上来”，从不可能变成可能，从可能变成只能！当然，对大文体的分析，是为了方便我们认识，在实际教学中，要用融和、融通的观点整体观照。

第二，关注认识经典的三个维度。艾略特认为："假如我们能找到这样一个词，它能最充分地表现我所说的'经典'的含义，那就是成熟……经典作品只可能出现在文明成熟的时候，语言及文字成熟的时候；它一定是心智成熟的产物。赋予作品以普遍性的正是那个文明、那种语言的重要，以及那个诗人自身的广博的心智。"[5]艾略特用来定义经典的"成熟"指文明的成熟、心智的成熟、语言的成熟。"文明"大抵对应内容和主题，"心智"主要对应结构。现在的小学语文教学，老师们对内容和主题是关注的，更重视好词好句的教学，而普遍忽略对作者心智表达的揣摩和把握，所以经常给人在文本外面绕圈子的感觉。比如《好的梦》进入小学语文课本，如果我们把握到作品内部"昏沉的夜""初学记""美丽、高雅、有趣的梦""云锦"的四重回环，就可以触摸到文章内在的肌理，而不会感到茫茫然了。

第三，关注对文章的整体感知。分析课文，往往经历"初识整体——局部分解——回归整体"三个层次，从课堂观察看，相当一部分老师不重视对整体的回归，教着教着就使得课文"瘫"在地上，或者散落成碎片。在具体分析时，也是只见树木，不见森林，缺乏整体性的观照。因此，必须强调对课文的整体感知。童庆炳教授在谈文学作品分析时，提出要从文学内部诸因素的整体结构关系中，去搜寻文学的本质。他举例说，"鸡声茅店月，人迹板桥霜"，鸡声、茅店、月、人迹、板桥、霜六个名词连在一起，却表现出比六个名词总和更多的东西，把"道路辛苦、羁旅愁思"渲染得淋漓尽致[6]。用格式塔心理学的话说，这就是整体大于部分之和。对文章的整体感知，一方面要关注文章的任何细部都不是孤立的，恰如木心说《红楼梦》里的诗，放到《红楼梦》的情境中是好的，单独拉出来就没有味道了，一定要让细节、细部"活"在文本的整体情境中。另一方面，要加强对文本解读的整体回归、整体升华，在立体感、通透感意义上真正理解课文。

第四，关注文本思路与教学思路、学习思路的契合点。课文的解读与一般的阅读理解不同之处，在于解读课文与具体教学必须关联。比如上面说到"初识整体——局部分析——回归整体"的分析步骤就是基于这样的考虑，还应注意的是要尽量让文章的思路、编者的思路、教学的思路、学习的思路四路统一，也就是解读文本要有教与学的意识，有些词语看上去很普通，但在教与学的情境中都可能有特别的味道、特殊的魅力。比如四年级上册有篇课文《牛和鹅》，写"我"对待牛和鹅的态度"完全两样"，抓住"完全两样"，整个文章就"拎"起来了：第一部分写"我"对待牛和鹅完全两样；第二部分写金奎叔为“我”解围，金奎叔和“我”对待鹅的态度完全两样；第三部分写“我”记住了金奎叔的话，对待牛和鹅与原来完全两样。而这个“完全两样”也可以成为教与学思路的关节所在，成为可以统领学习过程的“课眼”。

（本文将发表于《基础教育课程》）

参考文献

①《义务教育教科书教师教学用书》，人民教育出版社 2019 年版，第 1 页。

② 陈伯海《中国诗学之现代观》，上海古籍出版社 2019 年版，第 321—322 页。

③ 陈剑晖《论 20 世纪 90 年代中国散文的文体变革》，《中国社会科学》2001 年第 5 期。

④《别林斯基论文学》，上海译文出版社 1979 年版，第 234 页。

⑤ 艾略特《什么是经典作品》，《文汇报》2017 年 5 月 15 日。

⑥ 童庆炳《文学的结构图式和“格式塔质”》，《北京社会科学》1988 年第 1 期。

第二辑

变革的奏鸣

文化语文：锻造美丽的金蔷薇

“教育”与“文化”原本是分不开的，统称“文化教育”。祝禧倡导的“文化语文教育”本身也成了一种“文化”，一种富于创新精神的“教育文化”。读《祝禧：文化语文教育》一书，就能感觉到文化的气息扑面而来。祝禧用心锻造文化语文教育的“金蔷薇”，此书无疑就是一朵璀璨夺目的金蔷薇，在苏派小学语文名师的丛林里散发独特的芬芳。

《祝禧：文化语文教育》凝聚着祝禧对“文化语文”的思考。通过这本书，可以窥见她的教育思想、教学主张、实践成果以及背后的故事。本书由两大篇章组成，第一篇收录了祝禧关于文化语文教育的基本主张，第二篇是祝禧的经典课例。在第一篇中，我们可以窥见祝禧文化语文思想的深邃。祝禧在书中提出的“教有文化的语文，育有教养的儿童”“文化语文教学是一个‘文化濡染’的过程”等教育思想，让读者不自觉地跟随祝禧的步伐，走上一条语文教学的寻根之路。祝禧让文化的清泉滋润语文教学，也滋润了儿童的心田。“文化语文”已经走过了二十余年的历程，在第一篇第二章中，祝禧校长用深情的语言讲述了“文化语文”这朵金蔷薇的锻造之旅。从 1985 年到 2019 年，祝禧不断丰富文化语文教育的内涵。她在教学、阅读和写作中，在所能够达到的一切地方积聚文化语文的“金沙”，实现“金蔷薇之梦”。第二篇有五个章节，收录了不同文体的教学实录和解析，配以名家的点评，读来令人有耳目一新之感，读者大可管中窥豹，识得文化语文的精深内涵。

祝禧的“文化语文”究竟是什么？读了她的《祝禧：文化语文教育》，每个人都会产生不同的思考。这里只是谈谈自己的一些印象。

一、祝禧的"文化语文"是一种理想追求

文化语文带给儿童一种高品质的语文生活，这种语文生活可以从三个方面来说。第一，文化语文是有意义的语文。语文不仅以言行事，更在于养身，语文是滋养心灵的，语文是儿童精神发育、精神成长的一个重要源泉。所以语文具有超功利的意义，我们讲文化语文，不只是在知识层面讲的，而是更强调超功利性的终极价值追求。祝禧的理想语文最重要的特质，是追求高尚的、高位的精神的东西，儿童精神发育需要的东西。这种语文，传承着中国传统文化的精髓。荀子讲：君子之学以美其身。这个美主要是精神，主要是腹有诗书气自华的美。第二，文化语文是应用的语文。祝禧的文化语文是向生活打开的，是在实践中运用体验掌握语文的规则，它是与儿童的语文能力表现联系在一起的。第三，文化语文是一种境界的语文。这个境界是整体性的，这种整体性包含在哪里呢？文化语文素养各元素是打通的。比如我们要读一个经典，有学者说经典标志着三个成熟，一是文明的成熟，二是心智的成熟，三是语言的成熟。这三个成熟是融为一体的，它就成为经典，也就自成境界。比如我们语文经常讲的工具与人文，如果内在地高度统一，则也是一种境界。课堂生活与日常生活融通，它也是一个境界。而这种种融通，在祝禧的《祝禧：文化语文教育》一书里俯拾皆是，所以我们说文化语文是境界语文。正因为祝禧的文化语文是意义的语文、应用的语文、境界的语文，因此是理想照亮的语文。

二、祝禧的"文化语文"是一种情境

祝禧的文化语文形成了非常具有厚度的"大情境"。第一是文学的情境。文化语文最显眼的标志就是文学，这文学就是经典，还有古典情结，古典情结是什么？文学的情结与中国的汉字有文化的连接。一个汉字抑或一个词，两千多年的审美经验都积淀在这里。这就是祝禧的"二千年的眼睛"。这种文学的大情境，包括日常生活的语文，包括孩子们日常阅读的语文，主要是文学。第二是生活的情境。祝禧的语文是向生活打开的，祝禧的语文深刻地引导着儿童的日常语文生活，祝禧倡导了100个典型的日常生活场景，但是这些生活场景是日常生活的典型化，是本质

意义上的生活，是理想状态下的生活。第三是她这种大情境还在于学校就是图书馆。学校的许多空间为孩子们惬意地阅读进行了创意设计，整个学校成了一个大的图书馆。在这样的文化语文的物理空间、物质空间里，师生一起享受语文生活。

祝禧的文化语文还是“中情境”。这个“中情境”是什么？首先是主题阅读，这个主题阅读有的是与教材有关的，有的是超越教材的，主要是语文的、文学的，还有校本的文学阅读等。还有跨界的语文学习，比如说电影课程、语言和美术、语言和音乐等学科的融合。

当然祝禧的文化语文也有“小情境”。这种小情境首先是我们一般意义上理解的作为具体课文的文本情境，祝禧是努力地把文本的意蕴与儿童的精神发育联系起来，这种文本意蕴对儿童是真实的、适切的。这种小情境也包括不同文本形成的情境，它往往由文本的互文性生成。互文性是指文本与文本联系的过程，这种联系有相互的响应、映照和吸收，它使文本情境更广阔、更开放。本书案例中的《开天辟地》，祝禧借助其他神话文本，把它放在中外神话的历史隧道里面去关照，那么它就非常有厚度。

三、祝禧的“文化语文”是一种儿童积极的语文实践

祝禧非常在意“活动”这个词，这个“活动”就是积极的语文实践，而这个积极的语文实践我们过去指听说读写，现在高中课标主要讲三种：阅读与鉴赏，表达与交流，梳理与探究。那么这种语文实践在祝禧的文化语文中有什么样的特征呢？第一是参与性。我们不仅让学生在场，还要让儿童出场，让他们的主体性张扬出来，要让他们主动参与。比如在《圆圆的世界》教学中，儿童进行着语言的狂欢。他们快乐出场，在语言的洪流中“转圈圈”，转出了空间的宽广，转出了时间的悠长，在充满魅力的语言世界中抵达圆融。第二是挑战性。在《祝禧：文化语文教育》中，可以读一下《开天辟地》的教学目标，有表演讲述故事，了解创世神话的特点，引发儿童思考世界从哪里来的哲思，领悟神话文学的诗意，拓展阅读创世神话，等等，非常具有挑战性。第三是审美性。这个审美性中认知和情感高度融和。文化语文教学的确是一个“文化濡染”的过程。本书收录的许多案例，让我们感受到文化语文濡染的过程涉及许多的实践领域或要素。活动演练、精神陶冶、智慧生成、艺术熏染、综合建构……他们通过开展“蓝天下的课堂”“网络上的世界”“舞台上的演绎”等校园

文化活动来拓展学生学习语文的生活空间。学生的各类社团如笋芽儿剧社、蒲公英诗社、满天星文学社等大显身手，尽展风采。再加上隐性的校园文化氛围和显性的校园文化设施，更增添了浓郁的文化气息，老师、学生甚至家长都沉浸在节日般的欢快气氛里，流连忘返，乐此不疲。这样学习语文，学得活，学得实，学得有品位，而且具有持续不断、强劲有力的发展动力。

四、祝禧的"文化语文"是一种丰收的图景

文化语文熏陶的孩子有特质，他们学校的孩子更具有大气、底气、灵气、帅气、锐气。这是整个学校文化熏陶出来的，是所有的老师努力出来的，但文化语文居功之首。他们教过的孩子都特别喜欢上语文课。一个老师是否成功非常重要的就是孩子喜欢不喜欢你，喜欢不喜欢你教的学科。祝禧做到了，孩子们往往成了祝老师的粉丝，对语文的喜爱成了许多孩子的生活习惯。纵观本书的思想脉络和课堂案例，我们看到，包括课外阅读，以及非体制化的安排，孩子都能主动参与，因为他们喜欢。文化语文为儿童过上高品质的语文生活，为儿童到高一级学校学习创造了更多积极的可能。因为他们这种灵性、潜力、创造性，必将让他们走向更好的未来。

祝禧文化语文的丰收图景，还在于她的团队和自己的成长。祝禧的文化语文和她的自我修炼是分不开的，我们从第一篇的第二章《成长道路 锻造美丽的金蔷薇》中可以看到，祝禧的文化语文一直处在自我求索、自我探索的状态中，在语文体系的构建和实践模式的创造方面，她显然做得很成功。在这个过程中，她专门攻读了美学硕士，广泛阅读，深入思考，使自己的精神图景更丰富更完整，在一定程度上实现了"以美其身"。

打开《祝禧：文化语文教育》，感知着她对教育平实、恳切、坚韧而温柔的爱，令阅读者不由自主地也产生对"文化语文"的诗意眷顾与祈望，相信祝禧在大家的关注下能更好地走向"诗与远方"。

（本文发表于《江苏教育》2020 年第 5 期）

课程基地:高中育人模式的重大创新

江苏省从 2011 年起,推进普通高中课程基地建设,创意之新,措施之实,成效之深,影响之大,在全国令人瞩目。此项工程实施以来,一直重视科研引领,先是马斌处长作为主持人成功申报省“十二五”教育科学规划重大项目,继而倪娟博士又从育人模式转型的视角,申报成为省前瞻性教学改革重大项目,现在研究的成果汇成专著即将出版,课程基地建设的“始作俑者”马斌处长和倪娟博士都希望我说几句,恰好我在一些高中参观课程基地时,生成一些感触、感想、感叹,也希望与同行分享。我的感知主要从价值维度、学理维度、内容维度、策略维度四个方面展开。

1. 价值维度。价值是回答“为什么”的问题。倪娟博士申报省前瞻性教学改革重大项目,突出课程基地建设宗旨在于促进育人模式的转型,这正是课程基地建设的灵魂所在。石中英教授讲过,任何教育教学改革都是基于对现实中人的培养的不满而进行的。诚如斯言!在教育的现实生活中,被人们广泛诟病的有:教育的封闭性,书本中心,教育与社会现实脱节,学习与社会实践脱节;教育的单调性,知识中心,进而考试中心,只关注纸笔测试可呈现的那些知识点,知识的完整性没有得到显现,能力、情感的培养无法得到落实。人们戏称现在的教育是“填鸭子”“烤鸭子”,最后学生一个个成了“板鸭子”。课程基地建设就是针对这些问题,建设促进学生学习的互动平台,使课程基地学习活动中的诸多意蕴都闪烁着“育人”的特质,比如,因为课程基地的学习活动更多是参与式、体验式,学生的自主性很强,选择的空间也大,于是学生不仅“在场”,而且“出场”,表现出更多主动的姿态和美观的身影;因为课程基地的学习活动更多是围绕主题项目展开,往往是与大观念学习相关联,有助于促进学生经验、知识的结构化,因为课程基地往往形成一个综合、复杂的情境,问题解决和创新的过程是知行合一的过程,也是知识应用迁移的过程,知识掌握会真正得到落实;因为课程基地往往跨学科、超学科,也可能把课堂学习与社会实践联结,知识呈现的丰富样态,拓展了学生的知识视野,激发了学生学习知识的兴趣,激活了学生知识创造的念想和热情,等等。总之,这样的前行方向,使我们对"冉冉出新人"充满着更多的期盼。

2. 学理维度。学理是回答"对不对"的问题。课程基地之所以做得风生水起,很重要的是在学理上立得住。一从模式转型角度看学理,"转型"是时代发展的必然。陈宝生部长在普通高中课程标准审议会上的讲话,谈到三种教育体制,第一种是建立在农耕经济基础上的教育体制,第二种是工业革命下产生的教育体制,第三种是信息化条件下的教育体制。陈部长谈到,信息化条件下的教育体制,新的学科层出不穷,专业继续细分,同时横断学科不断产生,综合学科不断出现,学生获取知识的途径越来越多,修养成智慧的难度越来越大,养成健全人格的挑战越来越严峻。课程基地建设内在地呼应了这样的要求,在怎样培养人上自觉进行转型的探索,方向是值得充分肯定的。二从教育环境建设角度看学理,过去讲教学四要素,指的是"学生、教师、教材,环境","环境"这个要素常常被忽略不计,课程基地建设最重要的功能就是为教育创建了一个全新的物质环境,而且这个环境,还可能是资源,还包含了工具,包含了方法,还必然会引起教育四要素内在结构的优化。三是从学生活动经验的角度看学理,在课程基地展开的学习活动,较多的是体验性、探究性、互助性的,是在参与经历中形成经验,建构知识。杜威认为,在各种不确定的情况中,有一种永恒不变的东西最可成为我们的参考,那就是如何与个人经验之间的有机联系。受到杜威的影响,泰勒认为:"从本质上说,学习是通过学习者自身的经历而发生的,也就是说,学习是学习者通过对身处环境所产生的反应而发生的。"正如泰勒所说,在课程基地,某些环境的特征引起学生的注意,于是他们与环境进行互动,学习就真正发生了。

3. 内容维度。内容维度是回答"做什么"的问题。对课程基地建设的内容,江苏省教育厅提出了六个方面:创造具有鲜明特色的教育环境,突出核心内容的模型建构,建设促进自主学习互动平台,开发丰富而有特色的课程资源,构建教师专业成长的发展中心,形成学生实践创新的有效途径。以我对课程基地的观察,结合对学校课程能力的研究，我们比较感兴趣的是三个方面。第一，复合主体。课程基地建设，是学校课程能力培育发展的重要抓手和难得机遇，学校课程能力主要是一种“人”的能力，是学校范围内共同参与课程建设的人的总体能力，因此称作“复合主体”。其中包括：校长的课程领导力，一位校长的课程意识、课程理解、课程愿景等等，对于课程基地建设的选题和方向至关重要，现在的学校对课程有了话语权，我想首先是得益于课程基地建设过程中的领悟；教师课程能力，由于课程基地带有“校本”特点，因此教师成了课程探索、课程规划以及课程开发、课程实施、课程评价的主体，正如不少校长所说，“一批人在课程基地建设中成长起来了”；学生的课程参与，在课程基地建设过程中，学生的课程需求，课程资源的积累等等，都说明学生不仅仅是课程和教学实施的对象，也是课程教学创新的重要力量；家长和社会的介入，课程基地建设推动课程“环境”超越学校，不管是“走出去”还是“请进来”，政府、社会、家长等等都扮演起课程主体的角色。正是这些复合的课程主体汇成了学校课程建构力量。第二，物质环境。这是课程基地建设最显明的亮点，从目前工程实施情况看，值得推崇的在于：从结构优化角度看“环境”，“环境”是情境，又是资源，而且不仅是“条件性”资源，也是“过程性”资源，教育结构因此而得到优化；硬件中包孕“软件”含量，其意义内涵不断充实，彰显学校文化个性，课程基地往往与学校整体特色、文化个性相关联，基础设施成为学校文化的特色表现。第三，课堂结构。任何相关的教学环境建设，以至“互联网＋”的教育，一个最本质的特征都在于课堂教学的结构有没有真正变革，这个变革的方向就在于以学习者为中心，就在于更加有利于学生主动学习，课程基地无疑是一个更具开放性的课堂，随着工程推进的深入，在整体上突出以学习者自主学习为中心的课程设计，重视学生合作探究的学习方式变革，以特色环境“倒逼”教学方式改变，“让课堂向四面八方打开”等等，都体现学生作为学习主体的地位更加突出了，课程基地建设内在的价值追求也就得到更好的落实。

4. 策略维度。策略维度主要讲“怎么做”的问题。从省级层面看，课程基地建设的工作策略是创新的、扎实的，其特点主要体现在：(1)政府行为与学校自觉结合。我国是“强政府”社会，要做大事情，政府一定要扮演重要角色，课程基地建设是政府启动、政府投资、政府鼓励的一项大工程，由上而下，强力引导是必须的。十分可贵的是，许多高中学校自觉对接，把课程基地建设当作学校课程改造、课堂重构，甚至特色熔铸、文化发展的重要机遇与重要凭借，“上下同欲者，胜”，取得理想成效就可想而知。(2)项目推进与科研引领相结合。如前提及,这项工作推进以来,一直高度重视科研引领,先后列为重大科研项目和前瞻性教育改革重大项目,并且成立了课程基地建设指导中心,一方面要求把地方、校本的课程创新在学理上说清楚,另一方面随着这一“旅程”的展开,不断研究新问题,许多全国顶级的专家也受邀在不同层面上参与其事,贡献智慧。在我看来,对科研的重视,正是体现了主事者努力探索教学规律的初心。(3)个体创造与团队分享相结合,在项目推进过程中,别出心裁地成立了基地联盟,这样就为相关学校搭建了一个对话平台。个体经验通过对话和分享,相互启迪,相互激励,相互映照,不仅声势更大了,而且使深化有了更多可能。(4)学校与社区、社会相结合。中国基础教育的一大弊端,就是学校是一个孤岛,与社区、社会基本隔绝,课程基地建设无疑打开了一扇窗,学校内外的空气流通了,一方面社区资源为学校所用,另一方面通过联动合作,学校文化与社区文化有了更多的融会,特别是学校可以更好地发挥社区文化中心的引领作用,大大拓展了育人的广阔时空。

(本文系作者为倪娟、马斌《回归与遇见——高中课程基地转型育人模式》(江苏凤凰教育出版社 2017 年版)一书所写的序言)

以改进实践为宗旨

校长、教师为什么要进行职后培训？可能是因为形势使然，可能是因为“本领恐慌”，可能是因为渴望提高，也可能仅仅是制度安排，但最重要的仅仅是一条，那就是改进实践。这是起点，是过程，也是终点，更是宗旨所在。淮安市优秀中青年校（园）长培育工程正是把握这样的宗旨，精心谋划和实施，虽然才走半程，但已渐入佳境。

从方案的整体设计看，以改进实践聚合培训主体内容。该培育工程分六个专题组织培训，“问题是我们的朋友”是其中的一个专题。设计这样的专题显然受到迈克尔·富兰的启发，富兰说：“问题是我们的朋友，因为我们只有深入到问题之中，才能够提出创造性的解决方法。问题是通向更加深入的变革和达到更为满意的途径。”确定这样的专题，首先体现了直面问题、改进实践的价值取向，其次彰显面对问题的友善态度，再次蕴含着创造性解决问题的想象和期望。其他几个专题也都与问题解决和创新相关联，比如“认识你自己”，自然包括“自己”的问题所在；“天下第一好事是读书”是伴随着反思性思考的，常会有张弓候鸟的惊喜；“高山自有神韵在”，在于掌握问题解决的思想武器；“生活在别处”，相信他山之石会给自己的办学带来有益启迪；“寻找属于自己的句子”，则是问题解决、实践创新的一种表达。

从方案的实施过程看，以走进现场为重要的培训策略。这可以从三个方面来看：第一，专家报告的“烟火气”。古人有诗云：“睡魔正与诗魔战，窗外一声婆饼焦。”正是生活的“烟火气”使不很知名的诗人有了流传千古的名句。为了防止出现空头理论使人昏昏的现象，培育工程精心选择开办讲座的导师，与导师们就培训主题和方法反复沟通，生成了一批接地气的高端讲座，有的甚至产生了轰动性效应。第二，跟岗学习的贴近度。培训班多次安排学员进驻实践型导师所在学校（幼儿园）跟岗学习，这些学校不仅与学员所在单位同学段，而且他们全面真实呈现学校现实，包括呈现面临的问题和解决问题的过程，使学员们感到很“贴”，学得到，用得上。第三，变革现实的深刻性。诚如叶圣陶先生所说，教语文无非是带学生在课文里走几个来回。该培育工程引领学员在自己的教育现场经历几个来回，开始审视现场，在发现和提炼问题、学习、观摩后，返身现场是为了寻求解决之道，“句子”形成后“回到事实本身”已经有很多“应然”的意蕴。正如在课本里走几个来回，每一个来回都有审美的发现。在自己的教育现场，犁耕耙耘，每一次都有拓宽与深化，其思考的深度、变革的力度、创新的高度逐渐形成。

从方案实施的初步效果看，以整体优化为显著的改进标志。培育工程为期两年，现在工程过半，不日前我参加了中期考核活动，听取了部分校长的汇报，和他们进行了深入探讨，总体感觉超过预期，其中一个显著的特点是学校工作的整体优化。这主要表现在，第一，凝练了学校的核心价值观。核心价值观是学校文化的灵魂，是解释学校文化之为什么。参训学员在导师指导下，普遍基于学校文化的传承创新，基于学校发展的区域特点，凝练出能够统领各方面工作的价值追求。第二，基本形成了学校文化发展的实践体系。我阅读了 29 位校长的汇报材料，发现校长们大致都从校容校貌、组织运行（课程、教学、活动）、意识形态系统、风格呈现这些方面设计学校发展蓝图，紧扣学校文化建设的特点，其物质文化、制度文化、精神文化这些机构文化建设的共性要求也都得以落实，在学理上已经能讲得清楚。第三，突出重点建设项目。学员们经过一年的培训，都已具有弹钢琴的意识，轻重缓急拿捏得当，基本都能围绕课程、教学或师资队伍建设形成一两个重点项目，这本身已是执行力的一种表征，也是整体优化的一种表现。

约翰·哈蒂在《可见的学习》一书中引述了他推崇的一些专家的观点，指出改进学校必须有整体思考的意识：文化的改变不是强制的，而是对现存规范、结构和过程进行具体的替换——文化改变的过程从根本上来说依靠的是对你希望替换上场的新价值观和行为的建模。

（本文发表于《教育视界》2017 年第 13 期）

植下批判性思维的种子

人们在研究中发现，所有的创新型人才有一个共同的特质，那就是具有批判性思维。发达国家和一些国际组织在研制核心素养标准时，都明确把批判性思维列入其中。我国提出的学生发展核心素养和高中学科核心素养，也内在地包含了培养批判性思维能力的要求。呼应这种时代的声音，南京市北京东路小学（以下简称北小）将批判性思维的培育融入学科教学，他们正在努力将批判性思维的种子植入孩子的心田。从他们的初步探索看，培养学生批判性思维能力，可以在以下几个方面着力：

一、创设可能生成批判性思维的学习情境

批判性思维不可能想要就有，它需要适宜的土壤，因此在教学中要特别注意创设滋生这种思维萌芽的学习情境。

第一，要营造民主的教学氛围。美国批判性思维运动的先驱者恩尼斯认为，批判性思维是"为决定相信什么或做什么而进行的理性的、反省的思维"。但事实上，我们在思考和决策时常常偏离理性，产生认知偏差，而儿童学习过程中的认知偏差很大一部分是教学的不民主造成的。比如服从权威形成的认知偏差，在课堂上不敢对教科书产生怀疑，或者总是在揣测教师希望出现的问题走向。又如从众效应形成的认知偏差，习惯向大多数人的想法靠拢，有时是下意识的，有时则是感觉从

众相对保险，即使错了也不会有多大损失。北小的老师们清醒地意识到这个问题。吴贤老师关注课堂上师生的身份确认，自觉地把课堂上思想的空间还给学生、让给学生。孙双金校长的“情智语文”，就是着力做到认知与情感的融合统一，他的“四小课堂”（小脸通红、小眼发光、小手直举、小嘴常开）描绘了学生审美高峰体验时的状态，而这必然地源于教学民主形式如沐春风的整体氛围。

第二，要赋予挑战性的任务。批判性思维是与深度学习联结的，讨论批判性思维时，会常常听到一句话：“深度比广度重要。”孙双金校长对挑战性的理解是：“学习任务具有挑战性，问题情境具有挑战性，学习历程具有挑战性，目标达成具有挑战性。”朱萍老师介绍的深度学习语文校本课程，设置新闻评论、电影赏评、儿童故事屋、森林报道、历史之镜五大板块，更是为学习的挑战性提供了适切的资源。吴贤老师的数学教学注重引导学生多角度思考：“正面思考、反面思考、联系生活思考、逆向思考、一般性思考、特例性思考”，让思维向四面八方打开，学生正是在接受挑战中走向深度学习。

第三，让学生形成独立思考。批判性思维是要植根于学习个体的，如果没有独立思考也就谈不上批判性思维。朱萍老师的读写融合，唐隽菁老师引导学生经过独立思考、审慎分析，进而形成内心认同，成就“由己”的行为，吴贤老师的一题多解，都在鼓励学生独立思考方面做出了努力。

我欣赏一个教学的基本原则：课堂要有合适的安静时间，让每个学生都有学习的机会。所以，我主张看课，不能只看课的热闹，还要看课的安静，学生带着挑战性任务，安静地做着战胜挑战的努力，是“全体都有”独立思考的重要表现。同时，教师在课堂上还要学会等待，杜威说过，有时学生回答或应对不及时、不顺畅，可能正是他在深度思考的表现。

二、通过掌握推理技能形成批判性思维能力

推理是批判性思维的核心。这里的“推理”，我倾向于从柔性的、广义的角度考虑。与批判性思维能力内涵相关的“推理”似乎涉及这几个方面：

第一，理解和把握“思维图”。国外不少学者一直努力提炼一个批判性思维的过程框架，简尼赛克和希契柯克识别了批判性思维过程的七个要素，将其描述为解决问题的一种形式：问题识别与分析、澄清意义、搜集证据、评估证据、推导结论、考

虑其他相关信息、综合判断。[①]有学者将以上七个要素和相应问题称为“思维图”。这些学者的研究主要在高等教育的范畴,但这样一个可能要素相互影响的过程框架还是对中小学批判性思维教育有所启发的。比如我们可以拟就一个比较适合于中小学生的过程框架:确立问题—提供证据—推导分析—综合判断,有了一个大的框架,就给我们培养学生批判性思维能力带来了一定的确定性。

第二,用思维的知识在学习中思考。有学者认为,思维有八大特征:所有的思维都有目的、所有的思维都至少提出一个问题、所有的思维都需要信息支持、所有的思维都需要概念、所有的思维都需要推论、所有的思维都包括假设、所有的思维都包括预测、所有的思维都包括观点。[②]他们认为掌握好任何知识都需要将该内容作为一种思维模式来理解。形成思维模式,必须清楚这八个思维特征。我的理解是,把握这八个思维特征,就学会了怎样思维以及怎样进行批判性思维,真正形成了包括批判性思维在内的思维能力,我们就可能把学习的学科知识建构成一种模式,这就是人们所说的认知框架。作为一个语文教师,关于语文学科,我更喜欢说成认知图式。西方有的学者认为,教育不是教给学生细节(诸如知识点),而是教给学生认知框架、认知图式。这八个思维的特征就是叫我们从逻辑思维角度去推理,我们经常讲的演绎论证、归纳概括、因果解释、类比论证都应该体现这些特征,我们也就因此掌握了逻辑推理的技能。当然,这样的推理,恰如福尔摩斯所言:“要提高演绎和分析的学问,只有通过持久耐心的学习,而且,生命有涯,学无止境。”

第三,尝试道德推理和美学推理。逻辑推理不能解决所有问题,我们在学习和生活中碰到的许多问题属于道德问题或审美问题,批判性思维能力包括了道德推理和美学推理的技能。先说道德推理,人们在讨论逻辑推理时,是需要对应标准的,而道德推理的标准可以看作道德判断的原则。这些原则包括:(1)人际关系创造出各种职责,除非有令人信服的理由不去这么做,否则我们都应该以履行这些职责为荣。(2)某些理念能够提升人类生活,帮助人们去履行对他人的职责。(3)某些行为的结果有利于人类,而某些行为的结果有损于人类。(4)情境改变状况。[③]有了大家普遍认可的道德判断的基础,道德推理就有了价值判断的前提,而对具体的前提和结论就可以构成有效的演绎推理。再说美学推理,也是强调判断的原则,这些判断原则强调的是哪些具有美学价值,为什么说它们具有美学价值,推理则基于人们接受的美学原则构成,“它激发人们以特定的方式感知对象的特质。这些规定性的观察方式激发好评(或批评)的反应和体验”[④]。

让我们来看看北小的实践。他们特别强调的是:(1)探究方式。北小批判性思维能力的培养是融入探究性学习之中的,他们为学生设立挑战性任务,激发兴趣,深度思考,要求学生在探索中寻找证据,分析推理,使整个学习过程讲“理”且不断向深度溯游。(2)质疑策略。问题是批判性思维的源头,北小的老师们深谙此道,孙双金校长的课堂上经常“一石激起千层浪”,就在于他适时抛出具有挑战性的问题;朱萍老师把握不同学段的特点,培养学生自主提问能力;唐隽菁老师把问题划分为六个种类,对学生进行针对性训练;吴贤老师注意引导学生对已有的结论进行质疑,进行真实客观的批判性思考。可以想象,正是在这种高质量的质疑、提问的训练中,批判性思维在萌芽生根。(3)理性精神。理性是批判性思维的灵魂,批判性思维是对思维展开的思维,让前一种思维过程接受理性评估。北小的老师们在教学中特别重视事实,事实就是证据;特别重视讲“理”,理性就是力量。几位老师反复强调事实,引导学生学会让证据说话,其实就是逐步掌握批判性思维的技能。(4)创新意识。创造、创新可以看作是批判性思维的孪生兄弟。北小的老师们清醒地认识到这个问题,他们自觉地在批判性思维的训练中渗入创新意识。他们注重学生学习好奇心的培养,朱萍老师介绍的课程群打开崭新的世界,唐隽菁老师桥接热气腾腾的生活本身,吴贤老师拓展儿童思考的空间,都是在激活儿童的好奇心;他们善于把问题演变成争议和任务,吴贤老师课堂中的多元解决问题的图示,唐隽菁老师课堂中的概念构图,朱萍老师设计的课程活动指向问题解决,都在发挥问题在创新性思维培养方面的价值。

三、培育批判性思维的心智习性

批判性思维的培育,不仅是技能、方法层面的事情。“就像生活中的其他事物一样,技能还不是全部。必须有坚持不懈地运用那些技能的愿望和决心,以及当面临问题和困难时运用那些技能这样做的深厚习惯。我们的性格有不同的特质,称为‘心智习性’,必须把它和技能一起培养。”[⑤]综合一些学者的意见,这种“心智习性”首先是指求真的品格。寻求真理是始终如一的内心倾向,具有勇敢地提出问题的一贯勇气,“不论理由和证据把我们引向何处,勇敢地跟随理由和证据的胆略,提出困难和富有洞察力的问题的热情,是很重要的。”[⑥]其次,具有好奇心,对知识充满热情。批判性思维是植根于知识、能力土壤的,具有批判性思维能力的人应当是见多识广的，这样才能在分析、论辩、推论、解释、评估，以及元认知的自我监控和自我修正中“为有源头活水来”。再次，他应该是一个公正的思考者，具有批判性思维者具有的特质——谦逊、勇气、整合性、自主性、换位思考、坚毅及对推理的信心，他也因而能没有偏见地对待各种观点，能对持不同意见者，包括对不具有批判性思维能力的人具有宽容精神。我们期待的新人，他们的这些心智习性是可以培育的，公正性是可以“练习”的。北小所做的努力，是在植下种子，培育萌芽，他们的探索性实践中已经包含求真品格的培养，他们的学生已经具有一定的自主思考的习惯；已经比较充分地激发学生学习知识的热情，他们的毕业生向来以见多识广著称；他们在道德推理、美学推理中已经包括换位思考、多元评价和自我反思，公正的“训练”已隐约可见。这些精神的培育，和技能、方法的学程的展开合而为一，仅仅从批判性思维的培养角度，也可看出他们培养整全人的不懈努力。

（本文发表于《江苏教育》2019 年第 1 期）

【参考文献】

① 希契柯克《批判性思维教育理念》，《高等教育研究》2012 年第 11 期。

② 保罗·埃尔德《批判性思维工具》，机械工业出版社 2016 年版，第 109 页。

③ 拉吉罗《思考的艺术》，机械工业出版社 2013 年版，第 49—50 页。

④ 摩尔·帕克《批判性思维》，机械工业出版社 2016 年版，第 318 页。

⑤⑥ P. 费希万、N. 费希万、蒂瓦里等《作为普遍人类现象的批判性思维：中国和美国的视角》，《北京大学学报》（哲学社会科学版）2009 年第 1 期。

“做”以成人

确定这个题目，显然深受“做中学”和“学以成人”这些说法的影响。“学以成人”是在北京召开的第38届世界哲学大会的主题，也是中国传统文化的精髓。我们今天讲“立德树人”“学科育人”大抵源出于此；“做中学”是杜威的重要思想，强调经验在学习中的作用。之所以要来“中西合璧”一下，以《“做”以成人》为题，除了文化认同、价值认同外，也表明我们对教学、对学习的基本看法：经验、活动应该是学生学习的基本方式，“做”，更有利于核心素养的培育，学科育人的价值能够更好地实现。这也是我对连云港市解放路小学以语文学科为例开展项目导学研究颇为欣赏的重要原因。

选择、确定前瞻性教学改革实验项目，首先要回答“为什么”。理由充分，才可能信心满满。在和华雪珍校长的团队交流中，我听出他们选择项目导学，主要出于三方面的考虑：第一，核心素养的旨向。从国际经验看，核心素养是直接应对知识经济的出现提出来的，一个基本的判断是，科技、社会发生飞速的变化，培养目标和培养模式都应与时俱进，因此要培育学生的核心素养，使学生形成应对变化的能力，以便更好地创造美好人生，更好地参与美好社会的建设。我们国家借鉴国际先进经验，组织专家团队描画出学生发展核心素养，更在高中课程标准的研制中，凝练了高中各学科的核心素养。学科核心素养是学生在真实复杂的情境中，调动社会和心理资源，在问题解决与创新中表现出来的价值观点、必备品格和关键能力。项目化学习强调真实情境、复杂问题，无疑有助于核心素养的形成。第二，母语学习规律的内在规定性。在诸多学科中，连云港市解放路小学首先选择语文学科，是因为华校长本人就是语文特级教师，她对母语教育规律的认识使项目导学来得“理直气壮”。华雪珍团队说，母语最基本的特点就是语文实践，换句话说，就是“做中学”。正是在语文实践活动中，语言的、思维的、审美的、文化的几个方面的核心素养，在内外一体、相互激荡中生成发展。项目化学习具有整体的情境性，积极的实践性，广泛的整合性，有效的互动性，应当成为母语学习重要的方式选择。第三，童乐校本文化的深刻影响。童乐教育是连云港市解放路小学的文化特色，他们的童乐是理念：儿童在中央；也是策略：立足儿童视角，着眼儿童成长需求；更是目标：促进儿童快乐成长，唤醒教师从业幸福感。围绕童乐的文化主题，学校秉持“纯真、健康、和谐、阳光”的校训，坚持“服务师生，同乐成长”的办学定位，以“善学乐学，聪慧高尚”为培养目标，努力追求“让儿童成为儿童，让教师成为童伴，让校园成为乐园”的美好愿景。华雪珍校长认为，学校选择、确立教学改革项目，应当植根于学校文化的沃土。项目化学习，有利于儿童学习主体地位的凸显，儿童在积极参与、合作交流、探索创造中，享受到的是生命的舒展之乐、生命的结伴之乐、生命的跃迁之乐。开展项目导学，标志着学校童乐文化的深化和提升。

确定前瞻性教学改革实验项目，一定要回答“是什么”，准确阐释项目的基本内涵。有什么样的教育理解，就有什么样的教育行动。有时我们选择了一个项目或一个课题，没有说清楚“是什么”，就施展拳脚做起来了，于是越做心里越发毛。华雪珍的团队做项目导学，是认真做了一些功课的，是努力在学理上把握项目化学习的。

鉴于不少老师和我多次讨论项目化学习，借助华雪珍团队的文献梳理，这里转述几则材料供大家参考，也能增进我们对项目化学习的理解。第一则材料是刘景福、钟志贤 2002 年 11 月发表在《外国教育研究》的一篇文章，题为《基于项目的学习(PBL)模式研究》，主要介绍美国中小学广泛采用的“基于项目的学习”模式，文章介绍了基于项目的学习主要由内容、活动、情境、结果四大要素构成。内容，应该是现实生活中的问题，强调知识的完整性和系统性；活动，是学生使用一定的工具和研究方法的探究行动，具有挑战性和建构性；情境，为学生提供更丰富的、更真实的学习经历，有助于促进合作，有利于学生掌握并使用工具；结果，指在学习过程中或学习结束时学会的知识、技能，包括“学会学习”。第二则材料是高志军、陶玉凤在 2009 年 12 月发表在《电化教育研究》的一篇文章，题为《基于项目的学习(PBL)

模式在教学中的应用》，文章认为，教师期望学生基于项目的学习实现的结果，可以在四个领域表现出来，这就是：获取知识并应用、交流、协作、独立学习。第三则材料是夏雪梅博士的一本专著，题为《项目化学习设计：学习素养视角下的国际与本土实践》，夏博士在这本书中提出项目化学习设计的六个维度：核心知识，明确了项目化学习聚焦的知识类型；驱动性问题，提出要把本质问题转化为驱动性问题；高阶认知，倡导用高阶认知统摄低阶认知；学习实践，引导学生经历有意义的学习活动；公开成果，让设计的成果更有价值；全程评价，通过评价促进个人和团体共同进步。

现在我们再来看华雪珍校长对项目导学"下定义"的解释："项目，在特定时间、资源限定内开展的系列化的、相互关联的教学活动，是有明确目标、有计划安排的教学任务。项目导学，将学科体系中的知识内容从学生积极参与、主动建构的碎片化状态，转化为体现差异性、层次性的若干项目，围绕项目组织和展开学习活动，学生体验感悟、论证探究、评价反思贯穿其中。项目产生、实施、延展的整个过程，学生始终居于主体地位，既是学习项目的制定者，又是项目实施的参与者，还是项目学习的评价者。"当然，华雪珍团队在设计项目、实施项目过程中，表达出来的对项目化学习的理解，更丰满，更通透。在他们关于"是什么"的认识中，基本要义是明确的：(1) 项目化学习是学生主体身份确定的"做中学"的积极实践活动。这种做中学是手脑并用、贯穿始终的。(2) 项目化学习是主题统领、问题驱动的学习实践。项目化学习的主题常常兼有情境的性质，大主题可能就是一个大情境，项目化学习的内容也常常是以主题来统摄组织的。(3) 项目化学习是独立学习与合作学习的有机结合。任何合作学习都应以独立学习为基础，且华校长谈到项目的差异性、层次性，也都关顾到个性化学习活动。另一方面，合作学习在项目导学中发挥着非常重要的作用，看看引述材料中教师的结果期待，"交流、协作"是其重要内涵，连云港市解放路小学的项目设计合作学习，也是贯穿始终的明线。(4) 项目化学习的基本要素形成内在规定性。项目化学习的要素，可以从时空两个角度看，从时间角度看，它可以形成基本的流程，尽管表达不完全一样，但情境、任务、活动、评价总是少不了的。同时，这些要素又是互相渗透的，比如情境，是贯穿学习始终的大情境；再如评价，也是渗透到每一个学习程序中。从空间角度看，项目性学习的结果，指向知识的完整性、素养的全面性。而这些要素又是从起点到结束乃至到延伸式学习，都是贯注其间的。令人欣慰的是，华雪珍团队对项目化学习的理解是相对到位的，这就保证了项目导学实践的基本规范性。

前瞻性教学改革，当然少不了“怎样做”。我曾经把项目实践概括为四个“可”：可看见、可操作、可品味、可迁移。（1）可看见。可看见在于提炼了基本的范式。华雪珍团队项目导学的范式概括为包括项目准备期、项目实施期、项目延展期的基本流程。准备期通过前置预学与学情分析筛选项目，实施期通过师生互动与合作探究深耕项目，延展期通过延伸学习与汇报交流推广项目。特别值得肯定的是，项目导学在每个阶段、每个要素上都致力于“可看见”，比如项目环境，他们也是用图示的方式，描绘出有创意的学习空间，呈现其“互通、共享、整合、开放”的特征。（2）可操作。项目导学对于每个阶段“做”什么事，师生怎样开展活动，都已是一目了然。“可操作”在项目导学中还有另一层意思，就是积极稳妥地推进。他们在现有课标、现有教材的框架内，特别有创意地设计了大中小三种项目导学。大项目，是学期综合的，每学期一个主题，放手让学生做；中项目，是教材特定模块的，类似大单元设计的，围绕单元主题做适当拓展；小项目，可以结合到具体知识板块或者具体课文的，也就是可以进入到日常的语文学习之中的。（3）可品味。品味的是内涵，是文化，或者说是前瞻性。项目导学的童乐文化之根，完整、育人的旨向，开放的课程形态，线上线下结合的学习方式，等等，都给这个项目注入了丰富的意韵。（4）可迁移。可迁移是说项目具有普遍意义，在新的情境中，它同样具有应用价值。可迁移的根本在于学理上站得住，重点在于范式的概括提炼，关键在于指向基本问题的解决。无疑，项目导学在这几个方面是达到要求的，是具有迁移推广价值的。

当然，前瞻性教学改革实验项目还有“做得怎样”的问题，这需要项目组在实践探索中积累案例、数据、证据。好在“做”以成人，做的过程已经包含目标达成的意蕴，而且可以使我们有理由对项目的丰硕成果充满热切的期待。

（本文发表于《江苏教育》2019 年第 49 期）

一所学校的精神气象和管理者的文化品格

徜徉于江苏省张家港市实验小学的美丽校园，耳畔时常回荡起周杰伦、温岚合唱的那首《动心》："有时心动，只是浅浅一个笑容……"自然，这首歌对于我的教育行走，只是"赋比兴"的"兴"。张家港市实验小学的景、人、事常常令人怦然心动，也引发我的好奇：这所校园怎么会成为美丽得让人心醉的地方。

一、小径分岔的花园

这座花园打动我的地方主要有以下几个方面：第一是审美性。刘慧校长说，"小径分岔的花园"是张家港市实验小学对自身的设计和比喻，这是一个意象，也是一个实体。我认同这样的观点，在张家港市实验小学的校园里，"有时心动"就是以曲为美的分岔小径，"有时心动"，就是一缕若有若无的花树的馨香，"有时心动"，就是学生在与花鸟鱼虫的嬉戏中享受欢乐；"有时心动"，就是疯长的野草上躺着的男孩遥望白云在庄严地梦想……一所校园真正成为花园，甚至成为让人流连忘返的花园，它自然会引发美好的情愫，美好的遐想，美好的期盼。第二是生态性。这座园子的风景是完整的。园子的设计充分听取了学生意见，学生对理想景观的描述，往往还原了他们对自然的整体感知和认识。学校在设计时，有意把自然风景中"带刺"的元素有机融入，选择刺树、铁树、月季花、荆棘、树藤等，哪怕是在与自然为伍，学校也希望学生过的是"正常"的生活。这座园子的风景又是和谐的。漫步其间，舒服、惬意是最直接的感受。自然景观和场馆建设有机融合，相映成趣。从整体布局到细节设计，“淡妆浓抹总相宜”。儿童和葱茏的万物，都在自然地呼吸与生长。第三是培育性。培育性是校园景观建设最为内核的追求，如刘慧这样具有高度审美自觉的校长，营造自然景观，想到的正是环境育人。刘慧校长常说，她们追求户外的“万物生长”“情景生长”“故事生长”；营造阶梯式、成长型“童话空间”“童话人生”；鼓励校园里的“探秘”“偶遇”和种种美学散步；诱使“人”与“物”随时随地地发生“化学反应”。在有序设计之外，学校还有意留出了一片“荒野”空间，以此象征大自然的原始和纯粹，鼓励学生去识别，去探索，去发现，去命名。惠特曼在诗里说：“一个孩子每天向前走去，他看见最初的东西，那东西就变成了他的一部分。”在一定意义上，小径分岔的花园里，生长着学生美好的未来。

二、儿童定制学习

校园里最美丽的风景，应当是儿童的蓬勃生长，其重要的表征是儿童舒展的学习姿态，张家港市实验小学的儿童定制学习正是着力于此。其一，主体性实践。儿童的学习姿态是儿童的基本生活方式，也是儿童基本的生存方式，是儿童生命的表现形式。“以学习者为中心”能否落实到位，关键看儿童的学习是不是一种主体性实践。张家港市实验小学的教师努力建构学科课程的认知框架，比如引导学生从“主题内容、作者、体裁、写作风格、表达方式、学习策略”等角度，整合专题，积累资源，合作探究，使儿童的语文学习更多地体现出主动性、生成性，如刘慧校长所言，有可能成为“公共生活”中的“私人事件”。他们非常重视实践、体验在学习过程中的作用，设计“21天美丽行动”，将好习惯养成课程嵌入学校的日常生活，以项目推进的方式，引导儿童“做中学”，亲历中成长。而摇落“桂花雨”，正是让学生在事件的创造、亲历中，获得远远超越一篇课文的学习收获，在生命中留下美好的记忆。其二，选择性学习。定制学习倡导以学习者为中心，提供适切的教育，必然需要提供选择性教育。张家港市实验小学在教学领域，要求教师在班级授课制的体制框架内，关注好中差不同层次的学生在最近发展区向上腾越跃迁，关注学生学习风格的多样性和天性的特殊倾向，从学习目标、学习内容、学习策略、学习评价等诸多方面提供适切的指导和支持。在课程领域，张家港市实验小学在校本课程的开发和实施中，学校定制课程总体要求是“普及＋提高”，“普及”就是人人参与，“提高”就是满足兴趣和需求；班级定制课程，则重在凸显班级文化特色；自我定制课程，则引导学生根据自己的能力基础、爱好特长以及发展需求，以“我的世界是一枚果实”为主要线索，自主申报、定制适合自己的课程，人们在校园里“遇见”的原创书课程、私人演唱会、“为爱写生”展览等，都属于私人定制课程。假以时日，学生一定会收获“味道好极了”的丰收果实。

三、蓬勃向上的精神气象

有朋友说，张家港市实验小学最令人陶醉的是氛围，是美丽、美好、美妙的氛围。我深以为然，并把这种氛围称之为蓬勃向上的精神气象。这种精神气象是积极的。张家港市实验小学的教育宣言是：做精神明亮的人——过正常而积极的童年生活。积极，就是向善、向好，就是生长、向上，这应该是刘慧和她的团队基本的文化品格。好习惯养成美丽行动，图书馆长期坚持的诚信购书，可以看到他们在这方面同样用心灵去营构。这种精神气象是完整的，用刘慧她们的话说是“正常的”。恰如花园里带来危险的花草树木、碎石流水，构成生态的完整性，生活中的不幸和危险构成了生活的“正常”。这些在“小径分岔的花园”里都转化成积极性格养成的资源。这种精神气象是生根的。氛围的东西有时可能若隐若现，但它一定是落地生根，人们才可能感受。张家港市实验小学有核心价值追求，有丰满的实践体系，有一呼百应的强大执行力，有生机勃勃的物态表达，从“校长妈妈”的系列讲座，到“最好是教养”的家校合育；从花团锦簇中的三味书屋，到“荒野”中任意滋长的野草；从五彩缤纷的美丽行动课程展示，到一枚枚敝帚自珍的青涩果实，等等。他们积极向上的文化品格植根沃土，蓬勃生长。于是，“一树一树的花开”，蔚然壮观，气韵生动。

（本文发表于《江苏教育》2019 年第 18 期）

走向新专业化

传统意义上的教师专业化，是指教师从非专业、准专业提升到专业的职业进步的过程，主要着眼于教师专业知识的提高和专业技能的培养。近些年来，我们欣喜地看到，在一部分学校，出现了一种新专业化的现象，即“把教师置于学校变革与发展的中心地位”。[1]在这些学校里，教师参与行政决策，组建学习型团队，有效改进专业实践，不断创造、创新和分享。教师成为学校变革的主体力量，学校的进步与教师的专业成长同频共振。苏州市平江实验学校的教师专业发展就有点这样的味道，他们正走向一个新专业化的时代。

道德目标和变革动力的紧密结合。一所学校的发展，没有道德目标，事物的表现就会碎片化。道德目标是一种“奇妙的吸引物”，是推动混沌状态进入周期性运动格局的力量。无疑，教师是变革的动力，如果教师的主动性没有被激活，道德目标就会停滞不前，甚至成为一种摆设。[2]平江实验学校把道德目标和变革动力紧密结合，从学校的文化积淀中提出了“德润文光”的核心价值观，组织教师参与“德润文光”学校文化体系的建构与实践。一是确立校本化培养目标。落实“立德树人”的根本任务，承传“德润文光”的意蕴，有针对性地加强德育和审美要求，提出“崇德尚美，乐学善思”培养目标；通过有效评价，促进目标的落实。二是创新课程体系。体现素养引领、个性适切观念，设立基础型、拓展型、提升型三类课程，分别指向全体、有兴趣、有特长的学生。三是倡导对话教学。提出对话教学主张，促进认知、人际、内省三者互相激荡，生成高品质课堂。四是科学设计学生活动。将社会参与、礼仪节庆和德育课程的体验性学习融通，形成德性闪亮的活动系列；组织各类社团活动，促进学生个性充分发展。五是优化育人环境。系统改造、建设教学空间和设施，建设主题学习园地，为场景式学习创造条件；古建筑、文化符号设计等有机融合，发挥潜移默化的教育功能。在这些工作展开的过程中，教师都是决策者、参与者、创造者、分享者。教师在"德润文光"核心价值观引领下，全方位参与学校文化建设，生成以培养新人为旨向的专业追求，培育出超越知识和技能的，更为完整、更为卓越的专业素养，在学校变革与发展中发挥着决定性作用。可以说，这里体现出来的教师专业进步更全面，更深刻，更持久，也更有示范意义。

建设学习共同体。迈克尔·富兰在讨论学校里"为何改革的努力要失败"时，认为其中一个重要原因是"采用的办法并没有集中用在真正起作用的地方。它们没有引起人们对基本的教学改革和相应发展教育工作者之间新的协作精神的重视"。[③]潘娜校长在思考学校发展转型时，显然有基于问题的意识，在价值、愿景形成共识的过程中，把组织建设放在重要位置，努力建设学习共同体。而且，他们的学习共同体建设具有鲜明的特色。第一，让教师参与行政决策。平江实验学校行政团队的边界是相对模糊的，不少教师甚至很年轻的教师都有机会参与学校发展重大问题的讨论，都可能成为某个项目组的重要成员，于是富兰期望的协作精神就生成了，更多的教师就会在推进学校变革的进程中更好地发展自己。第二，提高学习内容的针对性和系统性。迈克尔·富兰在他的著作中，引述了别的专家的观点："当他们看到新的任务促进教学质量和基础课的教学活动时，他们对此表示赞成。"[④]关乎学校变革的任务如此，教师研修的内容安排也是如此。平江实验学校教师研修的内容，能够从时代要求、问题解决、规律探讨等维度整体设计，形成研修主题后又设计了主题型学习单元，体系化地引导教师们系统性地提升。第三，组建实践团队。学校变革进程中的共同体，往往包含了若干个如温格提出的"实践团队"。作为合作式学校工作模式，个体从实践团队中获得对自身工作的理解，并在团队中将他人的认识付诸实践。实践团队是组织个体学习的资源，同时也是个体证明自己的地方。[⑤]从平江实验学校的探索看，他们的实践团队是基于教育教学专业实践的，或者说改进专业实践是实践团队的起点、过程和结果追求；实践团队的组织形态是多样性的，如名师工作室、项目小组、备课小组等；实践团队包含多种类型的成员身份和参与，其组成具有动态性和开放性；实践团队往往基于问题解决，其中必然有人能对他人施加影响，能在改进学校教师实践中发挥比较显著的作用。事实上，他们已形成具有领导者力量的教师，教师领导力在实践团队中有效形成了。第四，让个体和组织形成良性互动。这种互动一方面是制度的安排，比如平江实验学校，专业发展是面向全员的，发展目标是分层次设计的，更是鼓励教师个体发展的，每个人在组织中都有位置，在实践团队中更是各有自己的角色使命。另一方面则是文化的熏陶，激活每个个体的主体性和发展潜能，恰如迈克尔·富兰所说："每位教师都有责任帮助创建一个个人和集体都有能力探索和不断更新的机构。否则，新机构不可能产生。""只有每个人采取行动来改变他们自己的环境，才有机会进行深入的变革。'制度'不会，事实上已不可能给我们以恩惠。"[⑥]潘娜身上，平江实验学校教师身上，那向前向上的力量，那蓬蓬勃勃的朝气，那闪亮着"德润文光"的努力，使他们的主体力量喷薄而出，在成就自身的同时，也成就着他们优秀的共同体，成就着学校的卓越发展。

倡导对话。前几年，潘娜贴着自己的教学现场，过滤新课改中蹦出来的各种热词，突然，她有了怦然心动的感觉，这就是"对话"撞击了她的心扉。她理解到教学本质就是对话，新课改的课堂就是要从独白走向对话。于是，在她的品德教学中，在平江实验学校的课堂中，在"德润文光"文化实践建构中，对话落地生根了。自然，对话也成为教师专业发展的基本范式。第一，以对话重构师生的文化人格。对话，是人的存在方式。我们讲对话，是针对主体性缺失的教育现状而言的，按照马丁·布伯的观点，对话是"我"和"你"两个主体平等的交流，"与'你'的关系直接无间，没有任何概念体系、天赋良知、梦幻想象横亘于'我'与'你'之间"。[⑦]又如哈贝马斯说："只有主体之间的关系才能算得上相互关系，因为主体间的关系是互动的、双向的，而主体和客体之间的关系则是被动的，是单向的，因此不能称为相互关系。"[⑧]从平江实验学校教师提供的教学案例看，他们的教学设计就是基于师生皆为主体的原则设计的。从我们前面讨论学习共同体的建设看，它的真正存在也是基于主体人格之间的关系构成。第二，创造对话的教学范式。对话不仅是一种方法，而且主要是一种方法论。如果说马克思主义作为方法论最主要在实践，那对话作为方法论最主要可能在于交互，在于在交互中相遇。对话作为方法论的落地，潘娜团队采取的是范式建构，他们从时间维度列出"情境—任务—实践—评价"四个要素，又从空间维度列出认知、人际、内省互相激荡的三个要素，构成了所有学科共同的教学方式。在这个基础上，他们认真研究，把握学科特质，寻找学科典型学习方式，构建多学科的对话范式。范式具有的稳定性使对话在操作层次上进入到日常的教与学生活。第三，用对话精神进行校园生活的整体重构。如前论及，平江实验学校把教师"置于学校变革的中心位置"，他们在学校文化顶层设计、校本课程开发、教师共同体建设、校园环境建设等等方面，都以对话精神贯注其中。本期这组文章仅是从教师发展方面提供少许案例，窥斑见豹，可以感觉到教师成为学校变革的真正动力，在学校变革中成长。第四，集体创新。彼得·圣吉在《第五项修炼》中指出，在学习型组织中，"组织成员能够为了取得自己希望取得的成就而不断地提升自身的能力，并且组织成员都具有创新的、开拓的思维方式，集体的灵感释放，人们不断地探索互相学习的最佳途径"。[9]这是因为组织成员的交流已经真正进入对话状态，"对话仿佛是一种流淌于人们之间的意义溪流，它使所有对话者都能够参与和分享这一意义之溪，并因此能够在群体中萌生新的理解和共识"。[10]正是对话，使平江实验学校进入到集体创新的状态，集体中的个体通过对话，特别是反思性对话，发现教育教学问题的症结所在，找到问题解决的方法，有许多还形成公共产品，在报刊上发表。作为具有主体人格的人们组成的集体，具有共同创新的能力，仅近几年，在百年老校文化的传承和发展，对话教学范式建构，艺术课程的创新实践，校本化德育路径探索，浸润性成长环境建设等方面，就创造了在市内外、省内外具有广泛影响的经验。于是，一所名校也就这样依靠自身变革的力量，令人欣喜地诞生了！

（本文发表于《江苏教育》2019 年第 30 期）

【参考文献】

①⑤⑥ 阿尔玛·哈里斯、丹尼尔·缪伊斯《教师领导力与学校发展》，北京师范大学出版社 2007 年版，第 171、18、51—52 页。

②③④ 迈克尔·富兰《变革的力量——深度变革》，教育科学出版社 2004 年版，第 26、59、73 页。

⑦ 马丁 ·布伯《我与你》，生活·读书·新知三联书店 1986 年版，第 27 页。

⑧ 余灵灵《哈贝马斯传》，河北人民出版社 1998 年版，第 86 页。

⑨ 彼得·圣吉《第五项修炼》，生活·读书·新知三联书店 1988 年版，第 47 页。

⑩ 戴维·伯姆《论对话》，教育科学出版社 2004 年版，第 6 页。

构建专业的学习型团队

张菊荣校长原来在苏州市吴江区汾湖高新技术产业开发区实验小学担任校长，带领教师们把课程建设搞得风生水起。2017 年，他履新主政吴江实验小学，坚持把改进课堂教学作为推动学校进步的关键。这一战略实施的路径，则是构建专业的学习型团队，借此有效地解决课程、教学问题，影响、引领整个教师群体的专业化提升。

愿景引导是动力

作为一个专业的学习型团队，靠什么凝聚人心？当然是愿景、价值观。萨乔万尼曾提出组织激励的一条重要规则："美好的东西使人去做。"他说："这是一种要求组织因责任、义务、正义感、承诺感以及其他带有道德意味的缘由而做出回应的规则。"张菊荣校长提出："不为任何功利而成立的团队拥有内生性基因。""内生性"在哪里？一方面就是人心向善的基本判断，另一方面就是美好愿景、目标的召唤。张校长一直重视这个问题，他在汾湖实小曾组织教师们多次畅想学校愿景，后来提炼为"把学校发展成为拥有坚持品质、充满成长气息的学习乐园"。为了实现这样的愿景，他们又提出将履行如下使命：构建适性而有特色的课程体系；追求"教—学—评一致性"的课堂教学；形成分布式课程领导的教师共同体；涵养以"成长"为核心价值的学校文化。有人说教师这个行当有四重境界：饭碗、工作、事业、使命。正是因为“美好的东西”让人生成内驱力，所以工作有了使命感，其效能可以想见。张菊荣到了吴江实小，也把描绘愿景、激发内驱力作为专业团队的灵魂。

能力建设是关键

萨乔万尼把专业化理解为美德加能力，张菊荣校长明晓此理，他一直致力于教师的课程能力建设，而且形成了校本特色。一是整体视野。张菊荣团队提出“课程三景”：学生在学校6年，应该成为怎样的人？课程怎么落实培养目标？学校要有课程规划。怎样为一门课程做一学期的预算？因而要有学期课程纲要。怎样保证一节课的质量？要考虑“去哪里”“怎么知道到哪里”“怎么去”，因而要有体现“教—学—评一致性”的教学方案设计。“课程三景”其实构成了教师们新的课程图式，使他们逐渐拥有相对宽阔的视野，认清自己课程行为的生态位置。二是技术规范。教学作为一种专业行为，应当有其规范性，而不是“跟着感觉走”。张菊荣校长着意让教师的课堂行为成为一种专业实践，很在意教学技术的科学规范，如叙写教学目标对行为动词的选择，课堂观察量表的要素设计，主题研究的方法、过程，等等，其要求都是“一丝不苟”的。这样，教师的教学行为才不会走形，专业能力才体现出“确定性”。三是整体创新。彼得·圣吉在《第五项修炼》中指出：“学习型组织中，组织成员能够为了取得自己希望取得的成就而不断地提升自己的能力，并且组织成员都具有创新的、开拓的思维方式，集体的灵感释放，人们不断地探索互相学习的最佳途径。”从个体层面说，他们在团队的深度对话的促动下，在反思中自我超越；从组织层面说，不同个体组成的复合主体内部新识迭现，意义分享，促进发展能量的积累，迎来超越性的不断更新。如果我们认真读一下《教了不等于学会了——学校如何发展课程》这本专著，就知道张菊荣们在集体创新方面取得了多么不凡的成就，甚至对课程教学的某些专业的知识，他们都有了生产的能力。我这里提及的，都是张菊荣在汾湖实小已经做的，在吴江实小正在做的。仅从这组文章看，陆丽萍老师对课堂本质的叩问，与她课程意识的形成紧密关联；陈莉琼老师课堂观察的故事，让我们看到教学行为具有怎样的技术含量；赵志英老师之所以感到幸福，是因为她深切地感受到在一个学习型的专业团队中，个人和组织都在实现新超越。

组织环境是保障

要构建专业的学习型团队，支持性的组织环境必不可少。从张菊荣校长的实践来看，吴江实小团队良好的组织环境有：1. 民主的氛围。赵志英老师在团队启航的仪式中，看到自己的粉红色席位卡，“满满的存在感背后还感受到的是一份沉甸甸的关爱和责任”。在这个团队里，她感受到的是相互理解和相互尊重，这正是一个共同体文化的基础。有了民主和谐的人际关系，才能在需要的时候获得信任和支持；不同的个体才能为了共同的目标迸发创造的激情。2. 实干的风气。吴江实小课程研修团队走的是“做中学”的路子。张校长把“做”概括为三部曲，一是“看”课程发生的现场；二是“研究”课程问题如何解决；三是“分享”心得与体验。用张校长自己的话说：“课程就是我们每天的劳作”，正是踏踏实实、扎扎实实，使他们的生活每天都有了新的意蕴。3. 激励的文化。有专家对培养教师领导力进行研究，提出一些基本技能，其中之一就是“拥有丰富的激励技巧，并对他人充满信心”（利伯曼等）。张菊荣在汾湖实小，启动“土书著述”工程，就是一个常被人们津津乐道的激励案例。何为“土书”？就是把自己参与课程建设的点点滴滴记录下来，让每位教师成为“探索者”“思考者”“写作者”。8 年时间，汾湖实小拥有 10 辑共 444 本“土书”，“土书”中的不少篇章也得以公开发表。在吴江实小这个团队里，张菊荣“迁移”团队建设的激励文化，让教师们自我激励，互相激励，用赵志英老师的话说，团队的成员们在激励中成长，并且“一起追求诗意和远方”。在吴江实小听教师们讲述课程故事，其和谐、融洽，务实、求真，期许、鼓励，都深深地感动了我。有了这样令人愉悦、让人充实、激人向上的组织环境，我相信，他们的远方很美好。

（本文发表于《江苏教育》2018 年第 38 期）

剧场空间教育:让儿童"出场"

数年前,淮安市教师发展学院的黄艳梅老师原创性地提出剧场空间教育,架构实践路径,引导儿童在表现中成长,取得了丰硕的成果,也给我们带来不少有益的启迪。

一、剧场空间教育的提出,源于坚定的儿童立场

黄艳梅与剧场相遇,似乎纯属偶然。她原先在淮安市人民小学做校长,京剧表演艺术家王瑶卿的故居就坐落在校园里。像许多学校一样,这是环境的一种"潜移默化",学校自然就有学唱京剧的特色活动。但黄艳梅并不止步于此,她从组织孩子们学唱京剧起步,做得风生水起之后,又扩展到戏剧教育,进而扩展为剧场空间教育。偶然中有必然,黄艳梅一路走来,激发她的,支撑她的,是坚定的儿童立场。

黄艳梅对儿童日常生活和学习生活做过细致观察,她认为有些问题非常值得关注。比如:被动性——儿童没有自己的身份,"谁的孩子谁做主",唯独没有孩子自己做主;单一性——分数成了教育的"语法",不讲分数似乎都是语法不通,精神哺育、精神成长变得可有可无,与升学考试不直接挂钩的科目和内容受冷落;封闭性——不能为儿童成长提供丰富的生态,知识世界与生活世界割裂,儿童最多是温室里的花朵。凡此种种,让黄艳梅感到忧虑。可贵的是,她没有坐而论道,而是身体力行地去改变。她着力的一个支点,就是让学生不仅"在场",而且"出场",给学

生更多的表现机会。在她看来，儿童“出场”了，自然就化被动为主动，主体性激活了，张扬了；自然就化单一为完整，自主、合作、探究都能展开，认知和情感融为一体；自然就化封闭为开放，成长通道向四面八方打开，建构并且不断优化成长的生态系统。

怎么让儿童“出场”呢？在提出剧场空间教育之前，黄艳梅就做过诸多有益的尝试。比如，她在语文教学中提出言语教学的主张，试图以表达为主线和重点，梳理单元言语目标，建立言语写作教程，再以言语为本位开展单元读写实践。语文教学中的“读”与“写”孰轻孰重、谁先谁后，语文教学界意见并不统一，我自己更赞成以读带写、读写融通。但黄艳梅着意为学生创造“出场”和表现的可能，更加突显表达与交流在语文学习中的作用，这种尝试还是值得肯定的。也正是念兹在兹儿童的“出场”和“表现”，所以在“遇见”王瑶卿时，在孩子的京剧表演的唱念做打的情境中，黄艳梅坚实的儿童立场生成了引爆点，剧场空间教育点亮了她的教育天地。

二、剧场空间教育的研究，是对学理深刻的寻绎

中小学、幼儿园的教改实践，忌讳贴一个标签，不假思索或不愿思考就去做；在“为什么”“是什么”“做什么”“做得怎样”这样的阐说框架中，“是什么”往往比较薄弱，经不起推敲。黄艳梅的剧场空间教育，在理论上面临两重困难。一重是理论对实践的概括和指导，恰如德雷福斯所说，理论的营养可以促进研究“从日常实践的脉络中超离出来”，创造新的日常生活。这也是我们基于教育现场进行研究的意义所在。这是所有行动研究面临的共同问题。黄艳梅还有另一重困难，这就是从戏剧到教育。“剧场空间教育”是跨界的，怎么打通，怎样做到打通后不隔、不硬、不飘，是有难度的。这是黄艳梅研究面临的特殊问题。在研究过程中，黄艳梅和我做过多次讨论，说实在的，我也说不出所以然，只能凭感觉，在有没有打通方面做些判断。好在黄艳梅孜孜以求，坚持不懈。她广泛阅读，深刻思考，终于悟明其中的学理。这主要表现在：

第一，认识剧场空间的内涵。黄艳梅通过研究认识到，剧场是客观的存在，而空间可以流动、建构、绵延，彰显人的活动样式。因为人在其中，剧场空间既是实际存在的物质空间，又是能够赋予人们想象的精神空间，还是多种社会关系的载体。这样的理解为戏剧与教育的连接融通创造了丰富的可能。

第二，对剧场空间概念进行教育学的移植。黄艳梅通过研究发现，剧场空间完全可以置身于教育学语境。一方面，从人的成长空间维度看，人与自然、人与社会、人与自我三个向度构建了人的发展的广阔空间，这从中外对学生发展核心素养的研究可以看出——基本上都是从认知、人际、自省三维度入手的。具体的教学空间，正是三向度空间的典型化，也可以看作一种舞台呈现。另一方面，“表现”是真实的剧场空间的主要意蕴，也应该是儿童成长的重要途径和表征。提出剧场空间教育，就是强调不仅让学生“在场”，而且让学生“出场”，在表现中生长。

第三，为剧场空间教育的理论注入新质。黄艳梅在剧场空间教育研究中表现出理论创新的勇气。她从儿童成长的角度，概括出教育现场中剧场空间的诸多价值：①审美价值。教育的本义就是引导儿童走向真善美，剧场空间作为儿童日常生活的典型化，营造基于生活又超越生活、带有终极追求意义的美的世界，创设适合儿童的审美情境，促进儿童的精神成长。②赋能价值。剧场空间让儿童“出场”，且是培养协作能力的有效载体，儿童能够在典型化的生活情境中全方位地表现自我，其多种能力得到较多的锻炼与展示。③治疗价值。剧场空间教育的角色体验，许多都是一种生活的模拟，儿童可以通过在安全的戏剧情境中反复体验，准确地把握角色规范，从而避免真实错误导致的各种消极影响。后现代主义课程大师派纳说过，课程也是一种美学文本。各种戏剧教育活动和课程作为美学文本，其中所融入的戏剧元素对于儿童来说，有着一定的宣泄、释放、净化作用，有助于改善当事者的身心状况。

当然，黄艳梅的理论阐述远比我列举的要丰富，但仅仅这些，我认为对于剧场空间教育概念的内涵已经有所充实、有所发展了。

三、剧场空间教育的实践，创造儿童新的生活样式

黄艳梅非常认可梁漱溟先生的“文化其实就是人的生活样式”。她倡导剧场空间教育，就是让学生“出场”，以主体性身份建构自己的生活样式。剧场空间教育卓有成效的探索主要体现在四个方面：

第一，开发戏剧活动。他们根据小学生的身心发展特点，在戏剧活动领域主要做绘本戏剧、读者剧场、戏剧创演及戏剧社团等戏剧阶梯项目。绘本对小学低段儿童发展具有重要的促进意义，绘本内容的再现和表演，有助于儿童更好地理解文本

信息，并在创意性的发挥中丰富想象力，提高创造力。读者剧场直接以手持剧本口述、朗读的方式进行。读者剧场在最简单的形式中突出主要的观演关系，避免常见演出的烦琐过程，可以节省时间和精力，也可避免资金筹措问题，是一种便捷、易于操作的戏剧表现形式。读者剧场是朗读与戏剧的跨界创意结合，是发挥学生想象力和表现力的有效载体。在一定的戏剧活动的基础上，他们以课本剧、儿童剧和想象性戏剧几种形式开展戏剧创演活动，指导学生用戏剧的方式表达自己。他们组建学生戏剧社团，给有兴趣特长的学生提供实践机会，帮助他们更好地发展自己。

第二，在教学中渗透戏剧性元素。他们根据教学内容及课堂教学的需要，积极变革教学组织形式，改变以讲授为主的教学方式，加强课堂中的活动设计，把戏剧方法和戏剧元素应用到教学活动中，创设多元互动情境化的场景，让儿童用整个身体“做”中学，让每一个学生都能在活动中进行合作性学习、探究性学习和体验性学习。创新基于学生的现实性，并着眼于学生的可能性而展开，课堂各活动的设计应体现“最近发展区”的要求，不是让学生简单重复一些愉快的体验，而是让学生能够通过自己的努力攻克难关，品尝成功的喜悦。

第三，让儿童进行角色体验。“人生如戏”，“生活即舞台”。他们长线规划小学六年的角色体验内容，让儿童进行早期多重角色体验，培养同理心，学会换位思考。这样可以弥补传统教育方式的缺失，让儿童体验校园角色、家庭角色、职业角色等，提早培养儿童社会适应能力。

第四，设计让学生“出场”的校园活动。黄艳梅原来在人民小学时，学校 70 周年校庆，本没特色，但 30 年后将是百年校庆，他们据此提出“相约百年校庆，希冀美好梦想”的创意，设计“妙笔生花”标志，珍藏校庆纪念资料待百年校庆之时启封使用。搞校庆，他们不租场馆，不请名人，师生就是主角，庆典活动放在校园，积极营建人人参与、多元表现的舞台，使人人都得到锻炼和成长。美丽的约定、美好的记忆、母校情结、精神故乡……他们将校庆工作与日常教育教学紧密结合起来，办出特色，办出新意。活动、仪式、庆典是剧场空间的不同呈现，这样的庆典活动很有内涵和意义。转岗到薄弱学校之后，庆祝“六一”时，黄艳梅针对城乡接合部学生的特点，不用传统的文艺汇演形式，而是策划了一节大型生活指导课，以着装为主题，将服装穿着要领融合到多种演艺形式中。孩子们在活动中感受礼仪之美、生活之美，提升了感受生活、创造美好的能力。

正是基于使命担当、理论自觉和实践智慧，黄艳梅和同事们设计出剧场空间教育的系列活动，用剧场空间教育观照儿童生活。儿童生活场域因而具有了丰富独到的教育意蕴，儿童的日常生活样式得以按照主动发展、完整发展、充分发展、个性发展的理想向度重建，孕育出许多令我们产生美好遐想的希望。

（本文发表于《江苏教育研究》2019 年第 7 期）

全息学习，改变学习的面貌

全息学习是常熟市实验小学近年来重点建设的教学改革项目，最近喜获第二届国家基础教育教学成果奖，其丰富的意蕴使我们相信，积极地“改变学习的面貌”，正在成为现实。

一、全人的目标追求

何为全息学习？常熟市实验小学校长金一民带领的团队经过梳理认为，全息学习包含多重意蕴：

一是“全面”的学习。现代社会中，信息就像空气一样包围在儿童的周围，无时不在，无处不在。儿童的学习，正是对所处环境中全面信息的选择性接纳、吸收和内化。全息学习让课程向四面八方打开，让课堂向四面八方打开，让孩子的身心向四面八方打开，让一切都有可能成为学习的资源。

二是“全体”的学习。学习是人的生命内涵的充实与扩展。《国际教育百科全书》把人的发展概括为“随时间的推进在人身上发生的变化”。学习能积极地促进这种变化。人的高贵就在于其生命有双重意义。人不仅有自然生命，还有精神生命；即使精神层面，也有真善美不同的内容，有知识与技能、过程与方法、情感态度与价值观等不同维度；哪怕仅仅是知识，亦有符号层面的、思维层面的、价值层面的、方法层面的。这样，人的发展才是一种高品位的、复杂而充满动态的变化过程。

学习必须是相对于生命的完整性而言的。

三是“全局”的学习。“全息”最初是物理学的概念。其核心内涵是指宇宙是一个不可分割的、各部分之间紧密关联的整体,任何一部分都包含整体的信息。每一个局部都关联着全局。“全息学习”包含指向结构性、整体性的学习,指向生命整体的发展,所有部分都是生命整体不可分割的有机构成。而一个“无时”“无处”不在学习的信息环境,使这种目标追求有可能达成。从这里,我们可以看到金一民团队对“培养什么样的人”这一教育原点问题的透彻理解,对“半人”“残人”教育弊端的深刻批评,对儿童发展本位的学校文化传统的大力弘扬,以及适应信息化浪潮的主动变革。罗马俱乐部报告曾指出,一个新型社会只有在其形成过程中有新人产生时,或更确切地说,只有当今占优势的人类各结构彻底变革时,才能出现。从这个意义上说,全息学习包含了对新的“全人”的目标追求,其高远的立意是值得欣赏的。

二、全覆盖的课程设置

指向全人培养的“全部”信息从哪里来？当然主要是来自课程。常熟市实验小学的老师们认为,全息观念下的课程,不仅仅是为学生设计不同的“跑道”,更多的还是让学生可以选择在最适合自己的跑道上自由“奔跑”,课程既为学生打基础,又要为学生的个性发展提供机会。为此,他们构建了三种课程形式:

一是主题式的基础课程。和绝大多数学校一样,常熟市实验小学基础课程主要依据课程标准和部审教科书,但同时他们又“用教材教”,“超越学科中心”,跨学科设置一系列主题课程,打通学科内部、学科之间、学科与生活的联系,构建信息丰富的复杂情境,引导学生创生课程、探究学习。

二是个性化的拓展课程。校本课程的基本价值取向就是更好地适应学生,为每个学生的个性发展提供课程滋养。常熟市实验小学构建了“社会与文化领域”“语言与文学领域”“数学与科学领域”“体育与健康领域”“艺术与审美领域”等课程群,采用菜单自选式的选课方式,为孩子们的选择提供了足够的课程资源。

三是开放性的创生课程。学校以学生的兴趣和直接经验为基础,以与学生学习生活和社会生活密切相关的各类趣味性、现实性、综合性、实践性问题为基础,以研究性学习为主导的学习方式,以培养学生的实践能力、创新精神以及对知识的综合运用为目的，开设了一系列创生课程，如以主题为中心的创生课程、以项目为中心的创生课程、以自治为中心的创生课程，还有以班级兴趣、需求为中心的班级创生课程。这些丰富的课程形态，为“无处不在”“无时不在”的学习提供了丰沃的土壤。

三、全方位的课堂结构变革

全息学习的重要触点是信息化、网络化，但新技术不能代表新思想，更不一定就能带来新教育。信息技术与教育的深度融合的重要表征就是教学结构的变革，它使在行为建模上体现以学生学习为中心得以确立。金一民团队深明此理。

第一，提出“让学习真正发生”的基本观念。这一观念旨在让学习“全体都有”，让学生主动学习。比如他们提出“先学”，让学走在教前面，在学生经验的基础上展开教学，这就为“在学”“真学”奠定了很好的基础。

第二，建构引导主动思维的学习模型。该模型以问题的发现、解决乃至创新贯彻始终，基本形态是：先学（探究问题，生成问题）—合学（讨论问题，合成问题）—讲学（展示问题、解决问题）—后学（检测问题、升华问题）。这一模式实现了先学和后学的学程融通、合学和讲学的学法融通，以及诊学和导学的学教融通。先学和后学突破了课堂学习的时空限制，让学习走进了学生生活；合学和讲学让学习成为学生的社会交往和实践活动，激发了学生的无限潜能；诊学和导学始终都在为学生的学习服务。在这个过程中，思维发生了，有价值的课堂交往真正发生了，知识的迁移和运用也时常发生了，因此“学习真正发生了”。

第三，以信息技术支持个性化学习。借助信息技术，全息学习适时引入真实情境，可以为学生个性化学习提供支持，可以以资源的丰富性为学生的选择性学习创造条件，而“问题导向、学为中心”的教学模式也包含了对学生个性化学习的观照。

第四，重构教学要素的内部结构。在传统的教学那里，教学四要素教师、学生、教材、教学环境，最后一个常常是忽略不计的；而“互联网＋教育”，让教学环境的地位大大提升。借用吴康宁教授的说法，信息技术不是“塞入式点缀”，不是“加入式弥补”，不是“嵌入式提升”，而是“融入式重构”。技术与人构成“亲人”般的关系，常熟市实验小学重构教学环境，使教材（教学内容）这个要素也在不断丰富，环境设施有时成为过程性资源，学生学习的主要地位正在进一步凸显。

第五，创新评价机制。常熟市实验小学推进全息学习，努力突破评价这一瓶颈，在诸多方面有所创新：从对于学习的评价转向为了学习的评价，着力于“促进”而不是仅仅在于甄别；从经验转向科学，运用全息平台的大数据统计，实行更加精确的诊断；从封闭走向开放，借助开放的网络交流，实现多元主体的共享与交互；从共性走向个性，基于数据的收集与分析，把握每一个学生的真实学情，发现每一个学生的特长，最大可能地促进每一个学生的发展。

四、全支撑的学习空间建设

常熟市实验小学基于信息技术又超越信息技术，创建了全支撑的物理空间，为全息学习提供了足够的技术保障。

创建了全息教室。全息教室集学习区、探究区、展示区、资料区、休息区等为一体，满足不同主题、不同水平、不同进度的教学，也可以进行小组讨论、自主探究、合作表演，甚至开展放映、游戏等多种活动形式的学习。全息教室改变了课堂教学40分钟这一僵化的时间管理模式，根据班级实际、学生差异、学科特点等，灵活、弹性地分配教学与活动时间，科学有效地实施个性化教学，学生的学习方式变“被动、单一”为“主动、多样”，孩子们试着去自学、去尝试、去探究、去发现、去解决，真正满足了个别化、个性化学习，促进了学习、生活、娱乐、活动的一体化。

开发了全息“云平台”。在这一平台上，可以以班级或学习小组为单位，发布任务，进行交流，即时反馈。云平台的学习以任务驱动，以个性差异作为教学的基础、起点和资源，挣脱了以往整齐划一教学的束缚。通过因学而导、个别学习、生生互动、师生互动的范式，注重学生对自身的探索和生生之间、师生之间的交流对话。云平台的主题学习任务，可以有效地将相关学科统整起来，促进学生核心素养的发展。云平台也是成长档案，将自我评价、他人评价有机整合，珍视和尊重每一个学生的不同表现，关注每个学生的进步状况，增强每个学生的自信心。

拓展了社区学习的形式和内容。打开学校与社区的墙壁，建立起由教师、家长、学生、社区教育力量参与的学习共同体，促进师生走进社区、走向自然，促进学生合作能力和社会性的发展，增强他们的社会实践能力。通过开放、多元、弹性、自主的活动，让学生在其中获得心灵的滋养，处理好自我与社会的关系，内化现代公民所必须遵守和践行的道德准则和行为规范，提升创新精神和实践能力。打造不一样的空间，给学生以一个解放心灵、自然生长的环境系统，这样学生才可能得以自由的呼吸，得到人格的完整发展。

五、全员式的主体参与

“全息”不仅是一种学习方式，也是一种课程开发方式、设施建设方式，更是一种观察视角和管理理念。“全息学习”的深入开展，使学生的学习方式发生了改变，使教师的教学方式发生了改变，同时也使学校的教研方式、管理方式、文化理念发生了改变。以“全息”为理念的主体性活动，方式更加多样，内容更加全面，层次更加丰富，效果更加显著。

其一是全面性。全息学习面向全体教师，它包括“每一个”，指向“每一个”，依靠“每一个”。只有全体教师参加，全息学习才有实践的基础，才能落地生根。全息学习把全体教师纳入研究共同体中，全体教师参与实践与研究，共同参与活动，共同参与讨论，研究活动成为每一位教师的生活方式，充分体现了参与的全体性。各科教师参与研究，研究内容涵盖所有的学科，打通学科研究之间的通道，体现内容上的融通性。全息学习面向全体学生，基础课程的创新和校本课程的设计基于学生情感需要的评估，创生课程特别是班创课程，学生常常也是开发主体。网络化学习的本身就是主体间性的关系构成，“问学”教学模式是把促进学生积极主动地学习，作为建模的指导思想。在全息学习中，学生的主体地位从多方面得到落实。网络社区和生活社区大大拓展了学习的边界。家长、社区人士、网络特邀导师也都成了全息学习系统构成参与者，他们与师生连接在一起，共同构成了全息学习的主体力量。

其二是深入性。全体教师及相关人士深度参与活动，真实开展研究。加强个体的研究，教师结合自己的课堂进行学科教学研究，建立起个人研究项目与全息学习的关系，使课堂发生改变，理念得到提升。加强同伴间的合作互助，建立起学习共同体和研究共同体，开展共同体日常研讨活动，实现教师共同发展、共同成长。加强课例研讨，以课例为载体，研究有内容、有方向、有深度。

其三是有效性。全息学习的深度推进改变了学生，学生自主学习能力得到了增强，交流能力得到了锻炼，选择运用信息的能力得到了发展。全息学习的深入推进改变了教师，教师全员参与的教学理念和教学方式发生着变化，在课堂上收获着精彩，并形成自己的教学特色和教学主张。全息学习的深入推进改变了学校，围绕全息学习，明确办学目标，营造研究氛围，学校的各项工作得到持续发展。

全息学习，这是被可见的未来倒逼出炉的教育主张，也是师生主动拥抱变革的行动。这是一场有梦想、有行动、有反思的教育行为，它建构更好的知识情境，调动更大的学习潜力，获取更多的学习资源，赢得更立体的生命塑造，从而也必然会创造更美好的未来。

（本文发表于《江苏教育研究》2019 年第 2 期）

全息阅读:儿童阅读的校本化建构

近些年来,儿童阅读受到普遍重视,但究竟怎样将儿童阅读引向深入?怎样才能全面发挥儿童阅读的育人功能?许多学校还在问向途中。常州市新北区三井实验小学在南京师范大学吴永军教授的指导下,推进全息阅读的实验研究,真正为儿童打开一个新的世界。他们实践探索形成的鲜明特色,是具有启迪意义的。

一、根基性

根基性是说儿童阅读是扎根型、最基本、可生长的。三井实验小学徐燕娟校长的团队自觉着力于此。

第一,哺育儿童的精神成长。阅读有工具价值,更具有其内在价值。中国出版界元老张元济先生有一句名言:“天下第一好事,还是读书。”读书好在哪里呢?雨果说:“各种蠢事,在每天阅读好书的影响下,仿佛烤在火上一样,渐渐熔化。”黄庭坚有言:“士大夫三日不读书,则面目可憎,言语无味。”可见读书的最大好处在于它是“获得教养的途径”(黑塞语)。徐燕娟对此高度认可,并努力践行。吴永军教授撰写题为《通过阅读的教育》一文,强调阅读首先关注儿童的精神发育,这可以理解为给三井实验小学“代言”——他们的全息阅读是“具有纯粹精神气质的阅读”,是“教人成人”的阅读。

第二,培养儿童的阅读兴趣。有一位非常有成就的语文老师对我说,语文老师的最大本领，就是让学生喜欢语文。我深以为然！徐燕娟的团队在这方面很努力，他们贴近儿童生活经验选择阅读材料。泰勒说，教育有许多是不确定的，唯一的确定性就是让课程与儿童的个体经验发生联系。若儿童阅读材料的选择与儿童生活经验联通，孩子常常会以当事人的身份去阅读、去体验，阅读就变成是一件很亲切的事情。他们贴近儿童的成长需要选择阅读材料。读书是天下第一好事还在于“读书足以怡情，足以傅彩，足以长才”（培根语）。黑塞曾提过，人们“阅读经典”，一步步地去发现这个世界是何等广大恢宏，何等气象万千和令人幸福神往。他说：“最初，他们的这个世界像一所小的美丽的幼儿园，园里有种着郁金香的花坛和金鱼池，后来幼儿园变成了城市的大公园，变成了城市和国家，变成了一个洲乃至全世界，变成了天上的乐园和地上的海洋，永远以新的魅力吸引着他们，永远放射出光彩。”三井实验小学推荐的阅读材料视野很开阔，我想他们正是从儿童成长需要出发，去为儿童打开新世界，培养阅读兴趣。以上是从阅读材料选择说的，怎么来使用阅读材料也很有讲究。我看过三井实验小学的阅读活动，听过他们的课，印象很深的是，老师努力唤醒经典的当代意义、儿童意义。在儿童阅读中，经典阅读是个大头，像三井实验小学所做的那样，把经典的意蕴与时代的脉搏、儿童的生活打通，这些经典文本对于儿童来说就是真实的、合适的。同时他们在阅读活动的设计上，把“孩子们喜欢”作为一个重要维度，这对于激发兴趣也起到很好的促进作用。

第三，引导儿童掌握阅读方法。授人以渔，学会阅读，这种“带得走”的能力也是根基性的。我们注意到，三井实验小学在语文教学中很重视儿童学习方法和学习策略的指导。三井实小全息阅读的语文课堂努力体现三个特点：全面性、立体性与真实性。全面性即对文本材料的信息把握全面，有整体意识；立体性即能从多维度、多视角观照文本内容，学会用质疑、比较、评鉴的方式理解内容，有思辨意识；真实性即有真实的阅读体验，有情感态度价值观的渗透与落实，这种阅读是沉浸式的，是在潜移默化中指向儿童精神发育的。他们通过有效的方法和策略实现深度学习，促进素养养成，并且引导儿童在自主阅读中对这些行之有效的方法策略进行迁移运用。他们在阅读指导上很重视认知框架的建构。比如《上下五千年》的阅读指导，老师引导学生从“时期”“重要人物”“事件”等维度做阅读梳理，这就初步帮助学生构建了历史类读物的阅读框架，而这种“图式”对于儿童认知能力的形成意义重大。

二、课程化

三井实验小学的全息阅读不满足于成为一种活动，而是着力进行课程开发，形成了鲜明的特点。

第一，整体建构。现在的统编教材"专治不读书的病"（温儒敏语），设置了"和大人一起读""快乐读书吧""日积月累"等栏目，体现"读书为本"。三井实验小学很是当回事，做了周到的安排。语文教材理当是儿童阅读最为核心的资源，许多学校在谈论儿童阅读时，不涉及语文学科的教学，不关注语文教材的相关读书栏目，可以看作是一种方向性的遗失。三井实验小学自觉意识到这一点，他们的全息阅读建基于语文课程的学习和语文教材的使用。他们关注发展学生的阅读认知能力，如：具备基本识字量和词汇量，能了解在特定语境中的特定语义，能了解特定语境中的语义要求，能辨析词语之间在语义方面的内在联系，能推断陌生词语的近似语义，能辨析结构复杂的长句，能迅速、准确地理解图表和其他常用的非文字符号，等等。他们在重视这些语文要素落实的同时，把涵育身心、培养习惯放在重要位置。教师在以"语文课"的形态来进行"阅读"教学时，在阅读能力培养上，更多地采用一篇带多篇、一篇带一类、一篇带一本等方法，在教学上更多地运用迁移策略、融合策略，实现语文素养的全面发展。在把儿童阅读作为一门校本课程建设时，他们紧紧扣住目标、内容、实施、评价等要素，使这门课程的建构科学规范。

第二，主题凝练。校本化阅读课程的建设，分类是一个难点。徐燕娟的团队受儿童文学理论家刘绪源先生的启发，凝练了儿童阅读的主题。刘绪源先生从"母题"维度，对儿童文学进行新的划分，即"爱的主题""顽童的主题""自然的主题"。他认为这些主题分别体现着"成人对儿童的目光""儿童对自己的目光""人类共同的目光"。徐燕娟的团队受到启发，提炼出"爱""成长""历史""自然""生命"五大主题，进行深度开发。凝练这些主题，指向儿童的精神发育，连接儿童的生活世界，创设了儿童阅读的主题情境，构建了校本化的内容体系，是很有价值的。

第三，课型创新。三井实验小学对儿童阅读这类校本课程的实施进行了认真的探索，创新了各种阅读课型。比如：导读推荐课——抓住作品最能吸引学生兴趣的地方，并且引导学生关注封面、扉页、封底，激发学生阅读兴趣，培养学生想象力和推测力；阅读交流课——或者分享阅读材料，或者探究阅读难点，倡导合作，激发创新；跨界融合课——三井实验小学在全息阅读的推进中，以主题综合统领，寻找儿童思维的关联点，跨学科，超学科，引导不同学科的对话；生活拓展课——将课堂的阅读拓展到生活中，从阅读中汲取养分，到生活中去实践，本身也在提高生活的品质。这些课型创新把阅读指导落实了，这门课程的落地生根也就有了基本的保证。

三、全息式

三井实验小学的全息阅读不只是方式，但自然包含了方式，其核心就是从并非全息走向全息。

第一，从语文的阅读走向跨学科的大阅读。基于语文，是说从语文课程出发，甚至从语文课堂出发，走向跨学科阅读、全科阅读。但语文的阅读还是起基础性作用的。比如，他们组织学生阅读《青铜葵花》，就设计了"《青铜葵花》舞台剧""寻找《青铜葵花》老物件""《青铜葵花》的唯美画""《青铜葵花》中的童年游戏"等活动。语文、英语、美术、体育学科的元素有机地融为一体，学生的多元学习、体验、领悟自然更为多维，也更加深刻。

第二，从学校的阅读走向学校与生活世界融通的阅读。在三井实验小学的全息阅读课程中，生活阅读也是一个重要的板块。这种生活阅读包括由学校阅读拓展的生活阅读，如前面提到的寻找老物件。生活阅读也包括儿童日常生活中的阅读，比如参观、游览、坐车出行、购物活动等。生活的外延多大，语文的外延就多大。将生活链接到阅读课程，拓展了儿童的阅读视野，也提高了儿童的阅读能力。生活阅读还包括儿童对生活主动的自觉参与，比如访问街区变迁史，为家里和邻居写春联，为小区、单位拟创童谣广告等等。这些都会引导儿童往理想的方向构建自己的语文生活。

第三，从个体的阅读走向基于个体阅读的阅读社群。任何社群阅读都应以广泛的个体阅读为基础，走向社群，个体更自觉，更能在相互促进的氛围中进步。三井实验小学成立"求原"教师读书俱乐部（求原书吧），聚合爱读书的教师；成立班级读书俱乐部，让"书虫"们相互启迪；开通"蒲公英"家庭读书俱乐部微信公众号，引导亲子阅读，扩大全息阅读的影响，使"全人员"都现身于阅读的社群之中。

第四，从单纯的阅读行为走向场景式体验性阅读。博尔赫斯被任命为阿根廷图书馆馆长时，双目已近乎失明，他写下了《关于天赐的诗》："上帝同时给我书籍和黑夜，这可真是一个绝妙的讽刺，我这样形容他的精心杰作，且莫当成是抱怨或者指斥。……我心里一直都在暗暗设想，天堂应该是图书馆的模样，我昏昏然缓缓将空幽勘察，凭借着那迟疑无定的手杖。"面对耳聪目明、童心飞扬的儿童少年，三井实验小学致力于把学校建设成图书馆的模样，让孩子有在天堂流连忘返的幸福感。他们创建了全息阅读的校园文化环境、班级主题环境、专用教室环境、校外基地特色环境、网络空间的模拟环境，让"全时空"成为可能。孩子在这样的创意环境中耳濡目染，时时处处都可以与自己中意的书籍相遇，"场效应"必然会使他们的阅读行为更主动，更自觉，以至让阅读成为一生酷爱的生活方式。

（本文发表于《江苏教育研究》2019 年第 11 期）

拓开美育的疆域

美育有大小之分，从德智体美劳五育并举说，这里的“美”是学科意义的，是“小美育”；如果把美育放在“美丽”“美好”的语境中，放在以美育人、立美育人的语境中，这里的美育就是“大美育”。新世纪以来，伴随着新一轮基础教育课程改革，姜堰区东桥小学拓开美育的疆域，走“大美育”的路子，给我们讨论美育创造了广阔的话语空间。

美育首先是艺术教育。美育不仅是艺术教育，但首先是艺术教育。国务院办公厅《关于全面加强和改进学校美育工作的意见》（以下简称“意见”），就是从基于艺术教育、超越艺术教育的角度部署的。“意见”提出构建科学的美育课程体系，“学校美育课程建设要以艺术课程建设为主体，各学科相互渗透融合，重视美育基础知识学习，增强课程综合性，加强实践活动环节。”[①] 对开设丰富优质的美育课程，实施美育实践活动的课程化管理，都提出了明确的要求。要认识到的是，这里的“小美育”小中有大，是从培养整全人角度提出的，德智体美劳是在不同维度对“人”的要求，正是空间维度的展开，使“人”能够立起来。所以即使是“小美育”也不是可有可无的。东桥小学沙华中校长的团队对此有清醒的认识，长期以来，他们坚持开齐开足艺术课程，让学生掌握 1—2 项艺术特长和爱好。学校因地制宜地开设了艺术校本课程，包括书法、剪纸、国画、舞蹈、合唱、器乐演奏等数十种。美术组孙莲老师有创意地开发了纸浆艺术课程，既教会学生灵活运用平面纸浆画、创意浮雕、立体雕塑这三种形态进行艺术创造，让废旧纸张焕发出艺术的活力，还极好地彰显了美术学科的育人功能。东桥小学对艺术校本课程的认识是到位的。一是综合性，从以美育人、学科综合上着眼，发挥该课程多方面的功能。二是亲历性，坚持经验课程的价值定位，让学生以亲身参与、体验的方式学习。三是完整性，诚如杜威所说："我们在所经验到的物质走完其历程而达到完满时，就拥有了一个经验。只有在后来的后来，它才在经验的一般之流中实现内部整合，并与其他的经验区分开。"[②]校本课程、学校活动的设计相对完整是一项重要的指标，相对完整才能构成"一个经验"，连续的经验才构成教育的过程。东桥小学重视艺术校本课程、艺术活动的完整性、连续性是很有意义的。

美育要让审美经验介入生活过程。杜威在《艺术即经验》中主张：要"恢复审美经验与生活的正常过程的连续性"。[③]在教育的情境中讨论，主要指审美经验要与教与学的生活相连接。这大抵可以从两个方面看，一个方面，五育是相互渗透的，加强美育要从美育维度认识其他诸育，如"意见"指出的："挖掘不同学科所蕴含的丰富美育资源，充分发挥语文、历史等人文学科的美育功能，深入挖掘数学、物理等自然学科的美育价值。大力开展以美育为主题的跨学科教育教学和课外、校外实践活动"，将美育"渗透在各个学科之中"，各个活动之中。另一方面则是指在教学过程中生成、创造美育元素，按照美的规律来教学，教学艺术可以视为重要的表征。《牛津词典》引一位学者的话解释"艺术"："艺术是一种在实施中对完美的追求。"杜威说："审美不能与智性经验截然分开，因为后者要得到自身完整，就须打上审美的印证。""经验如果不是有审美的性质，就不可能是任何意义上的整体。"[④]师者在深入了解学情，通透地认识知识的基础上，创造性地教学，就是有规则的自由，就是以美启真，以美储善，把儿童引入情绪高潮、智力振奋的状态，借用叶圣陶先生的话，学生"自会抽芽舒叶，开出茂美的花，结出丰实的果"。东桥小学对审美经验介入教与学的生活过程是十分重视的。叶荣根老师认为，学科教学中渗透美育一定要"以形感之，以情动之"。这里的形与情的结合，就是审美经验发挥作用的结果。东桥小学很重视美育元素的挖掘，在教育教学过程中，学校不仅倡导教师创造教育美学，创造教学艺术，而且重视学生审美意识、审美能力的培养。作为一名语文特级教师，沙华中对儿童阅读甚有心得，置小学生语文阅读于审美视域。他依据课标，对各个年级段审美教育的关注点和要求进行了系统梳理，提出基于审美建构培养阅读能力的教学策略，研制了"1＋X"主题化阅读校本系列。近些年来，东桥小学的校本阅读风生水起，声名远播。在阅读教学中，学校老师们紧紧依靠并发挥语文学科本身就有的审美特质，紧扣审美意识、审美情趣、审美能力培养，涵育学生的审美素养，彰显了学校语文教学的立场和主张。

美育包含了人与环境的积极互动。杜威说："经验是有机体与环境相互作用的结果、符号与回报，当这种相互作用达到极致时，就转化为参与和交流。"⑤"意见"强调校园文化的育人作用，指出"各级各类学校要充分利用广播、电视、网络、教室、走廊、宣传栏等，营造格调高雅，富有美感，充满朝气的校园文化环境，以美感人，以景育人。"这里的"美""景"有文化的意义，也有自然的韵味，是大家普遍重视的，而当下特别要强调的，要充分发挥大自然的天然美育功能。"惟江上之清风，与山间之明月，耳得之而为声，目遇之而成色，取之无禁，用之不竭，是造物者之无尽藏也，而吾与子之所共适。"苏东坡《赤壁赋》的千古名句，似乎今天对我们教育人还有振聋发聩的意义，由于各种各样的原因，我们把"造物者之无尽藏也"排斥在生活之外、排斥在美育之外，这是需花大力气予以纠正的。宗白华先生有一首《流水小诗》："啊，诗从何处寻？在细雨下，点碎落花声！在微风里，飘来流水音！在蓝空天末，摇摇欲坠的孤星！"在宗先生眼里，"诗和春都是美的化身，一是艺术的美，一是自然的美。"二者融于一体。许多著名的教育家都论述过大自然的审美价值，并在教育实践中探索大自然的美育功能。苏霍姆林斯基带领孩子们走进"蓝天下的学校"，"我走出村子，在一座高冈上停下来，眼前展现出一派美景：辽阔的草地像是在阳光下浮动，一排排杨树整齐地挺立着，地平线上刻划出远方冈峦的剪影。我们来到了思维和语言的源头。"⑥诺丁斯说："和自然界保持密切关系是幸福的持久源泉。"⑦因此，去探讨教育怎样实现"人—自然"关联"有充分的理由"。⑧李吉林老师建构野外情境课程，并概括出三个要点：求近、求美、求宽，优选场景；观察、思维、实践，综合进行；认知、情感、意志，协同发展。⑨情境教育更见海阔天空。

沙华中的团队在这些方面也做了不少努力。学校开展完美办公室、完美教室评比，用学生的艺术作品装饰生活空间，借大自然美的元素让校园赏心悦目，文学微型景观则在校园里弥漫着经典的气息，让美点点滴滴甚至无声无息地滋润儿童美好的心灵。学校地处秀丽的苏中平原，郊外更有闻名遐迩的溱湖湿地公园，将审美因素吸收进师生与环境的互动，学校设计并成功实施了一系列活动。比如，该校以"荷文化"为主题的研学活动已成为品牌，活动贯穿数月，学生在"赏荷""摘莲""采藕"等系列活动中，与大自然亲密接触，与环境积极互动，学生沉醉其中，受益良多。

美育更是致力于积极人生态度的树立。沙华中校长以此为题，做了系统研究，提出培养学生善待自然、热爱生活、尊重他人、珍惜生命的意识与能力，很有价值。美育之“大”，“大”到哪里？就是“大”到培养审美的人生态度。张世英教授讲过四种人生境界[⑩]，第一个等级，欲求的境界，“食色性也”，指的就是这个境界。第二个等级，求实的境界，在这个等级中，人不再只是满足最低的生存欲望，而是进而要求理解客观事物的规律，表现一种科学追求的精神。第三个等级是道德境界，人有自己的精神追求，为自己“应该”做的事奋斗不已。第四个等级是审美的境界，属于高级的主客融合，包摄道德又超越道德、高于道德。道德境界是“应然”，审美境界是“自然”，“自然而然”，是一种生命完全的自由。大美育最根本的旨归就应当是走向审美境界。“意见”中讲以美育人、立美育人与这样的阐说也是贯通的。正因为立足于育人的高度，我们对美育的很多认识就不至于“窄”“小”“偏”，我们就会从艺术学科的技能本位到全方位整体育人本位；从渗透美的教育回归到全方位、全过程的美育，进而转向生活化的美育；从利用美的形式去教育，回归到创造美的教育，向培育美的人、美的人生与美的社会发展。[⑪]“意见”说：“美育是审美教育，也是情操教育和心灵教育，不仅能提升人的审美素养，还能潜移默化地影响人的情感、趣味、气质、胸襟，激励人的精神，温润人的心灵。”显然，只有跳出小美育，实施大美育，才能达到这样的目标。东桥小学从凝练培养目标着眼，拓开美育疆域，整体重构小学美育体系，探索大美育实践路径，虽然还只是“在路上”，但前程可期。

参考文献

① 国务院办公厅《关于全面加强和改进学校美育工作的意见》，2015 年 71 号文。

②③④⑤ 约翰·杜威《艺术即经验》，商务印书馆 2018 年版，第 35、12、45、25—26 页。

⑥ 苏霍姆林斯基《育人三部曲》，人民教育出版社 1998 年版，第 32 页。

⑦⑧ 内尔·诺丁斯《幸福与教育》，教育科学出版社 2009 年版，第 127、117 页。

⑨ 李吉林《情境教育的诗篇》，高等教育出版社 2009 年版，第 344 页。

⑩ 张世英《境界与文化——成人之道》，人民出版社 2007 年版，第 279 页。

⑪ 蒋林《新时代学校美育应回归初心再出发》，《中国教育学刊》2018 年第 6 期。

立足生命成长　追寻教育本真

生命教育在中国内地发展已经近20年了。生命教育研究学者们大致认为：生命教育是以人为本，关爱生命，关注个体生命的潜能实现，注重终身发展；尊重个体生命的多样性、独特性，强调学生在其自身教育中的积极作用，掌握自己的命运，成为更好的自己。面对社会转型期的纷乱与复杂，唐玉辉和他的淮阴师范学院第一附属小学（以下简称"一附小"）团队主动投入到叶澜教授主导的"生命·实践"教育学研究中，立足人的生命成长，坚守教育的本真，且思且行，研究成果结集为"本真教育丛书"。这套丛书紧紧围绕人的生命成长，从关注未来发展、聚焦课堂变革、构建日常新生活三个方面引领学校教育的重建。它是一附小人用"生命·实践"教育的坚实脚步书写的变革之歌，是一附小对生命教育主动实践的甘醇硕果，是一附小人对学校整体变革的深切体验和深刻思考，给我们带来很多的启迪和借鉴。

关注未来：学校变革的整体转型

21世纪，我们进入一个新的社会转型期，如何激发每一个人的潜能，培养具有公民素养、民主精神、健全人格以及创造与理性精神的新人，成为今天教育必须深刻思考并做出回答的问题，成为摆在我国基础教育界面前的崭新课题。

育人目标的校本化提炼。从"本真教育丛书"中，我感受到，面对这样的社会环境和社会需求，唐玉辉校长毅然做出的积极的回应。他根据学校"求真"传统文化、现实状况和未来追求，对学校教育核心理念、育人目标进行提炼升华和创造性转化，从而找准学校"真人"培养目标，即"具有完整生命特征的主动健康发展的人"；主动适应了社会转型时期教育工作的使命和要求，实现学校变革的整体转型，彰显了办学特色。培育"真人"，首先关注生命的完整性，从终身发展的视角关注生命的终身存在与发展，关注"激发学生的内生力"，引导学生在人生成长道路上不断提升精神境界，追求生命的真实成长意义；其次关注生命的主动健康发展，提倡把"精神发展的主动权还给学生"，让学生主动而为，从而获得新的生命感受。我以为他们培育的"真人"就是未来学生发展核心素养强调的"全面发展的人"。

师爱教育灵魂的柔性化表达。怎样培育"真人"？我从"本真教育丛书"中寻得了答案。培育"真人"，就是要强调师爱。鲁迅先生指出："什么是教育？教育就是爱。"教育最不变的是对学生的爱。爱意味着尊重学生、理解学生。在《最美遇见你》中，我读到了121个关于爱的故事，教师以敏感、敏锐和细腻的心，捕捉着孩子的每一句话、每一次欢笑和哭泣、每一声叹息、每一次皱眉。正如里尔克笔下的罗丹一样，"无处不抓住了生命"，然后试图接近他，亲近他，用话语去温暖他，去回应他的种种召唤，去给予他力量。爱意味着人格引领和文化熏陶。学高为师，德高为范，教师应自觉修炼自身的道德修养，做德行高尚的教师，潜移默化地影响学生的人格，让学生的生命完整而丰富。

学生发展权利的主动归还。教育是一项既立足当下又面向未来的事业，适应未来社会发展需要的素养，必须在当下的学习生活中培养。在面向未来的众多素养之中，我最看重的便是积极主动发展的意识和能力。今天的一附小把主动发展的权利还给学生，让他们真正有机会参与到学校的管理、教学和活动之中。只有赋予学生选择权、决定权，甚至犯错误的权利，他们才能真正实现在学校生活中认识自我、锤炼自我、塑造自我，教师才能看到学生"活泼泼的生命"，才是真正教给学生终身有用的东西，为学生的生命成长负责，为学生的生命涂抹亮丽的底色。

从这套书中，我深切地感受到一附小团队是用情怀去拥抱学生的生命，用理念去指导自己的言行，以此实现对生命生长的感性与理性的认识。"衣带渐宽终不悔，为伊消得人憔悴"，我看见了一附小的"师者"为培育"真人"的百转千回。

关注课堂：学科教学的深度探索

教育者的精神热度，是对千疮百孔的教育保持勇气和信心的动力源泉。长期以来的课堂教育改革实践，大多是在“教什么”和“怎么教”上做文章，结果收效甚微。在追寻教育本质的过程中，一附小更多地思考“为什么教”，即进行教育价值的追问。本真教育视角观照下的课堂，不是纯粹的知识教育、分数教育，而是尊重科学，遵循规律，直面人的发展而催发的生命成长律动。研读《课堂的样子》的篇章，我能察觉出一附小的教育者追求具有“自主性、生长性、开放性”特征的“本真课堂”的一种热度，能体悟到课堂变革的力量，更能从字里行间寻找到课堂焕发的生命活力。

“本真课堂”关照课堂的生命气息。关注课堂不是关注知识，而是课堂中“学习知识的人”。从书中，我感受到一附小课堂教学中“学习人”的存在。教师的教建立在学生已有的知识基础、学习经验、情感态度之上，以学生的学习需求为基础开展教学活动，以此判断自己教学的起点。教师积极构建以学生“独学”“对学”“群学”为主的自主学习方式，引导学生质疑问难，带着问题去自学自悟，勇于提出自己的见解和主张，并通过合作探究、交流互动实现个体在课堂中的生长；课堂上他们努力还给学生主动学习的时间、空间，让学生主动参与课堂学习，真正“把课堂还给学生，让课堂充满生命气息”；本真课堂还以深度的教学研究为基础，以整体性的文本解读和现实性的学生建构为主要内容，拉长教学研究的长度，拓展研究的宽度，增加研究的厚度，从而保证课堂教学的效度、温度和适度，让教学回到学习的本质上，让学生真正成为课堂的主体。

“本真课堂”关心学生的真实生长。教育即生长，课堂上最美的声音是学生生命“拔节”的声音。一附小一节节以“生命成长”观照的、充满生长的课，让我听到了学生生命“拔节”的声音。他们首先把学生发展需要作为生长的前提，课前细化学情分析，找到学生的挑战点、突破点和生长点，让学生走进课堂和走出课堂是不一样的；其次是把“重心下移”作为学生课堂生长的条件，让课堂在多向互动和动态生成中进行，实现课堂的“真实生长”。他们注重知识体系的整体构划，注重横向单元目标的递进设计，放开视野打通小学六个年级的教材知识体系，关注同一专题内容在不同年级的不同育人价值，注重同一专题的灵活结构研究，迁移、融通不同课型的研究内容、研究方法、研究策略等，努力让每一个学生在每一节课中都能得到真实的生长。

“本真课堂”关注课堂的完整开放。我主张课堂向四面八方打开，打开的课堂才能使学生自主学习和生命成长成为一种可能。我在《课堂的样子》中看到了以“生命关怀”的理念贯穿课前、课中、课后，形成完整而开放的课堂的样子。课前，教材重组，实现书本世界与生活世界的融合；课中，转化利用各种资源，最后把课堂向课外延伸；课后，反思重建，推动教师对课堂教学的理性思考和实践提升。开放的课堂还应该是打破时空界限的课堂，一附小构建了体现“真”特点的本真课程、纯真课程、率真课程，丰富了课堂的内容，重建了课堂的样态，延展了课堂的边界。这样的课堂，沉睡在灵魂世界中的生命体验被唤醒，并自然地融进生活中，丰富和完善生命的体验，提升生命的品质和生命的境界。

关注日常：学生生活的价值回归

戴维·伯姆说：人类都存在一种思维方式——共享性思维。共享的核心，就是在真正意义上走向以人为本，以每个人的发展为本。学生工作的本质是以人为本，唤醒学生的生命自觉，对每一个人的发展进行关照。《重建学生的学校生活》正是一附小这支团队多年脚踏实地前行收获的硕果。全体师生“参与其中”又“分享彼此”，从构建适合学生主动发展的学校日常生活视角出发，结合学校学生工作实际，从班级、年级、学校三个层面梳理、重建让学生核心素养培养落地生根的新型小学生日常学校生活。

重建内容，体现体系的丰富性。从《重建学生的学校生活》中我读到，一附小学生工作聚焦学生成长需要，重新架构具有一附小“鸾娃”特点的学校生活内容体系，建构多元的学生学校生活的结构：一年级：神气小鸾娃；二年级：能干小鸾娃；三年级：聪明小鸾娃；四年级：智慧小鸾娃；五年级：健康鸾娃；六年级：阳光鸾娃。校园生活形成板块，岗位实践、校园节日、仪式庆典、综合实践活动、主题班队活动安排错落有致，教育活动张弛有度，丰富多彩，为学生的生命成长提供了“肥沃的土壤”，保证了教育的效果。

重建秩序，体现参与的民主性。一附小改变师生的学校日常生活方式，构建全纳型、共享性学校生活秩序，让每一个学生都成为学校生活资源的开发者和分享者。实践活动、岗位体验、社团活动、校园节日、仪式庆典、主题活动等，每项活动学生都参与设计，自主组织，亲身体验。学生在丰富多彩的活动中彰显个性，在人际交往中学会与人相处，在开放民主的活动中提升对自我、自我与他人、自我与世界的认识，形成对自己、对社会、对世界的新的认识和判断，并进而规范自己的行为。我以为，一附小的学生成了学校生活的主人，学生的生命自觉被有效激活了，这样的教育回归到了教育的“本真”，有效改善了孩子的成长生态。

重建边界，体现资源的开放性。打破学校生活边界，让学生参与跨班、跨年级、跨学校、跨地区，甚至跨国交流活动，已经成为现代学校新生活的基本样态。我从书中看到，一附小走在教育改革的前列，他们不断拓展学生的学校生活边界，以学校生活、班级生活为核心建构起时空无限的学生学校新生活结构。他们把学生学校生活与家庭生活、社区生活，与大自然、大社会进行综合融通，建设一种开放的、生长的学校新生活。学校生活和外界始终保持开放互动，学生在这样的无限时空里生活，是真正能实现成长与形成核心素养的。

孟子曰：真者，精诚之至也。一附小有一群“真者”，他们一路求真，用坚实的行动诠释了对“真”教育的理解。希望唐玉辉校长和一附小的师生们在“求真”文化的引领下，继续唱响“真”教育，谱写动人的生命之歌，继续抒写“真”教育的华美篇章！

（本文发表于《江苏教育研究》2019 年第 4 期）

数学活动的内涵与创新学习场域的意义

随着中小学数学课程改革的深入实施，“活动”教学成为数学课堂中的一个“看点”。《义务教育数学课程标准(2011 年版)》(以下简称课标)中明确指出：学生应当有足够的时间和空间经历观察、实验、猜测、计算、推理、验证等活动过程。从理论角度讲，活动教学具有超越传统数学课堂教学的意义。

一、数学活动的内涵

苏联数学教育家斯托利亚尔认为，数学活动是带有一定结构的思维活动。南京师范大学涂荣豹教授认为，数学活动是数学研究、学习和实践活动的总称。荷兰数学教育家弗赖登塔尔认为，数学活动是学生经历数学化过程的活动，是学生自己建构数学知识的活动，教数学、学数学必须通过数学化来进行，学生学习数学是再创造数学化而不是数学，是再创造抽象化而不是抽象，是再创造算法化而不是算法，本质上是经历数学化过程的再创造。

数学活动既具有数学的学科特色，又具有活动的特性。首先是对象性，即活动内容的数学味，表现为活动的开展是建立在运用数学工具或改造数学内容的基础上，是一个服从于数学内容、运用数学内容、改造数学内容、解决数学任务的过程，是一个有数学意义的活动。数学的表现形式比较枯燥乏味，给人一种冰冷的感觉，但数学知识发现的现场总是充满激情的，数学的思考是火热的、生动活泼的，甚至是激情澎湃的。数学教师的任务，在于把数学的形式化逻辑链条恢复为当初数学家发明创造时的火热思考。只有经过思考，才能理解这份冰冷背后的美丽。

其次是活动性，即一般意义上的活动，包含身体动作的、活动内容的操作性。数学活动本质上是学习数学化的过程，但这种活动不是让学生重复数学家发现数学、创造数学的历程，而是引导他们通过自己的活动来再发现和再创造。这里的“再”是对已有数学知识的重新认识、重新发现、重新加工，是在前人经验的约束和教师指导下的有限制的发现和创造。正因为要在活动中再发现和再创造，所以是积极的学习实践活动，是主体性激活的，是学生经过动手动脑，有所体验的。

然后是社会性，即活动过程的协调性。数学活动是学生个体的活动，但学生的数学活动是在一定的社会环境中进行的，是学生个体与文本、与环境对话，是师生之间、生生之间针对数学对象进行表述、交流、争辩、修正和重建的过程，是一种社会性的建构。数学活动的主要形式是微社会（小组）合作交流，在活动中产生着需要的对象，也产生着需要本身。需要能激发动机，动机能引发活动，从而形成任务和行动。因此，从活动本身和活动内容来说，学生的数学活动是社会生活的一部分，具有很强的社会性。

二、创新学习场域的意义

数学活动在教学实践中得到了一定程度的重视，但由于相应活动场域的缺失，远没有达到理想的效果。首先，小学数学学科“数与代数”“统计与概率”“空间与图形”三个领域的教学实践中，静态化教学倾向明显：数学课程实施脱离学生经验的现象时有发生，学生活动参与性不足；教师教学以获取知识为价值取向的现象还没有根本改变，“教师讲，学生听”仍为常见的教学形式。基于学习场域创新建构数学活动在一定程度上解决了三个领域静态化的教学倾向问题。

其次，“综合与实践”作为数学活动的重要支撑部分，是课程设置的特色领域。但由于该领域可用素材较少、无固定教学时间、无可供选择的活动场所、无明确的考查与评价要求，基本处于“无人问津”状态。学习场域的丰富解决了“综合与实践”内容领域常态化实施过程中存在的问题。

再次，学习场域实现了对学习共同体的重构。传统的学习共同体主要是指人与人的关系，学习场域包含了人与人、人与物之间的关系。在学习场域的作用下，学生的主体性激活了，他们在体验中建构，在良好的师生、生生关系的作用下提升能力。基于学习场域创新建构数学活动，正是通过内部认知结构与周围环境之间的相互作用来建构知识，由教师经过精选和设计，为学生提供丰富而新颖的物理空间，促进师生、生生平等合作、共同分享的关系空间，让学生参与一定的、含有数学问题的实践活动，使他们在操作、观摩、讨论、交流、猜测、归纳、分析和整理的过程中主动参与、主动实践，并始终处于动态的活动之中，居于主体地位。通过创新学习场域，建设校本课程，建构教学范式，整体化、系统化设计数学活动，使小学阶段适宜活动的数学内容均以活动形式开展，最终指向学生数学思维的发展、数学学科素养的提升和健全人格的形成。

最后，《中国学生发展核心素养》的发布将国家宏观层面的教育方针化为中观层面的核心素养。但这种中观层面的核心素养需要进入微观层面的教学实施才能真正落地。这就需要通过学科教学落实学科素养。对于小学数学学科而言，数学活动可以使儿童用儿童的数学视角观察世界、用儿童的数学语言表达世界、用儿童的数学思维思考世界。在学习场域中，形构的关系主体富有创造力，这个场域因此是有内含力量的、有潜力的存在，是生机盎然的，因而也是素养扎根生长的。所以说，数学活动的教学正是培养学生数学素养的有效载体。

三、墟沟小学创新学习场域的主要做法

（一）创新物理场域，改造普通教室

搭建“1＋4”数学活动平台。将普通教室进行数学化改造，并配置实践操作室、模拟探究室、“E”学习体验室、创客教室。

（二）梳理课程内容，开发部分认知工具

组织全体数学老师梳理教材内容，开发部分认知工具。包括传统认知工具（如小棒、小黑板、磁铁、各种图形等）和现代认知工具（如 AR 技术、几何画板、概念图等软件），开发了“数与代数”“图形与几何”“综合与实践”内容领域的部分认知工具。

（三）确定评价因子，制定课堂观察量表

结合项目实施目标，分物理空间创新和关系空间创新两个层面，确定传统认知工具使用、现代认知工具使用、生生之间“伙伴式”关系、师生之间“对话式”关系、人与环境之间“沉浸式”关系、环境与学材之间“融合式”关系等六个评价因子，分场域创新设计、数学活动设计、学生学习习惯三个板块研制了数学活动课堂观察量表，并在教研活动中实施观察和报告。

（四）依据活动流程，研制备课模式

依据“验证型”“探索型”两种类型数学活动流程设计备课模板，设置教学内容分析、教学目标设置、教学对象分析、学习场域创新、活动流程、知识建构等板块。在备课模板的带动下，促进全体数学教师对场域创新下数学活动的进一步理解与内化。

（五）活动化设计课程内容，编写拓展性活动教材

梳理国家课程活动化内容，进行整体化、系统化设计，基于“用儿童的数学视角观察世界、用儿童的数学语言表达世界、用儿童的数学思维思考世界”理念设计编写数学活动设计案例集；研制《墟沟小学数学活动校本课程规划》，编写《墟沟小学拓展性数学活动校本教材》，聚焦8大类数学活动——“数学与符号”“数学与表达”“数据与统计”“数学与应用”“测量与计算”“猜测与推理”“数学与游戏”“算学与文化”，共设计71个教学内容。

四、墟沟小学创新学习场域的成效

（一）活动理念内化成教师行为

“做数学”的理念已内化成教师的实践行为，教师能熟练按照新备课模板进行教学设计，数学“综合与实践”教学已得到常态化实施。教师初步掌握了观察的方法和观察报告的撰写。

（二）学生素养明显提升

对学生素养的提升起到明显的促进作用。经调查，80.25％的学生认为开展数学活动提高了自己学习的主动性和积极性，89.75％的学生认为在数学活动中学得轻松愉快，89.92％的学生很喜欢动手操作类数学作业并认真完成。学生主体性的养成、社会性的进步、学习方式的优化等对学生的终身发展影响深远。

（三）学校影响力不断扩大

研发的系列校本教材在省内外多所小学实施，效果良好；多项研究成果获省、市级奖项；学校的社会影响力不断扩大。

（本文发表于《江苏教育》2020 年第 2 期）

【参考文献】

① 仲秀英《数学活动的内涵与特征及其对教学的启示》，《数学教育学报》2009 年第 8 期，第 23—26 页。

② 沈超《小学数学教学“数学化”缺失的分析》，《数学教育学报》2008 年第 8 期，第90—92 页。

③ 张奠宙《数学教育随想集》，华东师范大学出版社 2018 年版。

相伴美好

造访江苏省扬州市梅岭小学，与老师们讨论交流，抑或漫步校园之中，常常有眼前一亮、心头一热的感动，稍微改造一下古人的诗句，可算作“踱来笑拈梅花嗅，春在枝头已十分”。这几天看到陈文艳校长发来的文稿，我大致知晓其中的奥秘，因为梅岭人努力地“与美好的一切在一起”。

为了美好。多次听陈文艳校长说起弗吉尼亚·伍尔夫的长篇小说《到灯塔去》，这部准自传体的小说以到灯塔去作为贯穿全书的中心线索，写了拉姆齐一家人和几位客人在第一次世界大战前后的一段生活经历。小说中的“灯塔”这一景象使小说中的人物和作者联想到生活似乎远不可及而又近在眼前。陈文艳校长钟情于这部小说，是因为她认为小说表现了在纷繁世界中自我建立秩序以及超越时间羁绊而到达永恒的努力，“到灯塔去”契合了她自己的理想情怀。理想是人们对自己期望所憧憬的未来现实的一种合理的、完善的典范性想象，是人们在活动中和生活中追求的目标。理想是人生的灯塔，陈校长希望并且努力“到灯塔去”，是因为她总是憧憬美好未来并且执着地为之努力。理想是“应该”的样子，教育理想在本质上都是培养学子“应该”的样子。在陈文艳校长这儿，就是她在毕业典礼中表达的期望：完整而幸福的人，就是她孜孜以求的自在的人生境界，是心灵完全解放、蓬勃生长的人生状态。那么培育这样的学子的梅岭小学应该是怎样一个长相呢？她用“风景里的学校”“建筑内的课程”“文化中的梅岭”三个短语来表达，贯注其间的都是“美好”，都是引导学生“发现美好”“体验美好”“成为美好”。作为学校的校长，描绘出“未来现实”的美好模样，意义在于，对于自己，充分塑造自己的主体性，激活自己的主体创造力量，坚持不懈地“到灯塔去”；对于师生，则是“美好的东西使人去做”，调动内在的积极性，主动地投身于美好的事业之中，去创造、去享受、去传递这样的美好。于是，人生的意义就点亮了。

基于美好。梅岭小学有着美好的文化基因，学校是与民族英雄史可法的英名联系在一起的。这所学校是史家后人在梅花岭畔史公祠内建起的，初始就用“可法初级小学”之名，传承可法精神是这所学校义不容辞的历史使命。每一届新生入学，学校都会在史公祠为他们举办隆重的入学礼；每一位新入职梅岭的教师，都会到史公祠参观；“可法”课程，成为校本课程体系的重要组成部分。基于美好的性格重塑。特别值得一说的是陈文艳校长，她自己希望成为一座“灯塔”，希望能够照亮别人，引领未来，这是何等的一种抱负啊！为了实现这样的抱负，她从多方面展开了人生修炼，仅以读书来说，她自己列出几个阶段：启学时代，她从花 2.05 元买房龙的《宽容》开始，从人类思想发展中，从前贤艰苦卓绝的奋斗史中，认识人生的价值和意义；“工业”时代，自己当了校长，就大量地购买管理类书籍，“借脑”来解决学校管理中的实际问题；“农耕”时代，从蒙台梭利《童年的秘密》开始，围绕理解儿童、理解教育本质“慢阅读”，逐步生成“采菊东篱下，悠然见南山”的感觉；“后现代”时代，主动适应信息化步伐，组织“乐读”俱乐部，构成网络读书社区，创建“相约星期五”影视沙龙活动，以声像阅读为主，配以话题讨论，分享彼此的心得感受。陈文艳曾描述过自己阅读的现场：“夜深人静，仿佛二人对坐，一方阐述，一方聆听；一方诘问，一方作答，灿烂的思维在智慧的轨迹上滑行，不期然间，已是东方破晓时。”正是在这样的阅读中，生命走向丰富、充盈、绚丽、深刻。当然，这里也可以让人大致想象她在管理中、教学中前行的身姿，感受到她成长的力量。基于美好的儿童发现。对于师者，发现儿童，一方面是发乎内心地认识到儿童的美好，自觉地把儿童当作教育的共同体；另一方面纯化、净化心灵，理解教育本质，更好地走向“天使”的境界。梅岭小学发现儿童之路是清晰的：一是以尊重与发现儿童的内在价值为起点；二是以适应与满足儿童的主动生长为过程；三是以丰富与激发儿童的生命体验为方式；四是以实现与发展儿童的内在自由为目的。正是在这样的基础上，他们建立起自己的教育教学行为，引导儿童发现自我、认识自我、创造自我。

通过美好。为了美好，是为什么做；基于美好，是谁来做；通过美好，则是怎样做。提倡通过美好，其意蕴是在当下的幸福生活中准备未来的幸福生活，通过美好的过程去实现美好的目标。在这方面，曾经听陈文艳校长津津乐道于他们的“常春藤学院”“未来课程”，而我最感兴趣的是他们在教学改革中的探索和创造。梅岭小学的教学改革是有传统的，在20世纪80年代，翟裕康校长的教学改革就远近闻名，他的经验被概括为“三不四了”，“三不”指不上黑课（课表以外的课），不让学生课后完成作业，不布置家庭作业；“四了”则是指课堂上教师该讲的讲了，学生该练习的练了，练习之后评了，下课前把学生的作业本收了。30多年来，梅岭小学坚持了这个传统，真正实现了轻负担高质量。基础教育课程改革启动之后，他们结合校本经验，努力吃透课改精神，使教学的本土创造更清晰地表达出来，提出教学要体现游戏精神，让课堂具有“魂、神、妙、效”；注重思维质量，关注课堂有效思维的时间长度，关注学生自我诊断与反思，关注思维品质的培养，关注学科的思维特质，实现了教学的有效性；倡导简洁风格，不说废话，限时练习，练后即评，让校本教学管理的要求稳稳落地。近年来，他们抓住省里启动前瞻性教学改革项目的机遇，成功申报“时光轴：小学生自主学习支持系统建构”的项目，这个项目贯穿小学六年教育时空，以生命成长为方向，通过课程、课堂、活动等变革重构学生的学习生活，运用体现规划与激励的手册、图文等载体对儿童发展历程和状态进行记录和描摹，以关键点展现支持系统与环境、必备技能与品格对儿童成长的重要影响，用美好时光贯注儿童的自我成长。与此前学校教学改革相贯通，“通过美好”的意蕴一如既往地充盈其中，校本经验则得到体系化的建构。

宗白华先生在“美学散步”时，讨论美从何处寻，曾引我开头提到的“尽日寻春不见春”那首诗，也曾写下《流云小诗》：“啊，诗从何处寻？在细雨下，点碎落花声！在微风里，飘来流水音！在蓝空天末，摇摇欲坠的孤星！”一个教育人，与梅小接触，是不需要这样启发的，因为在这里，美、美好常常是不期而遇的。他们基于美好、为了美好、通过美好，以其热情和聪慧，坚守和创造，正在努力地实现美好。

（本文发表于《江苏教育》2017年第7期）

幸福教育的实践路径

近些年来，江苏省泰州实验学校努力践行幸福教育，探索幸福教育的实践路径，让我们清晰地“看见”幸福教育的情状。

一、幸福教育在“心”

泰州实验学校以“创造幸福”为校训，志在培养创造幸福的人，志在把教育活动变成创造幸福的过程。幸福教育是他们的核心价值追求。当然，对幸福的理解本来就是多元化的，大致有享乐论取向和实现论取向。享乐论取向认为幸福源自欲望的满足，实现论取向认为幸福联系着人们终极价值追求，源自美德的表达。从泰州实验学校“幸福教育”的校本化理解看，他们不排斥在教育过程中的享乐论倡导的幸福感，但更看重在实现论维度理解幸福。从对培养什么样的人的思考上看，泰州实验学校的育人目标一是在意于完整的人。他们校本化的培养目标是纯真、聪慧、健美，是一个“全人”的表达。曹文兵校长很赞成学校教育是知性教育与诗性教育的统一，把对学生的精神哺育放在十分重要的位置，也是“全人”意识使然。二是在意于未来的人。儿童的培养既要有空间意识，要“全”；又要有时间意识，要“远”。泰州实验学校十分关注给学生奠基一生、改变一生的素养，芬芳一生、温暖一生的记忆，着力让儿童学有所得，获得走向未来社会幸福的能力。三是在意于每一个学生。学校追求的就是让每一个学生都幸福，让每一个生命都幸福成长，他们对教育内容、教育过程，以及教育评价的设计，都是基于学生的，基于每一个鲜活个体的。曹文兵校长主张幸福教育首先要内化于心，我以为通过培养目标校本化的表达与解读，可以看见他们的核心价值追求，看见他们践行幸福教育的动力源，他们是坚定地向着美好那方的。

二、幸福教育在“行”

幸福教育当然不能仅仅在想、在说，更主要的是在做、在行。幸福教育的“行”可以从育人的几个要素看，学校育人大而言之就是课程、教学、活动、环境四个要素，更多的则是课程、教学、活动。这些学校教育的组织行为，怎么就有幸福与不怎么幸福的区分呢？关键在于教育行为的设计与实施。有专家认为，幸福水平由三个因素决定：一是设定点；二是境况；三是目的性活动。专家们通过论证指出，关于幸福设定点，幸福的个体差异有50%由此决定；至于境况，幸福的个体差异有10%可以由境况因素来解释；幸福的个体差异还有40%可以用目的性活动来解释。[①]这个观点给人的希望是，我们可以通过有目的地从事某项活动来增进幸福。曹文兵校长和他的团队因为努力把教育过程变成“创造幸福”的行动，所以司空见惯的教育行为在他们这里被注入了幸福的特质。从课程看，他们面向学生做广泛的调研，构建了既能有助于学生基本素质的培养，又能满足学生个体需要的课程体系，特别是丰富性的校本课程给学生选择的空间，为学生个性发展提供足够的课程机会。从教学看，他们创建了“幸福课堂”四步教学范式，侧重引导学生通过自主合作走向深度学习。关于上学幸福感的研究表明，提倡主动学习与提倡被动学习，前一种幸福感更高。因此有多种教学策略被用来在学生身上培养积极心理学看重的东西，包括沉浸、希望、乐观、共情、控制力、创造力、自我调节、个性优势、积极同伴关系，等等。[②]泰州实验学校的课程实施和教学范式，是可以看到儿童自主学习的思想光泽的。从活动看，泰州实验学校有着整体的考虑，如儿童成长仪式活动、节庆活动、社团活动、自主兴趣活动，大多做到教育性、生动性、自主性的有机结合。顺便说到的是，泰州实验学校是把有些活动课程化的，我以为活动课程化主要看具体情况而定，“课程”之“课”，是说有教育的目的；“课程”之“程”，是说有连续的实施。活动当然可以课程化，比如，节庆活动的读书节，如果作为“经典诵读”课程中表达、交流、分享、评价的一个板块，它就成了“经典诵读”这门校本课程的一部分；如果不纳入课程，就作为一种节庆活动，也不错。我们倡导对儿童的校园生活进行整体设计，制度化与自主性相互协调，对整体提高儿童校园生活质量是大有裨益的。

三、幸福教育在“貌”

正如有的学者所言：一切都是人心的产物。学校是一个特定的空间存在，学校的空间设计、物理环境也应该是一种思想的、情感的表达。有研究表明，物理环境舒适度与幸福感之间存在正相关。在我看来，幸福校园应当是花园、学园、校园三园一体化：花园，“与人造环境相比，自然环境更有可能带来强烈的积极感受。”③美好的自然风景给人愉悦、惬意的感受，会激发人们美好的情感；学园，学校建筑、校园设施、公共空间的设计都应当从学生的学习角度考虑，便利性、舒适度与审美性、教育性兼顾；校园，校园是学子文化之根深植所在，一草一木总是情，既要有温暖如家的感受，又要有文化基因特质的闪亮。如果说三园一体有一个主题，那就是引导、激发师生生命向上，特别是引导学子的精神成长。泰州实验学校，在这方面用心用力用情，曹文兵校长描述幸福校园，虽然没有涵盖学校所有的物理空间，但也大致让我们体会到他们的匠心和努力。把校园建成花园，花园亦是学园，一花一草都是宝贵的课程资源；“四园一亭”，使学校具有标志性的自然景观，又借助文化审美意象，赋予自然景观文化意蕴。“每一面墙壁都说话”，从而让学生在校园里的每一次“用心”行走，都成为课程学习的幸福经历；将图书馆“打开”，时间上全天候，空间上全开放，甚至从距离感、便利性等方面都考虑到师生的方便。建设开放式的校史长廊，让学校发展经历的故事与师生“天天见”；校园的中心景观、环境布置以“创造幸福”为魂，让学生在潜移默化中植下幸福人生的种子。可见，这样的校园以“幸福”冠之，是名副其实的。

四、幸福教育在“气”

“气”是一所学校的文化场，是弥漫的无所不在的文化氛围。从意蕴上说，学校的“气”，第一，在于向前向上，“我来到这个世界，为了看太阳”。学校教育就是要树立培养社会新人的理想。“在古希腊，一种作为强烈和持久向往的目标的理想在精神上成功地塑造了人类。无论如何，教育活动和教育机构只有遵循着一个最高的目的才有存在的理由。”[4]第二，在于洋溢着朝气，充满着活力。童心是这个世界上最美好的东西，校园最醉人的色泽是童心的闪烁。第三，在于学校的文化特质。杨绛先生说她的母校振华女中有一种特有的味儿。离开母校，无论走到哪里，这种味儿都会伴随一生，就在于振华女中的文化特质在学子的心田里扎根生长了。怎样培育学校的“气”呢？从泰州实验学校的实践看，首先是树立核心价值观，他们就是以“创造幸福”表述着对理想的追求。其次是形神兼备地表述这种核心价值观、学校的组织行为、校容校貌，到处都被“创造幸福”照亮。再次是构建良好的人际关系。有学者说，幸福在于他人，个人深以为然，幸福感确实在很大程度上是由人与人的关系决定的。在一所学校中最重要的是师生关系。泰戈尔有诗：“让我的爱像阳光一样包围着你，而又给你光辉灿烂的自由。”泰州实验学校近些年来非常着力于“让学校到处流淌着奶和蜜”，其“蜜”主要就在于师爱如温煦的和风拂照校园的每一个角落。又次在于曹文兵校长主张的，在内化于心的同时外化于行，引导师生在日常的生活行走中，“润物细无声”地呼应甚至奏鸣着“创造幸福”的乐曲，使幸福成长的旋律荡漾在所有的生活空间。唯此，以文化人真正落地生根，幸福的新人冉冉升腾的灿烂景象，也就可以期许向往了。

（本文发表于《江苏教育》2019 年第 58 期）

【参考文献】

①②③ Alan Carr《积极心理学》，中国轻工业出版社 2017 年版。

④ 拉塞克·维迪努《从现在到 2000 年教育内容发展的全球展望》，教育科学出版社 1996 年版，第 5 页。

教师专业发展的新探索

教师专业发展是一个永远新的老话题。说它老，因为它是伴随着教师职业的诞生而客观存在的；说它新，是因为每个时代都有其特有的背景和呼声。事物向前发展总有更接近本质的发现，基层的创造也会提供新鲜的经验。宜兴市城南实验小学让教师从“教书匠”走向“大先生”的实践探索，启迪我们作出对教师专业发展的进一步思考。

一、人文与科学融合

教育的专业发展以什么为内容？人们大抵会从专业情景、专业知识、专业技术、专业能力等要素考虑。若干年来的教师专业发展研究与实践无疑对专业知识、专业技术给予了足够的重视。因为新课标、新教材，大家需要化解陌生感；因为信息技术、互联网、人工智能接踵而至，生活方式倒逼学习方式、教学方式发生变化，教师必须适应。这些都是可以理解的，但显然是不完整的。有的地方在教师专业发展的课程设置上，也有专业情景、专业伦理等方面内容，但在实践中，一手硬一手软的现象普遍存在。宜兴市城南实验小学的吕建国校长显然对此深有感触。他积极响应习近平总书记的教师要从“教书匠”成为“大先生”的号召，着力在“全人”意义上铸造教师队伍，既是一种问题解决，又是一种实践创新。

教师的专业发展，重人文还是重科学的讨论，可谓贯穿整个教师教育发展史。

文艺复兴以后，由于“人”的地位的上升，教师培养更加关注人的精神世界，强调建立民主和谐的师生关系，重视道德主体的身份认知，并关注其自我体验、情感及情绪的内在变化等。19世纪后半叶，科学主义教育哲学大行其道，教师培养以应用型人才为主要目标，要求教师成为兼具深厚教育教学理论及熟练教学技能，且能够按照已设定的教学进度正确操纵课堂并进行管理的“教学技师”。20世纪上半叶，科学主义教育哲学与人文主义教育哲学逐步融合，其后教师成长逐步实现从“偏”到“全”，从“外”到“内”的转变(参见梁淑琴《从教师教育思想史审视教师的主体发展逻辑》，载于《教育理论与实践》2018年第22期)。但是，认知不等于认同，认同不等于践行，这在中西方是一样的，所以，西方有教师专业发展与公民精神融合的学习相一致的呼吁，而我国教育界对教师从“教书匠”走向“大先生”的呼唤更是振聋发聩。怎么做呢？宜兴市城南实验小学已有很好的尝试，我与吕建国校长交流时也多次谈及这个话题。我们议论到，要往“大先生”一路走，要重视寻找使命感，把教师职业看作天职使然；要提升道德力，让师生交往成为学生获得教养的途径；要培育专业情意，用师爱温暖儿童，等等。同时，我们还讨论到，“大先生”不仅是德性高尚，更是德性统率的“全人”。在知识、技术、能力方面，缺啥补啥，化陌生为熟悉，都是必要的，有时就是使命感、道德力促进专业知识、专业技能的进步。这些在城南实验小学的案例中读者自可品悟。

二、快与慢相济

据我的观察，优秀教师有一个共同特点，张弛有度，快慢相济。基本的教学业务娴熟，往往事半功倍，效率很高；又能静水深流，安静下来，甚至优哉游哉，去思考，去遐想，去如琢如磨，去创新创造。在读马丁·塞利格曼的幸福理论时，我欣喜地发现，这正是幸福人的元素。塞利格曼在他的“幸福2.0”理论中提出幸福有五个元素，它们是积极的情绪、投入、意义、良好的人际关系和成就。快慢相济则是获得成就的重要锁钥。快，使常规工作有了速度保证，达到自动化程度，于是就比同事节省了时间；时间省下来了，则可以慢慢地从容不迫地做一些事情，比如反思，比如规划，比如创造。读大学时，我经常拿但丁《神曲》里的一条注释和动如脱兔的同学开玩笑，那条注释说的是“心灵崇高的人总是动作缓慢的”(大意如此，一笑)。据说，梁启超先生说过一句名言：“好东西总是聪明人用笨方法认真做出来的。”吕建国校长推崇薛法根老师的“一课三磨，一文三改，一题三讲，一书三读”，城南实验小学的教师们做课程，磨教学，搞研究，大致有了点这方面的意思。

当然，我们这里所说的快慢相济是从教师专业发展的整体考虑的。到什么山砍什么柴，教师专业发展总有阶段性的重点。我只是对吕校长团队有“慢”的意识比较欣赏，而且我执着地认为，要培养学者型的教师，有时候“慢慢走”是必须的！同时，还应注意到，这个问题是在师者之心（情怀）、师者之脑（思想）、师者之手（本领）的相互激荡、螺旋上升的进阶路径中考虑的。

三、个体与群组互动

说到学校机构组织中的教师专业发展，必然会谈及学习共同体的建设。怎样建设学习共同体？专家们贡献了许多意见，基层学校也有许多生动的创造。比如共同愿景，专家们认为这是共同体凝聚力的源始；再如让共同体参与到学校决策制定中，让教师成为变革的力量，这应当看作教师专业化新的境界；又如倡导分布式领导，让共同体的组成更具开放性，让共同体的建设更具流动性，为专业领袖的培育提供文化土壤；还有鼓励集体创新，等等。令人高兴的是，城南实验小学在这些方面都有涉及，并且创造了初步的经验。他们以“大先生”为目标导向，组织教师们做课程，让专业领导者各尽其职，充分发挥名师工作室和教研组的集体创造力。但我认为做这些工作都有个前提，那就是个体与群组良性互动，个体的经验共享无疑会增加共同体的凝聚力，而群组里的生命力、创造力则是由个体的主体性和自由度生成的。本雅明曾说共同体的关键在于各个个体的自由，我是非常认可的。在城南实验小学，教师们自有“诗与远方”，乐于参与群组活动，不断奉献自己的发现与创造，为他们自己的专业成长和共同体的建设创造更多积极可能，这是至关重要的。从这个角度看，城南实验小学的建设与发展呈现出令人欣羡的生动气象，也就是理所当然的了。

（本文发表于《江苏教育》2019 年第 94 期）

在“学做人”上着力

感受南京市金陵汇文学校伙伴学习的氛围，和学校的老师交流，使我想起2018年在北京举行的第二十四届世界哲学大会的主题。杜维明介绍，他提议的大会的主要议题是“学做人”，可能因为有的学者认为太平实，于是就用了“学以成人”。我的感觉是：金陵汇文学校的伙伴学习就是在“学做人”方面着力，引导学生和老师学以成人。

第一，伙伴学习闪耀着“和”文化色泽。郭齐勇提出中国文化精神的六大特点：和而不同，厚德载物；刚健自强，生生不息；仁义至上，人格独立；民为邦本，本固邦宁；整体把握，辩证思维；经世务实，戒奢以俭。这六条是以“和”字领头的。钱穆认为中国文化精神和文化性格主要是由儒家奠定和陶冶的。中国文化与中国人的性格中的“和合性”大于“分别性”，主张宽容、平和、兼收并蓄、吸纳众流，主张会通、综合、整体、融摄，这些都是儒家所提倡和坚持的价值。“和”是金陵汇文学校的文化基因。他们因“汇文”而倡导“和”，以“和”立校，构建了学校“和”文化的实践体系。他们继而开展伙伴学习的实践研究，使“和”文化得到更好的发展。伙伴学习在“和”以成人方面，让我们看到了可贵的探索。

“和”成为金陵汇文人的文化禀赋。古人讲“和为贵”“天时地利人和”“君子和而不同”，讲“喜怒哀乐……发而皆中节谓之和”。这里包含了和立身、和处世。仔细想想，真正的伙伴学习一定包含与己和、和立身，自然也包含与人和、“和气致祥”。杜维明认为，优秀的共同体最重要的是每个个体的自由。只有每个个体自由了，共同体才充满生命力，否则就可能只有“同”，“同而不和”，滑向“小人”的深渊。伙伴是平等的个体构成的关系，是民主之风吹拂着的群落。杜维明在谈“学做人”时说：学做人就是在入世的此时此地，如何建立我们每个人的主体性。想象着伙伴学习的现场，这种感觉似乎更加强烈。伙伴学习建立了“学做人”的“群”的维度。杜维明说：作为一个个体的“我”，不是一个孤立绝缘的原子式的个人。儒家的基本观点是：作为一个关系网络中心点的“我”或者“自我”，必须是在人与人之间的关系网络中得以建构。“伙伴”就是一个关系存在，金陵汇文学校在伙伴学习的实践中也建构着多种学习关系。这种种关系用杜维明的话说就是群的意识“使得我自己能够更尊重自己，他者能够进一步发展自己的助缘”，如此成长的“是一种己立立人的人格主义”。

第二，伙伴学习贴近学生发展核心素养。伙伴学习的实践伴随着中国学生发展核心素养的研制、颁布、宣传展开，自然而然体现着对接、落实的意识。金陵汇文学校集中在“学会学习”这个点上培育核心素养，在我看来，可能“只缘身在此山中”。核心素养的遴选和确定大致在人与自然、人与社会、人与自我三个向度上，比如，OECD（经济合作与发展组织）确定了三大类核心素养：互动地使用工具，与异质群体互动，自主行动。又如，我国学生发展核心素养分为文化基础、自主发展、社会参与三个向度。再如，美国强调培养学生适应并了解科技和社会的变化，因此教学应当是认知、人际、自省的相互激励。可以说，在向度上，不同的核心素养表述是异曲同工的。伙伴学习可以覆盖这三个方面，学习包含知识的获得和技能的训练，以人与自然为主，兼顾其他方面。伙伴学习把人与社会的关系情境化，使“做人”的功能定位更加突出，这就突出了儒家学做人的“身心之学”“性命之学”。有人说，中国传统教育里教的精髓就是“学以为己”四个字，为己之学就是成人、做人之学，伙伴学习无疑体现了这样的内涵。当然，如金陵汇文学校的同志们所重视的，伙伴之学是学会学习的有效途径，因为伙伴学习必然是主体参与性学习，在培育主体性的同时会取得更好的学习效能；因为相伴学习、分享互惠在形成新的对话关系的同时，也催生新的思想；因为总结反思是伙伴学习的重要环节，对学习方法、学习策略的梳理促使我们学会学，学会“吾日三省吾身”。儒家的心灵哲学中内在的向自己追问的意识被激活了，促进学习者反省并觉悟到“我”是靠我自己来塑造的，催生着“新我”的成长。可以认为伙伴学习侧重学习方法，隐含着“学做人”的整体逻辑框架，促进学生朝着核心素养目标蓬勃生长。

第三，伙伴学习展现出春华秋实的绚丽图景。通过几年卓有成效的努力，伙伴学习春华秋实。“春华秋实”语出《颜氏家训》：“夫学者，犹种树也，春玩其华，秋登其实。讲论文章，春华也；修身利行，秋实也。”从《颜氏家训》这段话中可以看出，春华秋实指德行、文章都很好，又是指一分耕耘一分收获，春种秋收。以“春华秋实”形容伙伴学习的样态甚为合适。可是在伙伴学习的实践过程中，无论是学生还是师者，指向身心的精神世界的丰盈、人格的站立都已是显而易见的，而知识与技能的获得也是其题中应有之义。金陵汇文学校的伙伴学习是体系化的，包含了德育、课堂、管理、教师等方面的发展。可能用“伙伴成长”才能罩得住，也正是在这一点上，“学做人”的意蕴更丰厚了。金陵汇文学校的伙伴学习是有丰富样态的，既有生生之间，又有师师之间，且有师生之间。他们已经构成了开放的学习共同体，同客观世界对话，同他人对话，同自我对话，是在一个向四面八方打开的情境中实现的，收获也是多重的。金陵汇文学校的伙伴学习，在“大家一起学”的组织形式中体现出许多创造性——侧重学生发展的课堂学习和侧重教师专业成长的“7号教室”，都是创意迭出，让人如行山阴道上，目不暇接，美不胜收，而与彼时彼境的结合又自然熨帖。这也显示出情境的真实性，彰显着伙伴学习是真学习，是真的创造性学习。这样的过程使得三维目标融合，指向人的完整成长。春华秋实的结果呈现，作为学习成就又激励金陵汇文学校的师生们在学做人的道路上望得更远，思考更深，干得更欢，使人对他们的“践形生色”不断增添美好的期待。

（本文发表于《江苏教育研究》2019年第6期）

第三辑

生命的升腾

向斯霞老师学备课

在国庆70周年之际，党和国家评选表彰了300名先进模范，斯霞老师实至名归，光荣入选。刚刚过去的2019年，正值斯霞老师诞辰110周年。现在我们踏步迈进了2020年，斯霞老师离开我们已有十六个年头了。这样的日子更会触发人们对斯霞老师的念想和追怀。作为共和国“最美奋斗者”的一员，斯霞老师留给人们的是一座富矿，甚至是通过后来者努力可以源源再生的富矿。本文仅从这位“最美奋斗者”最日常的劳作——备课这样一个角度，回望斯霞老师是怎样备课的，以表达我们对这位伟大的小学老师的深切缅怀。

斯老师主要是教语文课，有些年份也兼教数学课，同时担任班主任，可以想象她每天都要备课，她的备课给我们印象最深的主要在三个方面。

一、理解教材，吃透教材

1. 整体观。斯老师说她是非常认真地读教学大纲的，当时的教学大纲就相当于今天的课程标准。一个基本的现实是，今天的许多老师也未必认真去读课程标准。读教学大纲（课程标准）最大的价值是知其所以然，明白我们为什么教，教什么，要到哪里去，怎样到那里去。斯老师说：“我总是利用寒暑假，有充裕的时间，来通读新学期所要教学的教材，制订出一学期的教学计划，然后再一组一组、一课一课地深入钻研。”一些专家提倡老师们要准备学期的教学纲要，斯老师在那个时候，已经是这样做了。她举例说，要教第六册的《列宁和卫兵》，就把前面孩子们学过的课本拿出来，发现第二册有一篇课文讲列宁认真学习，第三册有一篇课文讲列宁是一个诚实的孩子，第四册有一篇课文讲列宁在监狱里怎么读书、怎么指导革命的，第五册有一篇课文讲列宁在中学时代是怎么做作文的。学到第六册孩子们已经是三年级了，把前面学过的关于列宁的课文都联通起来，唤醒他们的阅读经验，对于理解课文，走进人物的精神世界，大有帮助。而词语的积累、语文能力的要求，斯老师都是从全套课本、全册课本着眼，引导学生在整体观的视野中去学习，去体悟，去建构，去应用，是非常不简单的。

2. 通透感。对于一篇课文，师者的理解应当“通体透明，形神兼备”。我这样主张是“心向往之”，而斯霞老师就是切切实实这样做的。斯老师备课时总是反反复复研读课文，同时考虑学生怎么读懂学会，她说：“有时候为了考虑一个问题，解释一个词，我走路也想，吃饭也想，睡觉也想。”斯老师指导青年教师，要青年教师五读五备：初读了解文章梗概；再读扫清文字障碍，要联系上下文理解词义；三读要弄清句段含义，设计问题和解答的要点；四读概括中心思想，钻研写作特点；五读准备好课文练习的答案。斯老师说，自己在这里讲的“五读”，是大概读到五遍，有时对于一句话也要反反复复地读。所以说课文包括作业一定要是通透的。这种通透感还表现在斯霞老师在课堂上呈现出来的板书，她的板书往往是文章内在结构的呈现。

刚才提及，斯老师理解课文的通透感，常常是结合教学要求的，也就是说，她会充分考虑学生能否通透地理解。她因此提出备课文要关注“着力点”。在文眼、训练点、课文难点这几个地方特别花功夫。比如教学《刘胡兰》，刘胡兰把敌人的话“顶回去”，这个“顶”怎么理解，怎么朗读，斯老师反复揣摩。《难忘的航行》讲领袖关心士兵的故事，用了十六个“地”，斯老师认为，引导学生区别“的”“地”“得”，掌握“地”的用法，这篇课文提供了范例，有助于集中训练，所以专门做了研究和设计。《我们爱老师》里面有一句话：“我们是祖国的花朵。”怎么让学生理解“祖国”这个词，斯老师考虑了很长时间，因此在课堂上有学生说“祖国就是国家”时，斯老师引导得法，成了人们津津乐道的经典课例。

3. 科学性。教材作为一个文化科学知识的成品，怎么去把握？斯老师对青年教师反复讲，要多用字典词典。要凭借着字典词典，在规范的意义上理解词语。斯老师又说，如果课文当中涉及科学知识，一定要想办法弄懂。斯老师教《一定要争气》，这篇课文写的是童第周的故事。课文中讲到一位生物学教授做剥离青蛙卵外膜的实验，好几年没有成功，孩子们不理解，斯老师也不理解。为什么这个东西就这么难剥呢？剥这个东西有什么用呢？斯老师就到南京师范学院生物系，去找教授们请教，弄清楚做好这个实验为的是进行人工授精，剥的是青蛙卵里面的一层薄膜，难度很大，童第周做成功了，所以说他是为祖国争了气。《斯霞文集》中，这样的案例俯拾即是。

二、儿童视角

1. 关注儿童经验。教育的一条基本规律，就是将所教授的知识与儿童个体的经验相连接。斯霞老师深谙此道，她处处做有心人，引导儿童积累生活经验。教《我们爱老师》这篇课文，斯老师估计孩子们不了解“园丁”的意思，她就在班队活动时，带孩子们去公园参观，看园丁伯伯是怎样劳动的，回来后带孩子们学习这篇课文，效果非常好。

有一天，正在上课时，一团柳絮从窗外飘然而入，斯老师马上让同学们停下来观察教室里一团柳絮飘然而来的场景。她为什么要这样做？是因为后面会讲到《小英雄雨来》，要讲到芦花的花絮“飘飘悠悠”，斯老师备课时就在思量，孩子们该怎么理解这个词呢？现在这个偶发事件就是一个好机会。教到《小英雄雨来》的时候，再带孩子们回忆这个场景，孩子们对“飘飘悠悠”的理解就能很到位。斯老师在自己的日常生活中，处处想到孩子们的学习。她看到风把高空的薄云扯得一缕一缕的；看到晚霞如火，烧红了半片天空；看到大雾弥漫，几步之外的景物模糊难辨；看到夏日的暴雨，从树上、屋檐上倾泻而下，雨后一道长虹在天空搭起七彩的拱桥……定会教学生对这些现象进行观察，为相关课文的学习积累生活经验。

2. 关注儿童思维的特点。斯老师的课，大家都知道，非常重视在具象的体验中去理解抽象的东西，这样的案例太多了，暂且不说。在观摩斯老师教学录像时，我注意到这位直观教学的大师，同时关注儿童抽象思维的发展，她一直注意研究形象思维和逻辑思维的结合。她认为低年级教学就要有这种意识，比如说讲到《乌鸦喝水》《惊弓之鸟》，就要引导学生学习推理，从推理的过程去领悟课文的内容。斯老师说，提问题一定要想一想学生思考的质量，这个问题不仅要适应孩子，还要促进孩子思维的发展。要有一个习惯，提的问题不是学生随随便便就能回答的，一定要他们好好地想一想才能回答。小学语文教学以培养形象思维为主，同时不失时机地培育初步进行逻辑思维的能力，重视思维质量，引导儿童进行挑战性思考，这些经验在今天的教育语境中仍然具有启迪意义。

3. 关注儿童的具体性。首先是考虑不同年龄儿童的具体性。斯老师说，教儿童说话，要循序渐进，逐步提高。老师应随着学生年级的递升，逐步丰富教学用语。例如，待人的态度、人与人的关系，可以用各种词语表达。斯老师教学时，一年级用“客气”“和气”“和好”，二年级用“和蔼”“亲切”“忠实”，三年级用“慈爱”“慈祥”“友好”“谦虚”，四年级用“谦逊”“平易近人”“和蔼可亲”“热情”“虚心诚恳”……这些词语是根据它们在课文中出现的顺序，而分别在不同年级运用的。斯老师说，我在说话中有意用这些词语，注意对学生的语言运用做些点拨，学生就能较好地理解和掌握。其次是重视差异，对学生因材施教。她说，什么问题由什么样子的孩子来回答，你要想清楚。较容易的问题一定不能让学习成绩特别好的同学去回答，要考虑学习差一点、不喜欢发言的孩子。她说背课文，不能要求孩子们按同样的要求背诵，学习较差的同学，鼓励他、要求他今天背诵一段，明天背诵一段，他两三天不也就把课文背诵下来了吗？等到学期结束时，她发现学习较差的同学，也都能把课文背下来。斯老师还举过一个案例，说教数学课，拿着几包卡片，让孩子们看卡片说答案，听课的苏联专家指点她，卡片拿出来，要让大家等一等，让所有的孩子都有一个思考的过程，否则那些学习稍微有点困难的孩子，就跟不上了。她认为这位专家说得特别有道理，从此以后，无论备课还是上课，她都特别关注学习上有困难的学生。

4. 关注儿童成长的完整性。斯霞老师非常重视在语文教学中进行德性教育，她根据教材特点，把语文课程的德育内容分成政治性和道德性两大类，尽可能结合具体课文，不着痕迹地教育学生。她引导学生对“祖国”的理解、对“园丁”的体悟都是经典的案例。她说，“凡是可以结合培养学生道德品质的，不管是一个词、一句话、一段课文，我都不轻易放过”，而且润物无声，学科育人是做得很到位的。

斯老师非常有保卫童年、保卫儿童的意识。斯老师带孩子们写字，强调一尺一拳一寸三个“一”，眼睛离课本是一尺，胸部离课桌是一拳，手指离笔尖是一寸。这是保护儿童，又是带孩子们养成好习惯。她说写生词，为什么要写那么多遍？在南师附小，写生词，不超过5遍。斯老师曾经反复问道：“作业为什么不能当堂完成？”斯老师教实验班，六年内容五年制教学，她思考的是怎么才能不增加学生的负担。这个实验班所有的教材都是斯老师自己编的，她说自己的设计就是让孩子把作业当堂做完。她还有句非常了不起的话："任何教育改革都应该以不增加学生负担为前提。"孩子的完整发展、健康成长，是与他们有闲暇时间，有选择性学习的时间，有玩耍的时间，有充裕的休息时间关联很大的。斯老师是真正的慈母心啊。

三、设计科学

1. 创设情境。斯霞老师是创立"随课文识字"这一流派的宗师，随课文识字，即"字不离词，词不离句，句不离文"，就是强调发挥具体情境的作用，教了文字，又教了课文，学生学得有趣，学得扎实。其中丰富的内涵不是一篇短文能说得清楚的。从具体的案例看，斯老师很重视借助具象教学生识字，她不满足课本中的插图，她说："要想想哪几幅图要放大，哪几幅图要准备实物。上课时，图字是同时出现，还是先出现字。稻子、麦子、红薯、花生……是一下子都排列在讲台上，还是讲一种出现一种……"这些都是要认真考虑的，可见具象化的情境，她是十分用心设计的。随课文识字，正是这种教法推及一般，逐步形成的。

2. 精准谋划。斯老师说，一节课，先讲什么，后讲什么，怎样讲，都要认真考虑，反复推敲。她备课以后，还要反复试讲，哪儿不合适，再去修改。课上好以后，再回过来总结得失，以便更好地改进。正是如此，她总结提炼了许多行之有效的经验。比如字词的出现，讲解和巩固，她的经验对于老师们就很有启发的意义。字词的出现，按照课文内容顺序出现字词，课文中占主要地位的生字词先出现，在理解课文内容后再提出生字；字词的讲解，利用实物或标本等直观教具讲解字词，利用图片或简单的黑板画讲解字词，通过直观观察理解词义，通过实验讲解词义，用动作演示讲解词义，用形象生动的表情语言讲解字词，利用儿童实际生活体验讲解字词，通过课文阅读讲解字词；字词的巩固，她经常把学过的字词通过默词、填词等方法进行巩固，让儿童看实物写汉字，提出有关课文内容，让儿童默写答案中的主要生字，教生字前，复习形似字，或与同音字比较，组织容易写错的同音字或形近字填写，选择适合的词连线成句，利用各种机会让学生多与字词见面，组织归类练习等等。斯霞老师上课总是胸有成竹，是与她备课时如琢如磨，精心设计到位相联系的。

3. 从学法备教法。斯霞老师的课质朴大气，其中一个重要的原因是学习思路和教学思路的统一，浑然一体，所以看上去没有多少花样。她认为备课时要从学生角度多想想，注意培养学生前后贯通知识，系统掌握知识的能力，这样就将教学放在一个语文知识体系来考量。引导学生在激活经验的基础上学习，在考虑学生学习知识的同时，掌握具体的学习方法，比如教学生构字规律，教学生归类识字的方法，教学生查字典的方法，在哪一学期，怎么安排，都要有具体的考虑。在辅导学生时，创造条件让学生进一步掌握学习方法。比如指导写作时要考虑让学生把对课文的学习与领会，运用到实践中来；每上完一课都要布置阅读任务，让学生在拓展中迁移课文学习获得的学习方法。重视学生学习习惯的培养，比如如何让学生学会听，斯老师在具体教学细节上都有精心设计，培养学生良好说话习惯，斯老师坚持在日常生活和教学中让学生学会说完整的话，训练连贯通顺地说话。贴着学法设计教法，二者融为一体，质朴无华，效果、效率、效益、效应都无不上佳。

4. 重视现代媒体。现代是个相对的概念，斯霞年代的现代媒体，主要指电化教学手段，斯老师非常注意恰当地运用幻灯片教学拼音和识字。比如“采”“踩”和“彩”三个字读音相同，但字形、字义不同。斯老师请学生组词，而她在备课时做了充分准备，学生说出的词语，大都能通过幻灯片呈现，然后再要求学生用这些词填空或造句。她的学生错别字少，与她运用恰当的教学方法是相关的。斯老师还注意利用电化教学手段，促进学生观察能力和思维能力的发展，比如教学《小壁虎借尾巴》《两个铁球同时落地》《惊弓之鸟》等课文，斯老师通过教学电影、幻灯片等激发学生比较、分析、推理、归纳，更好地理解课文内容，培养思维能力。斯老师说，“不可以因使用电化教具麻烦而放弃”“使用电化教具是忙在课前，上课就不忙了”“绘制好一本幻灯片，可以长期使用，这样的好事，何乐而不为呢?”这样的说法在今天仍然具有前瞻意义。

（本文发表于《江苏教育研究》2020 年第 1 期）

参考文献：

《斯霞文集》，江苏凤凰教育出版社 2010 年版。

从具身学习看情境教育

从具身学习的视角切入，我们可以看到情境教育具有坚实的学理基础。特级教师李吉林在情境教育领域的实践创造，与学界对具身学习的理论探索竟有殊途同归之妙。

具身学习基于身心不可分离的特点，这也正是情境教育的重要特点。人们认为，认知科学迄今可以分为三代，第一代主张身心分离；第二代强调心智的具身性，主张身心合一；第三代是基于具身认知，认为人类大脑中存在一个广泛的镜像神经元网络系统，自身活动的执行及观察他人有目的的身体活动，都可以触发镜像神经元的特征反应。对于具身的认知，尽管西方学界有着理论探索的深厚传统，但是我国从孟子、荀子到陆九渊、王阳明、戴震，都坚持这样的主张。比如孟子的践形观，强调人的外在气象是由内在的道德、心性、心血一起涌发出来的。孟子强调形、气、心一体三相，一个人站在那里，他有三个面相。心是意识层面的，形和气是非意识层面的，是没有办法将它们分开的。荀子强调"美身观"，即学习是美化自己身体的，能使自己的身体更美。"古之学者为己，今之学者为人。君子之学也，以美其身。""美身"是指学习的人进入长期修养的状态，其身体能反映道德意识、社会规范的向度，耳目感觉就能体现道德的价值。儒家讲"德润身""践形生色"就是这个意思。这种思想在东亚文化中有着深刻影响，比如日本人专门造了一个字，左边是身，右边是美，代表一种最高境界，就是让人们把身体之外所有的东西都忘了，让身体活泼地发挥人本来所具有的生命力，从而使人更纯粹、更美好地活着。

我们提倡的情境教育，一直受中国优秀传统文化的滋养。情境教育深受“意境说”的影响，而意境说本质上是主客融合，甚至物我两忘。另一方面，李吉林本人就是“德润身”“践形生色”的典型，她的优雅和美丽正是“君子之学”水到渠成的效果。李吉林的情境教育，最大贡献就是解决了情感活动与认知活动的分离问题，在情境教育课堂上，学习不再是单纯的认知活动，情感已伴随其中，二者相互触动、相互补充。因为儿童内心的愉悦感和热烈的情绪使大脑释放大量的神经递质，刺激神经元生出更多的树突，并增强关联，思维进入最佳状态，所以学习效率明显提高，这样的学习路径还促进了儿童大脑的发育。情境教育把情感和认知学习结合在一起，就是践行具身学习的理念。

具身学习十分重视环境的作用，择美构境正是情境教育的重要表征。

心灵在哪里？在身体之中。身体在哪里？在环境之中。具身学习基于身体，根植于环境，认为认知、身体和环境是不可分割的。环境是情境教育的基本要素之一，李吉林受“意境说”的影响，对学习环境的研究和实施可谓臻于化境。为创造适合孩子的典型场景，她带孩子走出校园，走向周围世界，走进风光无限的大自然，使儿童通过感官具体地认识周围世界，感动其中，智慧的源泉汩汩地流淌；在相对封闭的教室空间里，她努力创造愉悦儿童身心、启迪儿童智慧的物理环境，让儿童身心俱适，积极投入；哪怕没有具体的事物图像，李吉林也运用思维和想象创造环境，引导儿童实现离线的具身认知等。具身学习理论认为，认知通过身体及其活动而超越了大脑和皮肤，与环境需求紧密联系在一起。李吉林对儿童学习环境的选择、优化和创造，无疑是在创造性地实践具身认知理论。

具身学习的精髓就是实现心灵、身体、环境的相互激荡，境中学、境中行、境中思、境中冶也是情境教育的本质特征。

哲学家梅洛·庞蒂说“我们的身体不是并列器官的综合，而是一个协同系统”，而它们又必然作用于特定的环境。具身学习的精髓就是心灵、身体、环境的相互激荡，在这方面，李吉林卓然大成，说其对具身学习理论具有创新意义也不过分。在儿童情境学习方式的操作策略上，李吉林将其概括为四个方面：境中学，将知识嵌入情境中，让儿童的学习有场景、有事件、有角色甚至有情节，自然而然地将儿童的认知与经验连接起来；境中行，“做中学”，让儿童在亲历中学习、建构，更注意引导儿童在真实的生活情境中运用知识，获得具身认知；境中思，在“学”和“行”的过程中，着力启发学生境中“思”，质疑问难，高阶思维；境中冶，营造美学境界，引导儿童通过感受美、理解美、表达美、创造美，实现情感陶冶。我们正是通过择美构境，境美生情，以情启智，心、身、境互动、激荡、交融，才能让儿童不断成长，也使儿童学习的秘密一点点揭开，具身学习的理论也因此得到丰富和发展。

（本文发表于2018年1月24日《中国教师报》）

人课一体的生命升腾

众所周知，于永正老师的课上得好。上好课对于永正老师而言是一种自觉的追求。他说，学生心中的好课，是教师的学生观、教学观、课程观、审美情趣、道德修养、艺术修养、知识能力等方面的综合体现。于老师赞美自己上学时遇上的恩师，说这几位老师“已经和他们的课融为一体了——课即师，师即课”。于老师以自己的老师为榜样，几十年锲而不舍，在教学的征途上拾级而上，臻于化境，呈现了人课一体、生命升腾的景象。

一、对儿童主体地位的充分尊重

于老师的人课一体是和学生一起生成的，其生命升腾是师生共同的状态。这首先在于师生的相互认同，相互映照。如佐藤学所说，在教学中学生是“被动的主体”，关键在老师。于永正老师是怎样做的呢？

第一，尊重并且喜欢学生。他说：“如果我们能做到喜欢每一个学生，教育无疑会进入一种别样的境界。”他的夫子自道有：

——讲课时，我“眼观六路”，会用亲切的目光看着每个学生；

——学生回答问题时，我会以专注、期待、鼓励的目光看着发言的人；

——用手摸摸孩子的脑袋；

——向学生跷起大拇指；

——此处应该有掌声，绝不吝啬。

……

于是，师生互相喜欢，上课都是“欣欣然”了。

第二，回归童年。于老师说自己“教了五十多年的书，最终把自己教成了孩子”。他列举了自己童心不泯的几个表现：始终保留孩子的好奇心；具有“孩子气”；想学生所想，做学生之想做等等。在课堂上，于老师就是个大孩子，他主动稚化自己，全身心沉浸在课堂情境中。学生说他是“大朋友”，同行说他“没长大”，他自己说“岁月的刻刀，可以在我脸上刻上深深的、密密的皱纹，却刻不到我心上”。他的人生从儿童出发，在一个更高的层次上让童心闪耀，他的不俗成就很重要的一点就在于把自己成就为大孩子，让自己回归童年。

第三，理解儿童。理解有认知意义的，也有情感意义的，教育情境中的理解儿童，两种意蕴都有。从认知角度看，于老师非常注重研究儿童、了解儿童，儿童的喜好特长，甚至家长里短，他都清清楚楚。这使得他眼前的孩子都是充满活力的生命个体，使得教育的针对性具有可能。当然，于永正老师理解儿童更具有情感意义，就像有些哲学家说的，人与人的理解让人们构成互相缠绕、互相周旋、融为一体的关系，在教学中就进入对话状态。“对话是一种平等开放、自由、民主、协调，富有情趣和美感，时时激发出新意和遐想的交流。”（滕守尧语）这是我们经常在于永正老师的课堂上看到的生动场景。

二、对语文本体规律的深刻把握

于永正老师是教育部“跨世纪名师工程”向全国推出的首位名师，他“五重”的语文教学思想也因此得到广泛传播。“五重”是基于于老师对语文教学规律的深刻认识，“重情趣”“重感悟”“重积累”“重迁移”“重习惯”，在一定意义上，可谓说尽了语文的本体特质。每一“重”深入进去，我们都可以领略到于老师对语文独特的发现。如他把“重情趣”放在工具性与人文性统一的高度来认识，他所说的“情趣”首先来自语文本体，“汉字的结构表现了有形的动作，还通过有形的动作提示不可见的精神哲思、文化”（郑敏语）。于老师的课上得那么有味，与他对汉语多层含义的发掘不无关系。当然，这“重情趣”也包括对学生有情，把课上得有趣，而这些与语文本身的人文意蕴、工具价值，皆融为一体，所以课的味道就出来了。

于老师对语文本体规律的深刻把握，还在于他十分注重引导学生绘就心智图景。于老师的教学很重视从一个到一类。从“学会”到“会学”，从“学得好”到“带得走”，这其实都关系到认知框架和心智图景。我们经常强调语文的工具性，而有的学者反对简单地提工具性，因为一味谈“工具”，本身就是对语言多重含义的遮蔽，一味谈“工具”，让语言像锤子、铁镐一样，用了就放下了，语言应有的价值就难以实现。语文的工具性在什么意义上有作用呢？只有内化为生命的一部分，构成了我们的认知框架和心智图景，形成了我们认知世界的基本方式，才能发挥作用。恰如有学者所说，儿童通过语言，脱离了当下实际生命的限制，他们得以回忆以往，憧憬未来，想象未必看到、触到和听到的东西，获得了一种独特的观察世界的方式。于老师念兹在兹让学生“带得走”，可以看作是在这方面的努力。

三、对综合素养的不断充实

美国教育家内尔·诺丁斯在讨论教育情境中的人际关系时，特别强调“师者令人惬意的品质”。在我看来，于永正老师就具有“令人惬意的品质”。诺丁斯放在突出位置的是“身体的吸引力”，于老师风度翩翩，儒雅帅气。于老师很在意自己成为“文化人”，他说：“一个老师能否在学生中站住脚，能否在教育教学中取得好成绩，成为学生喜欢的老师，最终取决于他的文化。”腹有诗书气自华，如荀子所说：“君子之学也，以美其身。”于老师的“天生丽质”，再加上后天的“以文化人”，于是“身体的吸引力”就不得了了。

于永正老师说“‘以文化人’的‘文’，除了书外，还包括艺术”“实事求是地说，我之所以成为一名学生喜欢的老师，很大程度上，得益于艺术修养的支撑”。于老师有底气说这样的话，于老师的京剧演唱堪称一绝，我曾经说过，于老师大概是全国语文教师中京剧唱得最好的，也一定是唱京剧的人当中语文教得最好的；他的京胡演奏，“大珠小珠落玉盘”，很有表现力；他的书法可以与“艺术”挂上钩；他的朗诵是“国标级”的。于老师曾说：“艺术修养提升了我的审美情趣，丰富了我的情感，让我拥有了包容的心和开朗、随和的性格。我的悟性和灵性，有一半儿来自艺术。”我想全面的艺术修养也是于永正“身体吸引力”的重要元素。

于老师的“以文化人”主要在“做”，他用一节节课去立德树人，他的人生高度是一节节高质量的语文课垫就的。于老师“以文化人”的“文”还包括读大自然这本书，读万卷书，行万里路，他是积极的践行者，而且，他还带学生走进大自然，他说："当大自然的美融入了学生的血液，不也会化出一道'绚丽的风景'吗？"这当然可以理解为他自己实现的一种生命境界。于老师的"以文化人"还在"写"，如梁启超先生所说，教书有两种趣味，一方面可以教学生，一方面可以做学问。于永正老师做的就是怎样"教学生"的学问。他的影响力与他的说和写是分不开的。

于永正老师有本书，其中一章是"明天的风景"，他认可成就自己的是"明天的风景"。从他讲述自己的故事中，我们可以看到，一个人的有限目标使他成就斐然，走上无限，也使他自己的师者形象不断充实、丰满、完善。

四、对教学艺术的执着探索

于老师的课臻于化境，他是教学艺术的大师，除了以上列举的诸多方面外，我认为还要特别说说他对备课的重视。他曾经对我说，课堂上每说的一句话，每一个教学行为，都要反反复复推敲。看于老师的课，我常常想起木心对陶诗的评说：朴素且精致。正因为他本身朴素，又特别用心，于是他的课朴实、扎实、丰实。有人说于老师的课简单，我是不赞成的。于老师的"简"是经过千锤百炼的，是有饱满感的，是丰实的"简"。

于老师给自己的课定了一个标准："有意思。"什么叫"有意思"呢？于永正列出的有：教出恍然大悟来，有意思；朗读好了，有意思；轻松的课堂，有意思；学有收获，有意思。每一点深入下去，都可以看到一片丰饶的语文天地。比如"轻松"，于老师是通过研究学生，吃透教材实现的；是通过深入浅出，引导得法实现的；是通过游戏化、幽默感实现的。而于永正老师对朗读几近到了"迷信的程度"（于永正原话），反复揣摩停连、重音、语气、节奏四大朗读技巧，通过朗读走进课文情感的深处，感动学生，让学生感到有意思，可见他把技术逐渐上升到艺术的层面。

于永正老师的课很讲究教学设计，往往又有精彩的动态生成。于是，在他的课上，经常可以看到教学高潮的出现。于老师说课要上得"有意思"，其实教学高潮的形成就是"有意思"的高峰现象；于老师说，要让学生有灵性，灵性的闪亮往往也是在教学高潮中出现的。我不反对一些老师把课上得平实，但我更希望一批优秀的老师把课上得趣味盎然。人们常说听到好课，沉浸在美好的艺术享受中，那一定是感受到学生在课堂上获得了审美高峰体验。在教学高潮中，师生的心灵完全敞开了，相互周旋着，融为一体，主体性得到充分释放，灵性也就在闪亮。诺丁斯在阐释幸福教育时曾经描绘过这样一种场景：有时，在晴朗的白天，从日落到日出都会有一缕红色的光带横跨天空东方。我的卧室面对着大海，躺在床上，我可以看到这红色的影子刚好位于海面上。直到迟迟地落下之前，实际的日光离我窗户偏北一点。我不得不起床，到另一个房间看日出。当我走进书房或种花的房间时，甚至在看见窗户时，我常常会对那穿越我左边书柜的阳光着魔，不得不停下来观赏一会儿。大海在右边，在我向前走再转回来时，我会看到整个日出。而且现在，这儿挡住了光线的方向，光线的图案是最壮观的，有几个早晨它是金色的，还有几个早晨是粉红色的，偶尔，整面墙和所有的书都沐浴在红色的闪亮中。灵性开始升腾。

我以为，诺丁斯幸福教育的最高境界，就是精神性的升腾。在想到、说到、回味到于永正老师的语文教学时，每次，我的脑海里都叠现出诺丁斯描摹的这个场景，灵性升腾的场景。于老师的课进入教学高潮时，就似这个场景，师生相互映照，师生的创造性不断迸发，师生的生命都在升腾之中。即使下课了，这种美妙也会留在学生的记忆中，也会成为生命的一部分。于永正老师人课一体创造的正是最美好的生命成长的图景，最高贵的人生价值实现的图景。斯人已逝，“孤帆远影碧空尽”吗？不会的！于老师的徒弟们，千千万万年轻的教师们，都向往于老师创造的人课一体、生命升腾那美好的图景，并将努力追随，践行，创造。百舸争流、千帆尽发的宏大场景，一定会让远在天国的于永正老师放心、宽慰的。

（本文发表于《江苏教育》2018 年第 5 期）

回到苏霍姆林斯基的教育现场

十年磨一剑，孙孔懿先生历经十余年的艰辛劳动，向广大读者奉献出 60 多万字的巨著《苏霍姆林斯基评传》，可喜可贺！拜读之后，我最深刻的感受是孙先生非常努力并且卓越地实现了“回到现场”。

回到传主生活的现场。传记是记录人的生活历程和生命轨迹的文体，优秀的传记总是能向我们展现传主丰富的人生和多彩的生活；阅读传记，其实也是以一种间接的方式去经历我们未曾经历的人生，也是在充实我们的人生体验。要达到这样的效果，非常重要的是现场感，是让读者感受到传主生活世界的真实性甚至“烟火气”。孙先生着意于苏霍姆林斯基的精神传记，精神世界总是依托生活世界生成的，甚至也是生活世界的一部分。为此，孙先生对苏联历史和文化进行了系统研究，对苏霍姆林斯基生活的时代做了全面的了解；把苏霍姆林斯基的著作按年份重新编排，依次阅读；专程赴乌克兰考察苏霍姆林斯基的生平足迹，赴俄罗斯参观十月革命遗址，力求获得感同身受的体验；多次访问苏霍姆林斯基的女儿，采访苏霍姆林斯基当年的同事、学生，搜集了大量的照片和影视资料，不断丰富自己对传主的认识了解。于是，大到波澜壮阔的时代风云，小到生气勃勃的帕夫雷什中学，细到举手投足间的神态表情，作者为我们打开了传主真实生动的生活世界。

回到传主精神的现场。孙先生曾引用马斯洛的观点说明选苏霍姆林斯基这类人物作为传主的理由：“假如我们要回答人类能生长到多高，那么，很明显，最好是挑选出已经长得最高的人并研究他们。”研究他们，则应努力进入他们的“生命最深处”。因为，如孙先生所引的别尔嘉耶夫的观点：“精神不是生命过程的副现象。”“精神性是人身上最高的质，最高的价值，最高的成就。”“人是精神的炫耀。”这些伟人的人生理想和追求，往往可以影响一个时代，成为这个时代的思想航标。弗兰茨·梅林说过：“马克思之所以如此伟大，主要是因为思想的人和实践的人在他身上是密切结合着的。”这句话用在苏霍姆林斯基身上同样是合适的。无疑，苏霍姆林斯基不朽的价值，主要在他的精神。孙先生撰写的这部“精神传记”，以苏霍姆林斯基的日常生活为依托，去描绘他的精神发展和心智图景。为了真正回到苏霍姆林斯基精神世界的现场，孙先生“以苏叙苏”“以苏解苏”，以敬畏之心研读苏霍姆林斯基原著，倾听苏霍姆林斯基心声；分析研究苏霍姆林斯基精神架构，凝练苏霍姆林斯基主要的思想贡献；描述时让传主“自己说话”，让“主人公自己从各种可能的角度说明自己”（巴赫金语）。孙先生说，在撰写过程中，他常常感到传主像是“在场者”，我在阅读时也有同样的感受。这是因为孙先生生动的笔触让我们回到苏霍姆林斯基精神世界的现场。

回到撰写者关注、研究教育的现场。作者与传主总是存在一种关联性，尽管传记要保持客观性，作者与传主要保持一定距离，但另一方面作者对传主的选择和叙写，总是与自己的个性、思想分不开的。孙先生对苏霍姆林斯基的尊崇与喜爱，首先在人格的纯粹性上。苏霍姆林斯基是一个十分纯粹的人，精神世界堪称完美，甚至连私生活也是通体透明，而孙先生是我向许多同志推许的纯粹的学者，“素以为绚兮”。当然，更为主要的是，孙先生认为，苏霍姆林斯基的教育思想总像是在深刻地回应他自己关注的教育问题。长期以来，孙先生研究基础教育，出版了多部有分量的理论专著，其中在人民教育出版社出版的《素质教育论》《论教育家》都是领风气之先的。孙先生指导学校的教育教学改革，其卓见也常常令人茅塞顿开。只要把这部评传的目录列出来，我们可以看到，这是苏霍姆林斯基主要的理论贡献，其实也是孙先生长期关注的教育的基本问题。基本问题就是普遍存在、谁也绕不开去的问题，是持续存在、贯穿始终的问题。许多精神源头的东西，在当下仍然有价值，就在于它们是体现事物本质和发展规律的，是在不同的历史情境中仍然鲜活的。正是这一点把苏霍姆林斯基与当下的教育改革关联起来，也把孙先生的思想与苏霍姆林斯基的精神关联起来。于是，孙先生带着自己对教育的深刻关切，基于自己的教育立场，围绕着教育的基本问题，实现了与苏霍姆林斯基的深刻对话。

（本文发表于《教育史研究》2017年第4辑）

范导式教学：一种准教学模式

常州市是江苏省基础教育发展水平较高、发展质态较好的地区之一，这在一定程度上归功于常州市教育行政部门和教科研部门的同志们专业素养较好，专业指导到位。其中，常州市教科院院长朱志平博士和他的团队功不可没。他们立足于全国基础教育课程改革的前沿，朱志平本身就是教育部基础教育课程教材专家委员会、国家普通高中思想政治课程标准修订组中为数不多的来自基层的专业人士；他们深深扎根于常州基础教育，特别是课程教学的土壤之中，整天泡在学校，总能先知"春江水暖"，敏锐地发现问题，并给予有力引导；他们不仅是课程改革的组织者、引导者，还是研究者，特别注重提炼、研究课程教学中的基本问题，在更大范围内发挥专业影响，其成果"中小学区域性推进生成性教学的实践研究""中小学学科课型范式与实施策略""基于质量监测的教育教学改进研究"等，都曾在国家基础教育教学成果评比中获得大奖。近期，朱博士的团队又推出关于范导式教学的成果，百尺竿头，更进一步，是一件令人十分欣喜的事情。

一、范导式教学秉持着以学生发展为本的品格

在我看来，范导式教学至少是一种"准教学模式"，任何教学模式的构建都是旨在重建课堂教学结构，而课堂教学结构优化的唯一标准就是以学生为主体的学习有没有更好地得到落实。范导式教学基于生成性教学的观念，尊重学生学习的主体

性，其中的一个重要元素“多元化意义协商”可以看作对话教学的另一种表达；而“范”“导”主体的不仅是教师，也可能是学生，彰显了以学生发展为本的理念。“范”“导”的内容不仅是知识，更指向素养。朱志平特别从“师”的词源上进行考察，强调“师者，人之模范也”，每一个教学要素的展开，都是在为“人师”，在学生素养的完整意义上加以阐释，强调“范”“导”指向整个人的发展。现在人们经常讨论的“立德树人”，就是坚持德育为先，但又是德育统率下的整体性发展。这个“德”，又不仅是政治，也包括道德、情操、人格等等。“范”“导”的内容，学生在“范导式课堂”中表现出来的主体性的生存方式，都是德性的某种表现。从这个意义上说，范导式教学是学科教学立德树人的一个成功样例，其最值得肯定的就是对学生完整生命的尊重和关照。

二、范导式教学构成了一种教学模式的基本雏形

我曾经和朱志平做过讨论，问他为什么把范导式教学看作一种主张，而不是模式。因为在我看来，依照“主张”的本源意义，主张者，见解也，但范导式教学主要不是讲为什么做，也不是解释性的，而是讲怎样做，似乎更是一种模式。朱志平很谦虚，他说模式应该是经过千锤百炼反复实验并能够推而广之的定式，范导式教学还没有到这个份上。我只能本着对他这种美德的欣赏，把范导式教学看作一种教学模式的雏形。

第一，范导式教学是理论与实践的中介产物。教学模式往往是某种理论的简化形式，它可以通过简明扼要的象征性符号、图式和关系的解释，来反映它依据的教学理论的基本特征；它又来源于实践，是对一定具体教学活动方式进行优选、概括、加工的结果。朱志平在原来研究动态生成教学、课型范式及实施策略的基础上，用“范”“导”关系概括教学过程，形成操作框架，而这恰恰包孕了不仅仅是教学理论的相关思想元素，在理论与实践之间成功地架设了一座桥梁。

第二，范导式教学由四个基本要素构成结构框架，具有稳定性。我打开手机随手“百度”一下，“教学模式是在一定教学思想或教学理论指导下建立起来的较为稳定的教学活动结构框架和活动程序。作为结构框架，突出了教学模式从宏观上把握教学活动整体及各要素之间内部的关系和功能；作为活动程序，则突出了教学模式的有序性和可操作性。”结构化和因此带来的稳定性是可操作性的基础性条件。范导式教学有四个基本要素：真实性情境、发展性任务、多元化意义协商、创造性应

用。这些要素构成的程序，符合一般教学原理的规定性，老师们比较容易接受，能够较快上手，教学模式操作性的特点得以显现。

第三，范导式教学蕴含课程教学改革对教学本质的最新探索。在我看来，这个框架与人们倡导大单元教学背景下的项目化学习是相通的。项目化学习一般有情境、内容（任务）、活动、结果等要素，大单元教学往往是任务导向的，是以学生积极的学习实践为主线的。范导式教学孕育于大单元教学热起来之前，实在是难能可贵。

三、范导式教学充溢着时代意蕴

从他们对范导式教学基本要素的阐释，从那些意蕴丰厚的案例，可以看出，在理论与实践的双重探索中，他们已跻身于课程教学改革的前沿队伍。教学模式的创新，总是从自己理解的角度回应时代关切，总是努力在体现着时代精神，所谓“文章合为时而著”。新教学模式之“新”的全部意义，大抵在此。范导式教学以四个基本要素重构教学关系：

第一，真实性情境突破了传统情境观。传统情境大都也在激发兴趣，但其选择的对象及呈现的时机，还比较模糊，我戏称为“撩拨学生”。有的老师认为它是教学的“暖场”，而范导式教学的情境，可能是真实任务赋予的，可能是真实体验感受的，可能是实在的或虚拟场景营造的，可能是认知和情感有机结合的，甚至也可能是知识内涵（如语文文本意义）与学生精神成长相融通的。真实性情境必然带来真问题（任务），形成真探究，实现真正的学习。

第二，发展性任务强调有的放矢地抓住学科知识的关键点、问题的疑难点、认知的模糊点，在学生学习的“最近发展区”设计任务，本身就体现了这一“准教学模式”把教学定位在动态发展的指向。

第三，多元化意义协商突出以学生为学习主体，突出学习共同体的构建，突出在对话中实现深度学习。其中“促进学习者的图式更迭”尤有意义，恰如西方有些学者强调的，教学的关键不在教给学生许多细节，而在于引导学生重构认知框架、认知图式。我们常说为了理解的学习，理解知识的重要表征是新知与已知融通，让新知使知识结构更丰富、更优化。我们常说知识的迁移应用，知识只有结构化、图式化了，方能迁移应用。我们常说学习中能够“带得走”的东西，结构、图式无疑是其主体内容。

第四，创造性应用，在我看来，似乎包含了大单元教学学业评价的要求。从一般的方法“应用”变为教学过程的“关键元素”，不知是不是受核心素养对教学的引领性影响。所谓核心素养，关键看复杂情境中问题解决与创新能力，创造性应用显然着力于此。

我在这里对范导式教学基本要素做些列举式解读，未必都符合朱志平的原意。我只是在强调，教学模式的创新一定是要有新意的，范导式教学新意迭出，是可以看作新的教学模式的；有时加上“准”，是对志平的妥协，当然还因为它有深化研究的广阔空间。

四、范导式教学为老师们的教学创新提供了许多积极可能

第一，范导式教学立足的理论基点是生成性教学。生成性教学认为学习是一个主动的过程，学生是作为主体在主动建构的。从生成性教学的视角设计教学，就要充分尊重学生的主体作用，充分考虑教学的不可预测性。即使是预设，教师也必然需要体现创造性。

第二，范导式教学特别重视“偶发性事件”，这是在充分认识到教学不可能完全预设的前提下提出的。教学预设要充分考虑生成的丰富性，要着眼于生成性预设，但又要考虑教学具有不可控制性，要给生成留有足够的空间，有适应“偶发事件”的变向和调整，这就需要老师有教学机智，需要其临场发挥。

第三，范导式教学不仅在全过程，而且在于每个要素都体现生成观，如：情境的创设，只要与真实生活融通，就必然带来开放性；发展性任务的设计，发展在哪个螺旋式上升的节点上？又怎样发展？在班级授课制的体制安排中，每个个体怎样发展？任务的多维度怎样统整？等等，都寄希望于老师们的理解和创造。多元化意义协商中的“协商”即对话。对话基于“思维的无限性”，其本身就是“潺潺流淌的思想河流”，对话的价值在于生成新的思想、新的关系、新的自我，而教师在其中具有主导作用，在一定程度上，是教师决定对话能否实现和对话走向是否正确。范导式教学的创造性应用是指学习者在生活、生产、学习等日常活动中或真实的环境中，能够灵活、恰当地运用所学知识、技能，分析、探究具体任务或完成所需要解决的问题。它需要结合学科特质、课型特征、教师特长、学生特点、地域特色等等，富有创造性地设计和引导。

第四，范导式教学包含了对师生关系重构的期冀，朱志平主张“范”“导”也可以以学生甚至一切学习相关者为主导。在新的学习共同体中，主体是多元的，师生关

系、生生关系是相互映照的，这特别需要教师以博大的胸怀认识自我，认识学生，重构课堂，重构教学。

第五，范导式教学具有开放性。他们提出，范导式教学的各个要素可以不从程序性角度理解，要素之间可以融合，可以重新排列，某个要素可以一以贯之，比如多元化意义协商可以在所有要素落地时体现。另一方面，范导式教学需要教师根据自己面临的真实性情境做出适宜的处置；范导式教学不强制教师刻板地走程序，而是希望教师充分发挥主体创造性，在“大体则有”（人们讲文章体裁有“大体则有，定体则无”的说法）的基础上，“寻找属于自己的句子”，创造自己最好的教学。

第六，范导式教学从课堂生成性出发，对教师素养提出很高的要求。面对充满不确定性的课堂，教师怎么坚守住以学生发展为中心，用这个确定性去统驭所有的不确定性，这需要强大的专业信念与教学决策力。也就是说，面对不可预料的意外，教师可以“知之为知之，不知为不知”；但如果有丰厚的知识储备，总能像顾泠沅教授所说的，“明白之人使人明白”，这岂不更好？同样，课堂教学的变向和调整，是需要教师有很高的调控能力和创造性的，对教师的教学能力无疑提出更高的要求。这些都需要老师不仅要创造性教学，而且要创造性发展自己，这当然也是教学相长本身的意蕴所在。

朱志平说，范导式教学还需要在实践中丰富和优化，这也是基于他们对课堂教学的拓展性认知与实践探索。对课堂教学的探索，是永无止境的。从我对他们过往研究的认识来看，他们确实是一支特别能战斗的队伍，通过他们的不懈努力，这个“准教学模式”的“转正”是可以期待的。

（本文发表于《江苏教育研究》2019 年第 29 期）

让每个儿童按照自己的节奏成长

——小学语文差异化教学的实践探索

在山海相拥、人杰地灵的美丽城市连云港，陈红小学语文名师工作室从十年前开始研究“共生语文”与“差异化教学”。“十年磨一剑”，十年的笃定认真，十年的风雨兼程，工作室实实在在地秉持“让每一个儿童按照自己的节奏成长，让每一个孩子成为独特自己”的教育理念，探索出可操作的路径，促进了众多学生的差异成长，也给各位老师带来有益的启迪。

一、差异化教学实践源自关爱儿童的情怀

陈红儿时的理想就是“长大当一名好老师，让自己的每一个学生都好好学习，天天向上”。这是她教育生涯的初心，是她淳朴本真的情怀。走上教育岗位以后，她本着对学生的真爱，刻苦钻研，努力上进，较快成长为一名具有影响力的特级教师。难能可贵的是，陈红对教育实践有着细致入微的观察与深刻的反思。她注意到，大家都讲教育爱，可为什么在学生个体那里，并非每一个人都能感受到春风拂面？她认为现实生活中的不少时候，学校教育往往只是关注共性，对学生统一要求齐步走，一把尺子量到底，更是动辄给学生扣上“差生”的帽子，给学生的发展带来深刻的负面影响。陈红认为，正如苏霍姆林斯基所说，“每个学生都是一个独一无二的世界”[①]，真正的教育爱，就是要把爱的阳光播撒到每个孩子的精神世界。陈红这种原始的动力验证了萨万乔尼在《道德领导》中描绘的校长领导力的基本框架：

为师者，当有师者之心——情怀，师者之脑——思考，师者之手——能力。这三者由情怀发端，循环往复，不断提升。陈红差异化教学实践正是如斯前行的。

二、差异化教学实践基于科学严谨的理论

陈红的差异化教学实践有着坚实的理论支撑，近年来，她广泛涉猎教育专著，汲取理论营养，这使得她的教学改革更有底气，更为自觉，也更具说服力。

*一是儿童主体性发展的理论。*拉尔夫·泰勒说："学习是通过学生的主动行为而发出，学生学习取决于自己做了什么，而不是教师做了什么。"[②]蒙台梭利认为："激发生命，让生命自由发展，这是教育者的首要任务。"[③]主体力量激活了，基于差异性的个体发展才有可能，小原国芳描绘的"松竹相别菊堇各异的、独一无二的美妙世界"[④]的教育愿景也才会实现。

*二是多元智能理论。*传统的智力理论认为语言能力和数理逻辑能力是智力的核心，智力是这两者整合而成的一种能力。加德纳提出多元智能理论，对一元智能理论提出强有力的挑战。多元智能理论提示我们，每个学生都可能有其独特的智能擅长和欠缺区域，教师需要正视学生的差异，保护学生的自尊。这为有效实施差异化教学提供了心理学基础。

*三是教学过程最优化理论。*差异化教学的一个重要理论基础是巴班斯基的教学过程最优化理论。"教学过程最优化"就是从顺利解决教学任务和合理消耗师生时间的观点出发，有科学依据地选择并实施既定条件下最佳的教学方案。该方案能够尽量确保学生在完成各项作业任务过程中进入最近发展区。同时，教学过程最优化的方法中包含了争取对学生区别对待和个别对待的方法要求，要求把全班的、小组的和个别的教学形式最优化地结合起来。

三、差异化教学实践孕育了日益成型的思想

2009年前后，陈红老师认识到语文教学的核心目标和价值追求就是"共生"，即共同生存、共同生活、共同发展。这个观点和主张日趋明朗后，她进而提出"共生语文"的基本设想。在"共生语文"的研究推进中，她意识到"共生"和"差异"是不可分割的相互依存关系，追求共生的前提是直面差异。华国栋教授认为，差异化教学

就是在班集体教学中立足于学生的个性差异，满足学生个别学习的需要，以促进每个学生在原有基础上得到充分发展。[5]只有每个个体得到发展，"共生"的境界才能达到。作为一名优秀的语文特级教师，陈红基于一种学科偏爱，在实践中悟出了语文更应重视差异化教学理论的道理。她认为：语文教材里的课文，都是作者通过独特的人文体验有感而发形成的，而语文学习在一定意义上又是每一个个体与文本、与作者独特的对话。"一万个读者，就有一万个哈姆雷特。"尽管都是哈姆雷特，却因读者的多元解读，其形象又具有个性烙印。同时，语文学科要肩负培养侧重形象思维的思维力、审美力、想象力、创造力的使命，而形象思维具有个性光泽。在"理直气壮"的基础上，陈红的团队又概括出差异化教学的基本特征，探索出差异化教学的基本策略，从而使她的小学语文差异化教学基本成型。因为想得清楚，所以他们做起来也就比较顺手了。

四、差异化教学实践贵在操作体系的构建和坚持

因为学生个性迥异，发展潜能不同，所以实施差异化教学，必须先研究学生。学生与学生之间的差异是一种丰富的学习与教育资源，加以充分发掘和利用可以开创语文课堂教学的新境界。陈红老师基于学生不同的家庭背景、不同的学习兴趣、不同的学习动机、不同的学习能力、不同的学习风格等，力所能及地为学生提供适切的支持，设计出以下实施策略：

一是固定课程与选择性课程相结合的策略。为了满足不同班级学生对课程的不同需求，满足所有学生的发展需要，他们对现有的国家课程、地方课程、校本课程进行整合，通过分层、分类设计，在切实抓好国家课程教学的同时，开发出近200门校本课程供学生选择。每位语文教师都开发了诸如"诗词会""我爱小古文""名人访谈录"的特色班本课程，而且已经将课程推广至更大范围。在课程实施中，任课教师与课程绑定，学生自主选择任课教师，进行"教师不动学生走动"式走班教学。这些分类别、分层次设计多样的、供学生选择的课程内容，满足了学生个性发展的需要。

二是课程实施关注不同个体的策略。首先是目标拟定层级式。教师应根据语文课程总体目标以及学生个体差异，制定差异性的教学目标，满足不同个体的需求。其次是学生学习选择性。教师要将语文课堂从"教师中心"转为"儿童立场"，

推动学生生长过程中生命意义的建构。在学习中,尽可能少一些统一性的指令,多给学生一些自主选择学习的权利,让他们根据个人的喜好和需求,在一定范围内选择适合自己的学习内容。最后是理解感悟独特化。课堂上,学习中,很多时候不同学生的理解会有差异,师生的理解也会有不同。这时候,教师要努力站在儿童的立场上,允许他们发表不同的意见或建议,让他们个性化地阅读、理解、感悟,真正拥有表达的机会。

三是共性作业与个性作业相结合的策略。首先,设计菜单式作业,让学生自主选择。教师面向全体学生布置作业的同时,更要考虑各个层面学生的学习需求,使每个学生都能在完成不同难度和不同数量作业的过程中有所收获,并能享受到成功的喜悦。其次,设计练习菜单,使学生人人受益。教师根据学生知识水平和思维能力的差异,设计“必做题”“选做题”;根据学生的基础不同,设计“基础题”“加强题”“拓展题”等。这样,既能使优生“吃饱”,又能使学习暂时有困难的学生“吃好”,还能使中等生“吃饱又吃好”。最后,特置免写作业,解放学生。教师可以根据学生对学习内容的掌握情况,让一部分学生享有不写教师布置的家庭作业的权利,让他们有更加充裕的时间去阅读、摘抄,从事研究性学习,发展兴趣爱好,并让这些学生定期分享自己的学习成果。

四是评价从单一化走向多元化的策略。每一个学生都是与众不同的个体,教师要为每一个学生设计一把尺子,量身定做适合学生成长的评价方式,让评价把学生的才智和潜能最大程度地激发出来,使学生成为最好的自己。陈红团队在差异化教学实践中,变单一的教师评价为学生自评、学生互评、教师评价、家长评价、社区评价、导师评价相结合的多种评价。评价由单一形式走向多种形式,由单学科走向学科整合,有个人独立承担与小组合作,有必考与免考,有固定内容与选择内容,实现了学业评价素养化。此外,他们还分析归纳出语文差异化课堂的表征,设计出基于差异理念的语文课堂学习观察表,建构出语文差异化学习的流程,这些都是切实而有效的实践。

五、差异化教学实践收获于师生共同发展

陈红说:“因为直面差异,我们看得见学生思考的原点;因为认可差异,我们看得见学生思维的运作;因为帮助差异,我们看得见学生思路的发展提升。”差异化教

学因为尊重学生的身心发展规律，承认学生的个体差异，珍视并培养学生的独特个性，从而真正地让每一个学生都按照自己的节奏成长，让每一个学生都得到差异化发展，实现共生、共长、共进。

在学生进步的同时，教师因为长期关注学生、研究学生、唤醒学生，采用适合学生发展的策略教学，也直接提升了专业能力和教学成效。在差异化教学的实践研究中，陈红名师工作室的21名成员教科研能力和教学水平得到了“最优化”的发展，其中，3名成员成为江苏省特级教师，1名成员成为“江苏人民教育家培养工程”培养对象，5名教师被认定为“港城名师”，7名教师被认定为市级“教学骨干”，7名教师在省、市级优课、基本功大赛中获一等奖。更重要的是，差异化教学的经验会给同行们以启迪和鼓舞，从而发挥更大的效益。

（本文发表于《江苏教育研究》2019年第9期）

参考文献：

① 塔尔塔科夫斯基《苏霍姆林斯基的一生》，教育科学出版社1986年版，第86页。

② 拉尔夫·泰勒《课程与教学的基本原理》，人民教育出版社1994年版，第23页。

③《蒙台梭利早期教育法》，中国发展出版社2006年版，第73页。

④ 小原国芳《完人教育论》，瞿葆奎《教育学文集》（第4卷），人民教育出版社1989年版，第318页。

⑤ 华国栋《差异教学论》，教育科学出版社2007年版，第16页。

“打开”天地新

几年前，我曾写过一篇题为《让课堂向四面八方打开》的文章，吴金根校长多年来潜心研究学校管理，思考并实践“打开的教育”。可见，在教育教学的开放性上，我们“所见略同”。不同的是，我只是在说，吴金根校长则主要在做，而且做出了成效。在他那里，教育“打开”天地新。

“打开”是一种解放

金根说，教育的出发点及其归宿是人。“打开”意为“解封”，“打开”意味着“激活”。“打开”本质上就是追求人的解放。这种解放有着鲜明的现实针对性。

一者，传统教育见分数不见人。我曾见过一位三年级的教师上课，面对学生言之有理的多元解读，硬是要学生回答“唯一”的正确答案是什么，我和她探究缘由，啼笑皆非。可见，高考的影子已经很早就笼罩着教师的教学行为。这种感觉，金根校长一定会更为强烈，否则他就不会大声疾呼“打开”了。

二者，传统教育往往用单一性对待多样性、差异性，要求学生适应学校、适应教育。金根校长赞成“适合的教育”，而且认为“适合”就是选择、实践，再选择、再实践，就是教育适合学生，学校适合学生。只有“打开”，别无他途。

三者，传统教育的观念总是以成规保证运行的。这些成规有些是制度，成为应试文化的刚性表达；有些是规矩，约定俗成，潜在地规范人们的行为。成规无处不在，它总是使人异化。我曾经举过这样的例子：20 世纪 80 年代，一批哲学界的学者，曾扪心自问思想启蒙运动的意义所在，其中一位说："人啊人，永远是我们的《国际歌》！"这样的高见在教育界同样合适，人，永远是我们应当唱响的《国际歌》！吴金根校长心念人的解放，让人自由，给人希望，于是在他的一亩三分地上，尝试以"打开"实现人的解放。

"打开"是一种发现

第一，从模糊到清晰的发现。由于传统观念的影响，教育中许多常识性的东西都被屏蔽了，打开就是"去蔽"，就是让本来的东西清晰起来。比如，对校长、教师、学生的角色，正是"打开"，让金根的发现清晰起来。仅以校长角色说，金根自述从 2000 年走上校长岗位，就努力"发现着校长""回答着何为校长"。正是"打开"了，他知道校长不仅是上传下达，不仅是听命、执行，不仅是管细、管死。校长是"教师"（必须做好教师的事情），是"管家"（必须做好管理的事情），是"水手"（必须把握好行船的行道），是"鼓手"（必须奏响、奏好事业战鼓），是"旗手"（必须冲锋陷阵，抢占制高点），是"镜子"（必须光平、焦准和影正，反射出职业的光亮），是"耕者"（必须耕好自己的"一亩三分地"），是"信者"（必须言行一致），是"智者"（必须借力、给力、发力、聚力），等等。

第二，从狭窄到辽阔的发现。"打开"本身就是相对封闭、狭窄而言。吴金根知晓教育的内在要求，从"新人"的素质要求，从"一路向好"的未来意识，明白自己和学校的"已有""没有""需有""想有""能有""会有"，去谋划学校的发展，就有了几分海阔天高的感觉。

第三，从现象到本质的发现。有的校长内心深处"以教师为敌"，整日想着管住、管死教师。金根对教师的价值认可度很高，他自己发表的相关文章就有《发展教师是校长立身和学校立校之本》《小学专家型教师的生成、发展与超越的策略研究》《优质均衡：教师队伍建设的策略研究》等。他认为，每个班子成员都要明白自己首先是教师，需要站在教师立场思考问题；是伙伴，需要帮助教师解决问题；是领导，要给教师发展正确的引导。教师的发展要打实根本，生成内在动力；构造环境，催生教师立业、成业、创业；创生机制，激活发展潜能；营造氛围，为向前去鼓掌加油。他的一些表达是具有个人色彩的经验型话语，但其中不乏对本质的把握与表达。

“打开”是一种创造

打开是手段，发现是前提，创造才是目的。

吴金根校长的“打开”教育，创造的首先是一种人际关系。金根对师生、对学生家长，可谓赤诚相待，心灵敞亮。前面三则故事，都是基于打开心灵之门的。只有心灵打开了，才能拥抱，才能温暖，才有真情回报。一句“心语”，是一把“开心”的钥匙；一张名片，是与家长沟通的情感桥梁；一个行动，融化了心灵的冰冻。正是心灵的打开，新的人际关系的构成，人文管理才真正生根。

其次，金根的“打开”教育创造了好的教学范式。师生的解放，在课堂教学中表征为新的教学范式的形成。这种范式有“乐”“实”“活”三个维度，“乐”侧重在情感，有兴趣，爱学习，爱探究；“实”侧重在认知，踏实，平实，扎实；“活”侧重在能力维度，思维活跃，举一反三。这种范式有先学、研学、拓学基本流程。“先学”激发求知欲，明确方向性；“研学”吸纳他知，破解难知，提升我知；“拓学”修补原知，衍生新知。这个范式有学习共同体的合力，学生研学先行，教师智慧介入，活动全员参与，课外自能“行走”。一如金根其人，这个范式是实实在在的，又是开放灵动的。

再次，“打开”的教育生成新的管理规范。金根的“打开”破除了一些成规，但他深切地认识到没有规矩，不成方圆。他说，现代管理，应是对人性的进一步把握，是为人成事、成功和成就的一种服务，一种激活，一种开发。基于这样的认识，建立管理规范，道德领导。人文管理的亮度照注其中，于是制度有了魂，有了生机，有了向心力。金根说，人文的柔情管理就是要以学校领导的人格魅力感召人，以发展的愿景激励人，以事业的机遇成全人，以学校的文化熏陶人，以纯真的感情维系人。我想，金根讲的故事就是一个个佐证，体现着制度的力量、文化的力量、情感的力量！

最后，金根的“打开”创造了一个新的自我。校长的事业是在成就师生的过程中成就自我，金根“打开”教学的过程，是一个不断反思、不断探索、不断完善的过程，于是他在变化，他在成长。我曾经给金根画过像，送他三个字：土、实、韧。现在看来这三个字的内涵要进一步充实。单说第一个字，金根是我认识的名校长中比较“土”的一个，这不仅是长相的粗粝敦实，更在于他话语的蹦蹦跳跳，不成章法。正是“打开”，他的“土”更有了现场感，更具生动性，经常让人会心一笑。细细品味，因为他的阅读与思考，实践与提炼，他的“土”中有了许多哲学的元素，左冲右突的语言中时常是辩证思维在推动。而他的“实”在于干货的增加，在于他创新的不少东西可看见、可操作、可品味，已经是一种升华了的精神果实。他的“韧”是一以贯之的，坚持做，百折不挠地努力，他的“土”与“实”则成为“韧”的有力支撑，使他想做事、能做事、做成事。于是，金根就令我们刮目相看了。

（本文发表于《江苏教育》2018 年第 5 期）

创造丰盈蓬勃的人生

收到朱小敏校长发来的《江苏教育》约稿材料时，我正在又一次阅读塞利格曼教授的《持续的幸福》。塞利格曼说，追求幸福是在创造丰盈蓬勃的人生。他认为的幸福包含5个元素：积极情绪、投入、人际关系、意义和目的、成就。在我看来，朱小敏为塞利格曼的幸福理论提供了一个鲜活的案例。朱小敏的性格中充溢着幸福基本元素的光泽，她正在努力创造自己以及同事们的丰盈蓬勃人生。

一、积极情绪是朱小敏性格的底色

积极情绪是人们感知世界、理解生活的基本态度。为人生建立未来导向，遇事喜欢往好的方面想，善于生成欢喜、温暖、舒适的情绪感受，塞利格曼把在此元素上形成的成功人生称为“愉悦的人生”。朱小敏正是这样，整天都是笑眯眯、乐呵呵的，向上向好，总是在就着现实追求理想。2009年，朱小敏调任新镇小学校长，从学校7位昆山市教学能手的专业进步抓起，以自己成长经历为例子，说明只要对自己下狠劲，勇于爬坡，总是会领略到不一样的风景。她还帮助教师分析乡镇学校教师专业成长的优势，领着教师制订发展规划，落实公开课，撰写教育教学论文。3年后，这7位老师中有5位被评为昆山市学科带头人，2位被评为昆山市学术带头人。更重要的是，在这个群体的带动下，全校教师都被激活了，互相影响，互相激励，使学校的发展跃上一个新的台阶，朱小敏的校长人生也有了良好的开端。

二、忘情投入是朱小敏的基本状态

在塞利格曼的幸福理论中,"投入"指的是完全沉浸在一项吸引人的活动中,调动全部认知和情感资源,集中全部注意力,甚至达到人、物一体的境地。塞利格曼把以此为目标的人生称为"投入的人生"。塞利格曼说,"投入"的重要内涵是喜欢学习新事物。朱小敏最大的优点就是好学,她的学历进修,从中师到硕士;研习的领域,从中文到法学,甚至跨界在1997年通过了司法考试。有一次,朱小敏邀请金生鋐教授和我到青阳港学校和她的团队一起讨论小学生好习惯的养成。这是朱小敏长期深入研究的领域,我们较少关注。于是,我提出把她读的书带着我们翻翻。到了会议室一看,哇,满桌子都是关于习惯养成的书。她告诉我,这类专著她认认真真读过57本,可见她是下真功夫的。作为校长和学科领军人物,她对工作是迷恋的,投入的。青阳港学校是九年一贯制学校,对于长期在小学工作的朱小敏,主持校政是极大的挑战,她夙兴夜寐,殚精竭虑。在学科教学研究领域,她负责编写的校本教材有5套26本;参与编写并任编委的国家课标教材《品德》《道德与法治》有3套;独立著作有3本。朱小敏求学、读书、研究、提升领导力,发现并建立自己的品格优势,把自己的生命与学问、事业融为一体,创造出不断前行的"投入"人生。

三、人情味是朱小敏的重要表征

塞利格曼在书中提及,有人请积极心理学的创始人之一克里斯托弗·彼得森用两个字来描述积极心理学是讲什么的,他回答说:"'他人'。在一定意义上,幸福在关系中。"作为校长,在关系构成上,更有一种主导性作用。朱小敏是充满人情味的校长,她尊重、信任、关心、帮助每一位员工。对于教师的困难,她总是不遗余力,充分调动、激活资源。对于教师的专业成长,她更是注意满足教师的追求。教师陶静娟的特级之路就是这样,陶老师有目标、有追求,朱小敏加以鼓劲,搭建平台,给予机会,成就了陶老师的特级之梦。青年教师尹弘敏追随朱小敏,专业实践不断改进,研究素养逐步提高。她参加江苏省首届思品学科青年教师基本功大赛,朱小敏对她进行全面辅导,大到课标理解,小到教学细节,都带领她反复研磨,最终尹老师获得一等奖第一名。

朱小敏说:“每每想到和教师、学生交往的故事,都会泛起幸福的感受。”正是积极关系,为朱小敏的人生营造了幸福的氛围。

四、意义和目的是朱小敏工作的内在价值

塞利格曼认为,意义指归属和致力于某样你以为超越自我的东西。自发的目标正是为了实现自己存在的意义。怎么实现意义呢?朱小敏在激活自己的使命感的同时,努力激活同事的使命感,建立终极的价值追求,为事业的发展打开更多积极的可能。2018 年 7 月,朱小敏轮岗至昆山玉峰实验学校任职校长,到那里以后,她认真梳理学校的文化积淀,带领团队外出考察学习,组织阅读《为未知而教,为未来而学》等书籍,认真研制校本化的培养目标和文化建设方案,扎实推进学校文化的整体设计,让学校朝着一个新目标稳步前进。

五、成就是朱小敏的终极追求

塞利格曼幸福 1.0 理论包含积极情绪、投入、意义和目的,他后来在反思中认识到幸福 1.0 只有“良好的感觉”这个维度,并因此提出幸福 2.0 理论,增加了人际关系和成就两个元素,使幸福理论超越了单纯主观的维度,使蓬勃人生的目标指向更为圆满完整。塞利格曼幸福 2.0 理论中的成就,短暂的形式指一般意义上的成功,长期则指成就人生,代表着终极追求。怎样实现成就呢?积极心理学家提出一个公式:成就=技能×努力。朱小敏在青阳港实验学校主持研制的“1234”教师专业发展模式,体现了较高的专业水准。

朱小敏带领教师拼搏奋进,她主政的学校都得到较好的发展,她自己的研究成果也先后获评江苏省基础教育教学成果特等奖、国家级基础教育教学成果二等奖。更为重要的是,她进入了一种生命状态,一种相当纯粹、相当沉恋的幸福 2.0 境界。我有一本名为《蓬勃生长欢乐颂》的书,我以为朱小敏那里展现的正是“蓬勃生长欢乐颂”的场景。

(本文发表于《江苏教育》2019 年第 12 期)

对话：生命境界的跃升

在苏州，有教育界同行戏称："潘娜这几年是在疯长！"我想，之所以这样说，不仅是因为潘娜的荣誉纷至沓来，更主要的是因为潘娜办学成就斐然，是因为潘娜在对话教育的文化实践中，实现了人生境界的跃升。

价值观是潘娜对话教育的第一个要素。"对话是一种平等、开放、自由、民主、协调，富有情趣和美感，时时激发出新意和遐想的交谈。"[1]但对话教育又有其自身特点，在学校场域中，教师，特别是有着校长身份的教师，总带有威权的印记。校长与学生交往，能不能真正形成对话，关键在于教师怎样为师生关系定位。我与潘娜校长有许多次交谈，她告诉我，提出对话教育，就是对以知识为中心、以教师为中心、以教材为中心的传统教育持有批判态度；她执教品德学科，选择对话教学，就是想不仅引导学生至善，而且让教学行为充溢着善的意蕴；她把对话教学推及所有学科，推及学校文化建设，就是期盼充满主体精神的孩子们茁壮成长。杜威曾说："概括地说，（旧教育的）重心是在儿童以外，重心在教师，在教科书以及在你喜欢的任何地方和一切地方，唯独不在儿童自己的直接的本能和活动。"[2]"现在，我们教育中正在发生的一种变革是重心的转移。这是一种变革，一场革命，一场和哥白尼把天体的中心从地球转到太阳那样的革命。在这种情况下，儿童变成了太阳，教育的各种措施围绕着这个中心旋转，儿童是中心，教育的各种措施围绕着他们而组织起来。"[3]潘娜显然是杜威这种思想的实践者，她致力于培养具有对话精神的儿童，让"德润文光"的学校精神照亮孩子的人生。正是树立了这样的核心价值观，她的立场很坚定，举措很扎实，成效很显明。核心价值观是贯穿一个人不同阶段、不同方面行为的根本观念。因为是根本观念，所以自然会渗透、影响她的执教，她的治校，甚至她的日常生活。也正因为如此，孩子们自然对老师怀有景仰之心，感激之意，挚爱之情。“你是人间的四月天”，师生之间“激发新意和遐想”的对话才有了可能。

能力建设是潘娜对话教育的第二个要素。对话是一种观念，一种立场，但是想对话不代表能对话。潘娜校长的对话教育一直重视能力建设。无论是学生，还是老师们，在平江学习共同体中，她都关注到：第一，重视基础知识、基本技能的学习。我赞成教育改革的方向是素养引领，基础为本。潘娜对我说，老师也好，学生也好，一定要有充实感。她赞成德育界前辈的说法，美德不能是一个空口袋。她清醒地认识到，教学中任何对话都基于学生脑海中的知识草案，她的学科对话模型体现了对学科学习认知图式的理解，他们学校学生的学业水平比较高，应该是与她的这种自觉意识紧紧关联的。他们教师团队的专业成长抓得很紧，潘校长说，就是要让老师们有对话的勇气，有参与的本领。每一次群体的讨论，他们都做极其认真的准备，潘校长认为，进入对话，要熟悉并遵循对话话题，要具备相关的知识储备，要有相互尊重和宽容的意识，还要有相互补充的思维能力，把这些基本功做好了，教师也就自然出息了。第二，重视对话方法的学习。对话是一种关系构成，这种关系是靠语言连接的，“语言，话语——这几乎是人类生活的一切。”[4]“话语是针对对话者而言的。话语，是连接我和别人之间的桥梁。如果它一头系在我这里，那么另一头就系在对话者那里。话语是说话者和对话者之间共同的领地。”[5]因此，怎么问，怎么听，怎么答，怎么议，都需要一定的“技术规范”。潘娜在教学时非常重视这方面的习惯养成，特别是言说和倾听，都有专门的训练。教师群体讨论，她的团队则在参与与共享方面有意为之，因而取得较好的效果。第三，关注思维和情感的贯通。对话是思想的交流，也是情感的交流。伯姆在《论对话》中，专门提及神经科学对大脑结构的研究，发现思维产生于大脑前额叶外部皮质的某个地方，而情感中枢则位于更深层的地方，二者由非常厚的神经枢所联结。通过这样的方式，它们之间建立了非常紧密的联系。参与对话，因为“思维和情感”构成了每个人“最本质的自我”，必须“按其本来的整体性和完整性来生活”。[6]我们感动于潘校长讲述的教育故事，很重要的是因为她的对话教育贯注着情感的力量。

审美性是潘娜对话教育的第三个要素。首先是关系之美。如前所说，对话是一种关系构成。何以言美呢？那就在于体现着心灵的润泽和精神的丰盈。金生鈜教授说：“对话不仅是教育交往的方式，而且也是教育情境。在对话中，教师和学生都为教育活动所吸引，他们共同参与、合作、投入和创造相互交往的活动，因此对话不仅仅是指二者之间狭隘的语言的谈话，这种对话更多地是指相互接纳和共同分享，指双方的交互性和精神的互相承领。”[7]于是，对话者之间的关系就有了纯粹的精神之美的光泽。在潘校长和师生的交往中，我常常对此有深刻的感受。其次是内聚力之美。群体的对话，“如果人们能够像激光那样以高度的内聚力来共同思维，就会生成无穷的力量”。伯姆进而说：“我们不但能够直接感知到这种内聚力，而且更要能在内心深处形成默契和意念。”[8]平江确实具有文化的内聚力，很多事情，老师们不需要吩咐，孩子们不需要提醒，自然而然地会去做，会去努力做好，甚至还可能创造性地做，那就是“默契和意念”在学校的文化土壤中发芽生长了。再者是人格的诗性之美。格式塔心理学提出“格式塔质”概念，格式塔强调完形、整体，“格式塔质”则意味着一种意蕴、气象的东西，或者可以称为人格诗意的东西。这种生命的完整性来自“我”和“你”的敞亮，精神真正相遇；来自个体与群体的和谐，营造出一种相互间如沐春风、心旷神怡的感觉；来自不断诉诸内省的诘问，在深刻的反思中实现自我超越；还来自总有更高一级的追求，以期创造更美好的人生境界。潘娜如斯！基于现实而向往未来，基于**自身内在完整而与他者相互映照，甚至物我两忘，融通共生，这样的人生是完整的，这样的人格是诗意盎然的**。牟宗三先生说，有两种人生，一种“向下堕”，一种“向上翻”。在我看来，潘娜校长一直在“向上翻”，她正是通过对话教育，实现着人生境界的跃升！

（本文发表在《江苏教育》2020 年第 6 期）

参考文献

① 滕守尧《对话理论》，台湾扬智交化事业股份有限公司 1995 年版，第 22 页。

②③ 杜威《学校与社会·明日之学校》，人民教育出版社 1994 年版，第 43—44 页。

④ 巴赫金《文本·对话与人生》，河北教育出版社 1998 年版，第 322 页。

⑤ 巴赫金《周边集》，河北教育出版社 1998 年版，第 436 页。

⑥⑧ 戴维·伯姆《论对话》，教育科学出版社 2004 年版，第 79、16 页。

⑦ 金生鈜《理解与教育——走向哲学解释学的教育哲学导论》，教育科学出版社 1997 年版，第 130 页。

以思维导图为支架的高中语文教学探索

江苏省如皋市教师发展中心的杜新建老师将思维导图引入高中语文教学，进行了卓有成效的语文教改实践。有三个方面，给我留下了深刻的印象。

一、让思维可视化

可视化是思维导图最为显著的特质，在杜新建那里，可视化有多重内涵。

首先是经典作品作者思维的可视化。经典文本是语文阅读教学的核心材料。阅读教学的第一要义就是“沿波讨源”、登堂入室，发现经典的奥秘，体验经典的魅力。艾略特说，经典有三个成熟：文明的成熟，心智的成熟，语言的成熟。心智的成熟也可以看作其他两个成熟的载体。我认为思维导图的作用之一就是还原与抵达，勾勒特定文本的样貌，揭示作者独特的创造性；而这种创造性可以通过一定的思维图式表现出来。解读经典作品，我们可以从常规的形象内涵、性格特点、美学价值等审美角度进入，可以从逻辑、文化角度进入，还可以从客观叙述角度进入。运用思维导图辅助理解文本，可视化的图式可以更好地拓展学生的思维空间，无疑有助于学生的深度阅读。在碎片化阅读、鸡汤式阅读盛行的今天，我们不能忽视经典阅读，不能忽视对经典作品的深度阅读，运用思维导图辅助阅读不失为一个办法。这一点应该引起语文老师的高度重视，希望杜新建老师在今后的研究中继续关注这一点。

其次是认知过程的可视化。不少人认为语文学习靠的是涵泳，讲究的是悟性，其实语文学习的认知过程也能做到可视化。语文学习中的提炼概括、鉴赏分析等认知行为都需要思维，既然有思维，就可以用思维导图展示思维的过程。既然能展现，也就能让学习者总结方法、迁移学习，从而形成能力、提升素养。教学《老王》时，杜老师发动学生绘制出以“解读文本”为中心概念的思维导图。图的第一层级从人物、事件、环境等要素展开，而这些要素内在联系的打通具有结构化的意义；第二层级以至其后各层级的展开，体现着“知其所以然”的深度探究，形成思维的纵深感，比较形象地揭示出认知过程，构成师生与文本的深度对话。

再次是思维发展可能性的可视化。杜老师推崇民主的课堂，鼓励学生各抒己见，畅所欲言。这种教学观在思维导图应用方面也处处留痕。他特别重视思维导图形成过程中的思维碰撞，鼓励学生绘制个性化的思维导图，同时倡导思维导图的开放性。对于发散性批判性思维，似有若无的、留有空白的思维，杜老师都引导学生在绘制思维导图时体现其特点。把握思维导图发散性特点，引导学生在构图的过程中思考事物的优缺点，思考与之相关的事物，思考相关联的各种可能性。这样，思维导图就有了内在的张力，就包容了新的生成性。

二、归纳与演绎的相互激荡

有一种语文教学观特别重视演绎，其阅读教学以文体为中心，其写作教学过分强调体系化。我个人认为语文学习应先强调归纳，在归纳基础上再强调演绎，二者螺旋上升，相互激荡。我以为杜新建老师的思维导图研究体现了这样的理解，而且有自己的创造。

其一，让归纳成为一种对话。感性与理性的对话。每一个独特的文本都是感性的，这些独特文本总有一些共同性、普遍性，形成一个作家或一个时代文学创作的特质，将之归纳出来就是珍贵的。杜新建老师在关于山水诗的阅读拓展课中，引导学生从先秦、汉代、魏晋南北朝、隋唐、宋辽金元明清的山水诗中，分别概括出先秦用山水“比附道德”，汉代用山水“烘托气氛”，魏晋南北朝山水清音与人会通，隋唐风格多样、情景交融，宋辽金元明清“陶冶性情”，继而勾勒中国山水文学的历史演进，这种学生建构的山水诗的整体图式是感性与理性交融的。个、组、班集体，老师、学生，形成多重对话。杜老师倡导学生个性化地绘制思维导图。在课堂教学中，往往让各组在感知文本的基础上分别绘制思维导图。难能可贵的是，师者每次都能尝试绘制思维导图。这样，凭借文本，个与组，组与组，师与生，构成广泛而深入的对话。

其二，以认知图式作为归纳与演绎转换的支架。认知图式是反应和经验的一种积极组织，是认知的建筑板块。杜新建老师以思维导图为支架，着力在归纳的基础上建构认知图式，比如中国古代山水诗应怎样阅读鉴赏，小说的情节应怎样概括，记叙文写作中应怎样积累个性化的写作素材，他都和学生一起构建出结构化且具有迁移价值的认知图式。这就为演绎提供了充分的依据。有些老师的语文教学难以实现归纳与演绎转换，原因在于未能很好地归纳，缺少恰当的支架。在杜老师的研究视野中，思维导图已经深深嵌入了他的思维习惯中，成为他教学中最主要的认知图式，起到了很好的教学效果。

其三，演绎后对归纳成果的再深化、再加工。认知图式的形成本身就包括了归纳学习和精细加工后的重构。如果我们建构了某种阅读与表达的认知框架，由此演绎开去，就又回到感性的个体的语文活动中。放出去再收回来，不是水平性的思维，不是平面的展开，而是螺旋形的思维——它回到的这个地方，是螺旋上升到达的一个新地方。这样不断地互相激荡，那么学生以思维为轴的语文学习，就如行山阴道上，目不暇接，美不胜收了。如杜新建老师在议论文的写作指导中，首先在赏析优作的基础上，让学生知晓增添议论文理趣需要考虑的几个维度，鼓励学生借助思维导图构建增添议论文理趣的认知图式，然后在写作训练中引导学生运用这样的认知图式。特别的是，他在引导学生运用认知图式的过程中，总是和学生一起探讨建立对运用认知图式情况的评价标准，并用这样的“尺子”多元评价作文；然后在此基础上引导学生进一步思考，怎样个性化地达到这样的评价标准，让每一位学生明确当前应怎样完善、未来应如何努力。这种演绎后的归纳，是真实发生的再加工，因为其间激发了学生的更多思维，容纳了更多学生的更多智慧，使得学习真正成为师生合作完成的、具有高思维含量的一件事。这样的写作指导显然是明智的，也是高效的。

三、在渐进中成熟

首先是杜新建老师的研究从阅读鉴赏起步，然后扩展到阅读拓展、写作训练、专题复习等语文教学的各个方面，基本实现了语文教学研究的全覆盖。特别在写作教学实践中，他在运用思维导图辅助写作思维训练的各个方面，都形成了自己独特的认识，这些在已经出版的《思维导图在记叙文写作中的研究》《思维导图在议论文写作中的研究》两本书中有详细的阐述。他的"习得新知—发散思维—写作训练—复作总结"写作训练模型很朴素，也很实用。其中蕴含的提升思维素养、读写合一的理念和实践很有价值。

其次是杜新建老师的研究从思维导图，到课堂结构即教学模式，再到"四主"教学原则，有清晰的研究轨迹。受钱梦龙先生启发，他总结出基于如皋高中语文课堂教学的"四主"原则：学生是学习的主人，活动是课堂的主板，思维是训练的主轴，评价是展示的主驱。这"四主"原则既关注课堂中的学习主体，也关注课堂中核心的教学行为和关键的操作策略，这样的探索值得鼓励。一种教学理念的提出若只停留于理念，是不能产生教学生产力的；但如果这种教学理念只是囿于模式，又是僵化的。他基于"四主"的教学原则又提出课堂应然的基本样态。我欣喜地看到，他的课堂实践探索没有教条式地固守模式，而是尝试进行灵活的变式研究，这样的研究态度是应该肯定的。

再次是杜新建老师不断吸纳学科前沿的研究成果，使思维导图一直处在时代语境中。他的研究和当前的高中语文教学改革紧紧关联在一起。他还把语文学科核心素养、任务群教学等近年来的语文教学改革新事物纳入自己的研究，并把他自己对课堂展示、课堂评价的新认识等符合现代课堂教学改革潮流的时新经验付诸自己的教学实践探索。如他针对课堂展示中评价环节存在的"标准不明""耗时过多"这两个问题，提出应该依据课堂目标以及具体的课堂任务设计简单可操作的评价表。他设计的评价表既考虑当堂课的教学目标，又考虑长期的素养提升；他还提出在课堂中实施分层评价，原则上所有学生当堂课都要达到基础等级，少部分学生当堂课应达到发展等级，其他学生通过以后的努力达到发展等级；他还设计出具体可行的拓展评价主体的方案。看到这样的设计，不难发现，这样的课堂教学操作便于教师及时做出有效的反馈，能有效地提升课堂教学效率。可贵的是，他的这些设想不只是停留在纸面上，从他的教学案例中我们可以清晰地感受到他一直在践行自己的教学主张。每一个读者都会自然产生这样一种认识：杜新建老师对语文教学的认识是具体可操作的，在自己的课堂中也是可以迁移运用的。

杜新建老师刚过不惑之年，处于这个年龄阶段的语文老师应该算是高中语文教学研究领域的中坚力量。我衷心希望他能“百尺竿头，更进一步”，在自己的专业研究领域收获更多的成果。

（本文发表于《江苏教育研究》2019 年第 12 期）

塑造名师的基本维度

经常和名师们打交道，总感到他们的品质中有许多是相通的，这里以黄艳梅老师个案为例，说说粗浅的认识。

基本形象。名师首先基本形象要好。王栋生老师告诉我，新课改不久的一天，他只带一支粉笔一本书就去上课了，那时每节课都有一张对老师的评价表，栋生老师下课时就对课代表说："我给你把评价表带到教务处去吧，免得你再跑。"评价表拿到手，王老师脸色变了，因为表上有一栏"信息技术与课程整合"，10分的分值课代表给了8分。王老师批评课代表："你们应该做诚实的人，讲真话，打个0分，为什么给8分？"课代表笑嘻嘻地解释："今天阴天，教室里很暗，老师一来就把电灯都开了，触电啦，可以拿分的。"我听了这个故事，立即对王老师说："栋生兄，这是因为你基本形象好啊！"我在听公开课时，也看到过执教老师对学生套近乎，但有位小男生就是不以为然。下课我和那个小男孩聊了一下，他悄悄告诉我："老师，你不知道，他平常可凶呢！谁理睬他！"可见基本形象好坏大不一样。具体来说，好的基本形象主要表现在三个方面：第一，是一个"好人"。好人，最重要的是有积极的生活态度。一个人经常表现出来的比较稳定的态度特征，会使他的人格、情感染上一层特殊的色彩。"我来到这个世界，为了看太阳"，他必然给人正向、阳光的"形象"。这是所有健康的职业形象的共同要求。第二，符合教师的角色规范。在社会生活中，人们通常以那个行业的角色规范打量具体的社会人。这里的角色规范未必是条文式的标准要求，而是千百年来，至少一段时间以来（一些新兴职业没有千百年可言的），人们积淀的职业理解和文化认同。比如教师，“要像个教师的样子”，可谓言简意丰。第三，热爱学生。积极健康的生活态度，落实到职业生活中，就是对学生的爱。教育就是爱的职业。对照这三条，黄艳梅都是立得住的。听她讲过一个面包的故事，可见她作为一个“好人”“天生丽质”，“谨守本分，简直深入到我的骨髓里，以至后来漫长的岁月里，我甚少犯错几乎可以免检”。作出这样的自我鉴定我相信她是很有底气的。正是这样的生命底色，使她作为人民教师，一定符合角色规范。爱学生是教师的天职，黄艳梅认为师爱中应有悲悯情怀，有此才爱得坦荡真切，还有要高于母鸡护雏的智慧之爱。她在轮岗时吐露过这样的心声：我们常对老师们说要善待每一位学生，那做校长的怎么能嫌弃薄弱学校？求索艰辛化为生命甘甜，学校师生对她的喜爱和留恋足以证明她的师爱深厚、真诚。

根本理念。《易经》曰：“形而上者谓之道，形而下者谓之器。”名师区别于教书匠的重要之处，是名师有形而上的追求。教师职业的形而上，就是师者把自己对教育的理解凝练成核心价值观。核心价值观就是贯穿不同阶段、不同方面的根本理念。有了核心价值观，我们所有的追求就有了根本的精神，它又内在地、潜移默化地影响我们所有的工作。这样一种根本理念，在名师那里往往有三种表达方式，一种是教育哲学，比如斯霞老师的“童心母爱”；又一种是教学主张，比如李吉林老师的“情境教育”，邱学华老师的尝试教学；还有一种是教学风格，比如于漪老师的情感激荡，于永正老师的精致大气。从这些表达中，都可以看出诸位名师形而上的追求，都可以触摸到他们的价值追求、根本理念。具体到黄艳梅呢？在我看来，让学生在表现中成长正是她的核心价值观。这样的根本理念可以贯穿她的教育生涯，也是她对学生的热爱具体落实的一条路径。诚如艳梅介绍，在语文教学中，她是以写作为语文素养培育的突破口的。作为同行，我与她的认识不完全一样，我是赞成写作是阅读下的“蛋”。我自己做语文老师时，似乎是重阅读轻写作的。记得当时校领导跟踪我的课，就批评我的写作教学比不上阅读教学。但是和黄艳梅老师多次交流后，我认同她以写作为突破口的价值追求。语文学习大抵有向内向外两个方面，向内是涵育身心，向外是以言行事，以言取效。语文又是一种能力科目，实践性是其重要的本质属性，语文学习自当是以积极的语文实践活动为主线的。学生向内的涵育需要一个“出口”，需要“做”“表现”，而这种“做”“表现”本身又有涵育的功能，这样的由内而外、由外而内的互动、激荡，方能促进学生语文素养的提升。语文如此，培育其他学科以及超学科的素养，概莫能外。黄艳梅以表达为主线的“言语主题”单元教学、京剧文化进校园的校本实践、剧场空间教育探索，无一例外，都是让学生“出场”，给学生充分的表现机会。可以说，让学生在表现中成长，这样的核心价值观照亮了她的教育天空，照亮了她的教育生涯。

实干精神。名师不是“说”出来的，而是“做”出来的。在仰望星空的同时，名师自当脚踏实地。名师的高度是一节一节高质量的课叠就的。上好课是名师的看家本领。教师专业发展唯一的途径就是专业实践改进，为了改进专业实践，通过专业实践改进，进而改进了专业实践。专业实践最主要的内涵就是站稳课堂，把课上好。名师的进步也是通过具体项目“做”出来的。学校变革往往是采用项目化的方法；老师们基本问题解决和创新，很多的思考和探索，也都往往凝练成教学改革的项目；行政部门、教科研部门、兄弟学校也有许多合作项目。从教师专业成长的角度看，说是“项目育人”似乎并无不妥。环顾四周，哪位名师手里不至少有一个项目呢？名师的影响往往是伴随学校品质提升过程而扩大的。不少名师也是名校长，即使是一名普通教师，名师在学校也具有学术地位，有学术影响力，他们大抵上也是非组织、非体制安排的课程、教学领导者。教师和学校，一损俱损，一荣俱荣，利害相关，休戚与共。有的名师实至名归，名气很大，很重要的是，无论是主政学校，还是作为专业领袖，他们对学校的进步都做出了卓越的贡献。名师的地位也是随着专业成长共同体的进步水涨船高而形成的。现在的名师，作为专业领袖，制度安排赋予他们培养青年教师的重任，领衔着名师工作室。即使不是组织行为，事实上许多名师身边也集聚了一批同行特别是青年教师。名师和共同体的老师们相互学习，相互促进，他们在成就青年教师和同行的同时，教学相长，也在不断跃升之中。上课、做项目，参与学校教学改革，带领青年教师成长，这些都需要名师们脚踏实地，手抓留痕，扎扎实实地去“做”，一步一个脚印往前走。黄艳梅老师也不例外。她是“双肩挑”人员，学科教学主张鲜明，办学实践项目在手，一直是个“大忙人”。她领衔市特级教师工作室和省名校长工作室，是将工作和生活早已融为一体的“惜时人”。她是务实耕作的教育实践者，也是青年教师成长路上的引领者。

研究品质。梁启超先生说过，做教师，一方面可以教学生，一方面可以做学问，可以享受两种人生趣味。名师大抵如此，我曾经多次和老师们分享一位美国专家的至理名言：“写作是唯一的，在你和不可能之间。”正是因为研究，因为写，许多老师把不可能变成可能，把可能变成现实，自然而然地成为名师。黄艳梅老师也是如此。她的剧场空间教育，从京剧到“剧课程”，到剧场空间，经历了艰难的历程。她认为，戏剧与教育有着共同的人性表现基础，但从戏剧到教育的打通、融通是有难度的。难能可贵的是，黄艳梅发现了“剧场”这个原型，一出戏的生命开始于创作者的头脑中，最终进入的是观众的头脑和记忆，而剧场正是这一过程发生的地方。由此拓展到空间，空间不仅是一个客观的空间，还是主观的空间，空间还渗透着多种社会关系。剧场是客观化的存在，而空间可以流动、建构、绵延，彰显人的活动样式。黄艳梅将剧场空间的隐喻意义置于教育学语境，剧场的所有的基本元素都存在于教育之中。艳梅和我讨论剧场空间教育，有好几次，我留给她的话都是“再想想”。然后，她又开始一轮读书和思考，在每一次“再想想”中深入探索，体现出孜孜以求的研究品质和理论创新的勇气。思考、实践、总结，黄艳梅通过写作将研究成果分享出来，把模糊的变为清晰了，把不可能变为可能。于是，我们感觉到她总是拾级而上。

总之，名师成长有不少共同规律：基本形象要好，是一个好人，一个合格的教师，一个热爱学生的优秀教师；树立根本理念，有着行而上的追求，以核心价值观统领自己的专业实践；富有实干精神，课堂教学质量高，教改项目做得好，参与学校变革，和同行们亲密合作，共同进步；具有研究品质，通过研究，把许多不可能变成了积极的可能。黄艳梅老师的成长，正是这四个维度共同合力的一个成功案例。

（本文即将由《江苏教育》发表）

走向结构化

吴玉国老师主持的前瞻性教学改革项目“小学数学结构化学习的实践研究”，实在是一块难啃的硬骨头。玉国信任我，多次和我这个对数学几乎一窍不通的人讨论，这种讨论，几近热烈，但总难深入。下面记录的是我对这个项目的一些感觉和印象，仍然算作是和玉国以及关心小学数学结构化学习的老师们在做讨论，以期对这个问题的探讨稍有深入。

一、结构化学习的基本特征

玉国提出小学数学结构化学习，主要是基于现实的问题发现，即以知识点为中心的教学主宰小学数学课堂经年已久、根深蒂固，学生所学知识碎片化，学习过程被动化，知识存贮惰性化。但发现问题离解决问题的距离尚远，离在问题解决中创新更远。而问题解决与创新首先不在“怎么做”而在于把“是什么”说清楚，在这方面他花了很大功夫。在人民教育家培养工程培养对象的教育思想报告会上，他介绍了理论探索的历程，让我们知晓他的小学数学结构化学习有着深厚的学理基础，也能感知到他的小学数学结构化学习的基本特征。

1. 整体性。按照玉国的表述，结构即元素及关系的整体关联。结构化学习，即学生根据教师对于知识整体关联的理解设计，实现心智转换发展变化的学习。在一定意义上，讲结构就是讲整体。

一是学科知识的整体性。布鲁纳在《教育过程》中说："不论我们选教什么学科，务必使学生理解该学科的基本结构。"[①]玉国的小学数学结构化学习，首先基于数学学科知识的结构，用结构化的思维去认识学科、认识知识。学科整体是一种有机关联，某些知识是另一些知识学习的基础，同一知识则在螺旋上升的大结构中会不断升阶。整体观照教材的逻辑结构和内容体系，成为结构化学习的基本前提。知识是存在于"整体—部分—整体"之中的，部分的知识是深深地嵌入在整体之中的，这样的结构关联，会让其中的部分引起整个系统的变化。学习还需要与还原知识的形态、学生反思后的"个体知识"整体关联起来。

二是认知过程的整体性。皮亚杰说："结构就是由具有整体性的若干转换规律组成的一个有自身调整性质的动态'图式体系'，它具有整体性、转换规律或法则以及自身调整性这三个基本要素。"[②]这里"图式体系"是整体性的表达，从已有的图式到通过同化和顺应结构新的图式是整体性的观照。如奥苏贝尔认为，有意义的学习就是把教育内容与自己的认知结构联系起来，这也是整体性思维，而认知过程中伴随始终的主动参与、探究合作、交流分享等情感体验，也是整体性的表现。

三是成果的整体性。奥苏贝尔说："认知结构，就是指学生理解现有知识的数量、清晰度和组织结构。"[③]在本质的意义上，学生学习不是"点"状的知识，不是知识的细节，而是朝着学科知识体系走去的，又是学科知识体系中他目前能消化、理解、运用的那一部分，且其中蕴含他自己个人的深刻体验和心得，是具有开放性的个人知识图景。当然，和过程一样，学习成果也包含了玉国老师很在意的精神种子，也就是说，非认知素养与认知素养相互关联，一起生长。吴玉国老师曾经依据认知心理原理描画过这样的知识图景（如图1），可见他的深刻领悟。

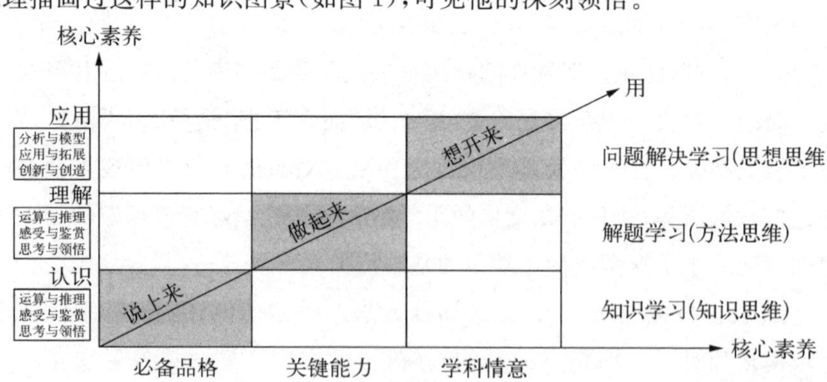

图1

2. 主动性。人们在讨论认知图式时，曾列举了一些基本要素，如“动力要素——需要意识，控制要素——价值观念，工具要素——思维方式，材料要素——知识结构，心态要素——情绪、兴趣、习惯”等。[④]学习者的主体性认知大多是多种因素共同作用的复杂过程。结构化学习，是心理动作展开的过程，这个动作可能用“做”最能概括。所谓“做”，就是亲历，就是经验，是指向具体结构化目标的主动学习，是“自然润泽”的教育过程。弗赖登塔尔强调，数学是人类的一种活动，即数学化的过程。其中的“数学活动”在当下的数学教育界，几乎是一个支撑性的热词，它突出的主动性精神与结构化学习对心态要素、动力要素的重视是一样的。可以认为，学生的数学学习，就是通过学生主体自由的数学活动实现的，更是指向知识的结构化，在真实的情境中提出学习任务，学生主动“做事”，通过“做中学”，生成数学的基本经验，掌握数学的基本知识和技能，领悟数学的基本思想，在培养双基过程中培养关键能力。有一段时间，玉国告诉我，他在学具开发方面有新的收获，我还不知其所以然，后来想想，他的学具开发，是让学生从感性入手，更好地“做数学”，在“做”的过程中突破了数学抽象认知困难而“自然”创造出抵达学习图景的“桥梁”，是出于促进学生主动学习数学很周到的考量。

3. 生成性。皮亚杰认为，认知的发展，涉及图式、同化、顺应和平衡四个方面，是不断从低级到高级发展的过程。图式，是人脑中已有的知识经验的网络；同化，就是将新的因素纳入已有图式之中；顺应，就是个体改变以适应新的认知；个体的学习就是通过同化和顺应两种方式来适应自己与客观环境的平衡，建立自己能解释的结构，转换成新的形式。一些心理学家在此基础上提出“认知图式理论”，特别是维特罗克提出人类学习生成性模式。他们认为学习的生成过程就是学习者原有的认知结构即头脑中已有的知识和信息加工认知策略，与外界刺激(新知识)进行主动的选择，以及主动建构信息新意义的过程。学习者认知图式的建构，根据不同的学习类型有增长、调整和创造三种方式。[⑤]这些论述不仅强调了生成性是结构化学习的内在规定性，而且清晰地描述了几种主要的生成类型。玉国老师把握到这些理论的本质，他特别强调了小学数学结构化学习的关联性与发展性，他指出关联涉及新与旧、远与近、主与客、内与外、整体与部分等结构元素以及层次、层级的动态多元；关联有着点、线、面、体的综合理解，强调实践、项目和综合化学习，内容、方法、能力的关联过程是结构的形成过程。在讨论心智转换形成发展时，他认为学习是知识、认知与心智的有机转换；学习建构的起点缘于小学数学学习的意义与困惑；结构的多元整体互动，结构中心伴随学习过程而转换且同时发生与发展；数学学习中的内化、表象、对象化建构、迁移等具有积极的结构意义。我理解，他的这些认识是由结构化学习的生成性烛照形成的，他的阐说是源于生成性，主要是生成性特征的个性化表述。

二、结构化学习的实施策略

玉国老师曾向我介绍，结构化学习就是想通过知识结构的整体分析，包括明晰连接生活的知识产生过程、理解知识内部以及知识之间的网络联系、调查学生的学习情况，并在此基础上回到学生真实的生活世界，引导他们参与挑战性的学习，建构自己的认知图式，促进数学素养的发展。这个过程都可以看作结构化学习历程，只不过觉得学生学习的机制原理、学习情况分析、学习材料开发以及学习的评价都很重要，就单独列出来阐述了。

1. 研究学理，调研学情

当下的学科知识，主要是以教材形式呈现的，而结构化学习机制与原理是非常复杂的，玉国在这方面的研究很是着力。小学数学结构化学习的原理，是指小学生以数学知识学习为载体的认知心理发生发展规律，是学生在学习过程中基于数学"经验意义"而建立心智发展的结构图式。他认为其中包括三个层级结构性的理解：一是直观经验连续。教师在小学数学知识整体单元体系的纵横梳理基础上，对知识结构的教材形态、科学形态与学习形态不断还原，发现数学本质、找到核心元素、清晰动态结构，清楚教学内容与目标。同时，研究学生，调查了解学生学习情况，贴近课本理解课标，联系选择学生生活情境，优化课堂学习内容，基于学生技能与技术，创设真实或模拟的学习情境，整体直观地下沉到学生认知"经验"，连接学生学习的意义起点。二是实际意义关联。教师在知识纵横体系梳理中明晰其逻辑意义，感受体悟其知识教学场域，清楚知识单元整体性的学科教育价值，尤其是数学思想与方法的总体目标、阶段目标与课时目标的联系。学生在师生共同创造的支撑性认知场域中，运用创造性工具，突破数学学习认知困难，在合作探究中自然地观察、理解与表达，学会多元表征，促进学生经验碰撞、内化与积累，建构具有个体理解的数学模型。这样，学生学习认知在学科教育活动中步入了具有实际意义的关联学习。三是心智发展循环。结构化学习迁移应用创新，能够促进学生认知心理的发生与发展。通过新知识结构理解与意义建构，形成学生知识个体性的内化结构，特别是学生运用新知识模型上浮回到新的问题情境中，自我激励问题解决与问题反思，完善建立自我认知图式，提高元认知水平，从而促进心智开放与发展，提升面向未来教育成长的关键能力。玉国结合案例的实践用这样的图（如图 2）描述了他的实践发现。依此，可以深入地分析某一知识学习的认知过程（如图 3），从而不断引导数学结构化学习的教学创造与组织实施。

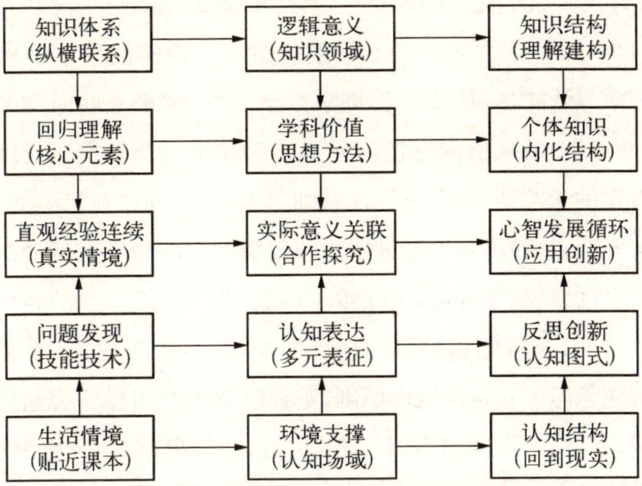

图 2　小学数学结构化学习原理分析图

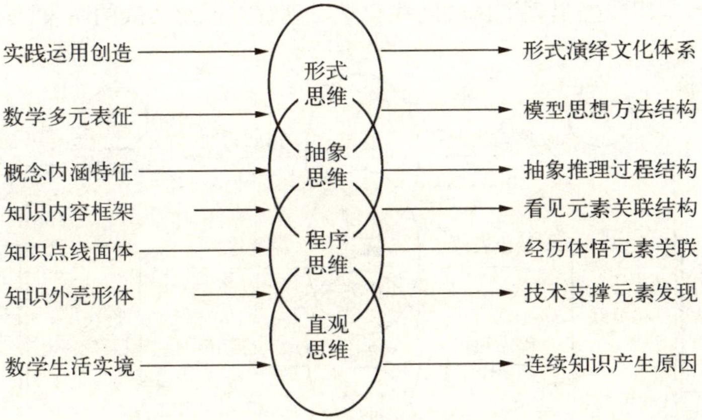

图 3　数学学习思维发展的层级性结构

2. 开发学材，设计学程

在研究学理和学情的基础上，玉国着力进行学材开发。他所说的学材开发，基于知识内容、学习材料和学生三者“整体、关联、发展”的关系，从整体到细节对学习内容进行本土化、个性化、有创意的挖掘重组，构建立体式适合学生自主学习的材料资源，他提出的学材开发的三个原则，对于我们“用教材教”具有普遍的意义。这三个原则，一是整体性原则，教师学会依据教材纵向连贯分析小学数学知识的结构内容，找到知识的核心元素，看清知识生长的原点，厘清知识结构的思维发展过程，以及横向融通跨领域数学知识的思想方法，清晰知识体系与学生认知过程整体性，从而搞清楚教材编排中依据知识核心元素螺旋上升编排的体系结构，结合认知困难，开发“创造”学习认知的“桥梁”，促进学生学习过程“来来回回”循环上升的整体性。二是关联性原则，就是指依据核心元素的关联结构及其变化，打通联系的知识点，创造学生真实的学习情境，在整体性基础之上，突出其内在核心元素的结构中心的转移、转换与转变，从而不断地推进层级性数学问题解决学习活动深入展开，促进学习过程由内而外的结构化理解，连接数学的点、线、面、体知识的整体认知学习，融通融合了课时、单元、领域知识“层层叠叠”的理解学习，实现了“课课不同，课课融通”的数学结构化学习。三是发展性原则，重视以学生经历经验为基础，突出学生的内在动机、兴趣、态度、习惯的因素，科学运用具象、表象、抽象与想象的层级认知活动，不断提升自我反省、修正与调节的元认知水平，在动机、兴趣、态度与习惯方面经历自我的“弯弯曲曲”的体验，促进数学学习的综合素质发展与关键能力的培养。关于学程设计，玉国曾经描画了这些结构化学习理解与课堂实践的图表（如图 4、图 5）。

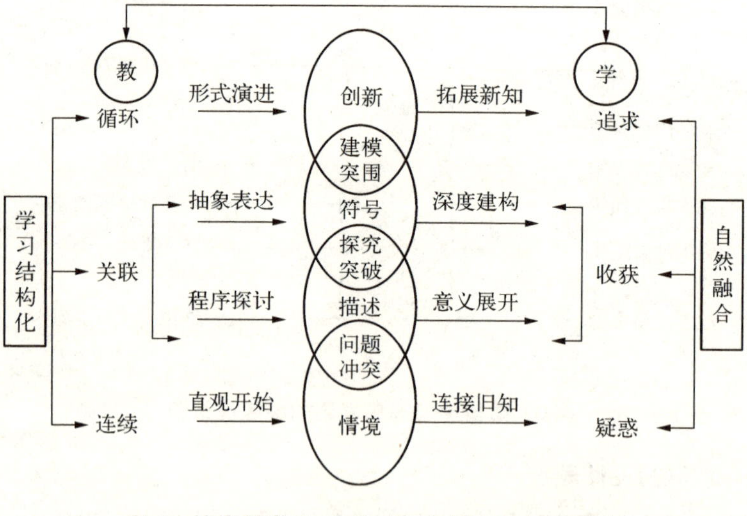

图 4　结构化学习：连续、关联、循环的自然融合

学程设计:3×3 备课

	情境	活动	评价
连续	设计经验情境,连续学生已有知识经验和生活经验,直观动作感知新知。	经历系列感知活动,经验感知,明确目标,激发学生学习心向。	是否体现教师主导作用,从科学形态走向学科形态。
关联	设计互动情境,经历"具象、表象、抽象"表征过程,程序抽象新知概念模型。	经历系列体验活动,体验理解、分析描述、表象建构,互动交流,启发学生思维方法。	是否体现师生双主体作用,从学科形态走向学习形态。
循环	设计实践情境,经历新问题解决过程,深化新知一般模型结构。	经历系列实践活动,迁移应用,循环上升,发展解决新问题的综合能力。	是否体现学生主体作用,从学习形态走向实践形态。

图 5

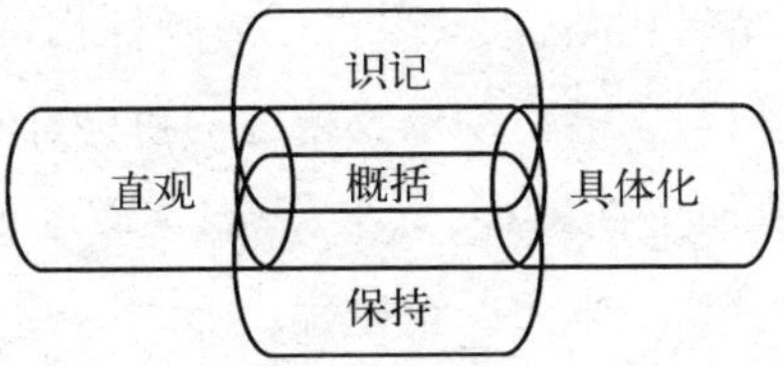

图 6

玉国曾向我介绍,他的学程设计深受冯忠良教授的影响,不少老师对结构化教学或结构化学习,以及认知图式比较关注,我在这里对玉国数学教学是想做点追根溯源的介绍。冯忠良教授曾经把学生学习的心智动作勾画成一幅关系图(如图6)。[6]冯忠良认为,教材的直观、概括、具体化是知识掌握中三个主导性环节,直观是起点,概括属于中间,具体化与概括相联系。另外,这三个认知动作间又存在着部分交叉渗透关系,比如直观中包含部分的概括,即直觉的概括;具体化中也存在着概括,即具体事物的同化和类化,由抽象到具体的概括。同时,认知过程还要重视识记与保持。识记与保持,亦存在交叉渗透关系。显然,玉国的学程设计脱胎于冯忠良教授的心智动作关系图,但他显然是在对相关理论通透理解的基础上,在经典理论与长期实践经验的契合点上提出来的。我在这里做一些详细的引述,在于想表明我的几个观点:第一,中小学老师的理论指导实践,主要在于理论运用,玉国所做正是如此。第二，冯忠良教授的心智动作关系图是相当经典的，在今天仍然有借鉴意义。第三，在今天的语境中讨论心智动作，讨论结构化学习，是需要我们有所创造的。

3. 建构发展性评价体系

第一，评价目标具体化。结构化学习评价基于整体目标、阶段目标与课时目标的分步评价，突出结构化思维形成与知识、方法、思想的迁移能力的培养，涉及学习过程、学习结果、学习态度与学习行为的具体要求。玉国介绍说，在连续、关联、循环三个学习环节，是可以通过观察记录、数据分析及实证评价监测学科素养发展的情况，而且他将课堂学习的时段目标与单元学习的阶段目标以及学科学习的整体目标有机地贯通结构起来，这样能够清晰地认识与理解好具体目标的实施要求，从而促进教师有效设计学习情境与活动、开发学习工具与技术、组织学习内容与形式，引导学生主动进入经验连接学习、深入探究体验学习与反思具体应用学习。

第二，评价过程全覆盖。小学数学结构化学习评价，包括教的评价，更侧重学的评价，指向学习过程与结果相结合、效果显性与隐性相结合。玉国设计的“连续、关联、循环”三个环节，对教与学的活动以及抵达的目标都有“合情合理”的预设，作为小学数学结构化学习更加重视思路、思维、思想与教学的方式方法、数学学科素养相结合的评价，整个评价贯穿学习的全过程。

第三，评价内容结构化。结构化学习评价在内容、方法、过程、成果以及情感、态度、意志、价值观上自然形成一体。玉国经过诸多的案例实践说明了结构化学习的评价涉及的内容更具有结构化特征，包括学生经验下沉到连接激活，学习知识还原到元素结构，生长素质触及到应用创新。如学习内容的知识结构化，在知识还原认识与理解中把握纵向连贯领域知识与横向融通跨领域知识网面立体的单元整体关联的结构化，明晰基于年段知识的面与面关联的单元章节结构化，以及基于核心知识点的元素关联的单元课时结构化。正如他的案例反映的：课始，看见核心概念，发现结构；课中，探究核心任务，建立结构；课尾，提升核心素养，深化结构。

第四，评价引领新创造。结构化学习的创新创造，在理解应用、综合应用与新问题应用的课程学习中，能够促进学生主动而有意义地学习，即心智的转换。用“应用”唤醒教师创造真实连贯的情境与引导学生“发明”数学的变与不变规律。玉国认为结构化学习，让国家课程成为学生成长学习的一面镜子，经过教师的专业理解与创造引领学生学习获得新体验，建构新知识就成了学生成长的精神种子。从这个意义上讲，具有关联、转换、迁移的结构化学习，是具有灵性意义的学习，促进了学生情感、意志与思维和谐发展，有效解决了课时之间零散、知识之间孤立、单元之间割裂、学科之间分离的教学问题，有力地推动了教师科学教学的专业理解与创造、学生深度学习的发生与建构。

三、结构化学习的探索历程

1. 结构化学习的命题是数学生活“逼”出来的

早在2007年，玉国领衔创办淮阴师范学院第二附属小学，他努力探索“综合地教，自然地学”，体现了综合整体、有序分层、关系联结的思考，逐步形成点线面体的整体教育改革方略，学校办得风生水起。但在学科教学中，目睹了碎片、零散、孤立、分割、分离等现状，他一直为之苦恼，希望能有所突破，作为小学数学特级教师的他也有了颇见心得的对知识关联性的探索。2015年，玉国被遴选为省人民教育家工程培养对象，这样我们有了较多交流讨论的机会，玉国向我倾诉了他的苦恼，我和他一样陷入了深思之中，我们讨论到他治校成功的经验，讨论到数学学科的本质，讨论到当前教学改革的潮流，讨论到他初步探索的体会，“结构”这个词似乎可以把这些关联起来，也似乎能把他学科教学探索的未来之路照亮。旧的模式方法对学生素养难以培养，作为人民教育家工程培养对象，他总感到使命在身，努力走向结构化，不断寻求突破。

2. 结构化学习的成型是殚精竭虑“苦”出来的

我深知玉国对结构化学习的研究是一个艰苦的过程。从结构的主题确立，到框架内容的研讨，再到结构化学习教学模型的建立，每一步他都能站在学生、教师与学校发展的立场上思考与实践，体现在社会生活、学校教育、课堂教学观察与理解中。他能从数学本质、数学学习、数学情意、数学素养的学科教学出发，立足课堂案例实践，将自己学习的书房、实验的课堂以及生活的日常，不断地融通起来，长时间专注思考、实践、再思考、再实践，以至循环往复。与玉国每次交流，从他提出的新近关注的研究问题就能看出他一直持续思考与专心实践。他逐步学会将相关的“元素”有机地放在一起联系着“做”。关联，是结构的核心词语，他能在经典文献的阅读融通中解读内化，能在数学教学的内容理解中科学探索应用，从而建构了具有结构化学习特征模型的3×3备课实践策略：情境、活动、评价与连续、关联、循环。

他的研究不断开放吸纳、审视聚焦、交流深入、品质分享。理解与实践、改革与创新，扎扎实实，拾级而上，每个阶段都有目标，每个目标又都是下个阶段研究的开始。

3. 结构化学习的繁茂是共同体“浇灌”出来的

结构化学习研究的团队，是在玉国获批省人民教育家培养工程培养对象、获准省农村骨干教师培育站项目以及建立特级教师工作室时组建的。成员主要来自校长、教研员推荐的优秀教师，也有慕名参加的，涉及他工作或支教过的地方与学校，玉国说真正的团队成员都是“自信、自主、自由”“清醒”的教育人，他们在成为团队成员的过程中，能逐步涵养起职业良心与担当、育人情怀与梦想、专业引领与共享，锤炼并培养改革创新的教育情怀、系统研修的格局意识、不断深挖的钻研精神以及追求卓越的实践信念。研究中，玉国重视因人因地因时，合理分工组织，协同合作突破，推动问题解决，体验前瞻分享，鼓舞团队进步。对于新增加的成员，他让他们体验学习感受与产生学习愿望后，再组织老带新。看着看着就懂了，做着做着就会了。他们一直都离不开对“结构化学习是什么、怎么展开学习以及为什么要学习”内容、原理、方法的追问与研究。小学数学结构化学习研究的内容，涉及知识的结构、方法的结构、技术的结构，以及学习的学理结构、学情结构、学材结构、学程结构与学评结构，将现实的问题思考与目标理想结合起来，研读、实践与修正。结构化的学习主题，成为玉国团队由研究教学现实走向研究理想学习的探索之路。同时，玉国本人一直率先思考着，实践着，组织着。面对一个与几个、一组与几组展开线上与线下的互动共享，领头示范鼓励、鞭策指导指正，努力培养一个又一个种子教师，引导成员确立自己的方向与主题，有的放矢地锤炼自己的教学基本功，逐步发展为能自我进步的卓越教师并影响身边教师发展的人。他通过现场课堂与录音录像、个人推送与集中研讨、理论学习与主题确立等共同体建设，发展成员研究的主体意识与能力。现在研究有了实验学校“根据地”，有了特级教师、学科带头人的“核心成员”，有着自己的省级重点研究课题，团队建设渐入佳境，而他越来越像一个给大家探路、组织指挥及质疑鼓掌的人。

在结构化学习研究中，玉国学会结构化地组织资源，引导团队将研究不断走向专业化。在每次自我培养成长活动与交流研讨中，他们都非常真诚地向专家请教、向大家学习，与专家处朋友、与志同道合者交朋友。他多次登门请教专家，将录音及时发到研究群里，再与成员一起学习、消化、吸收，不断提升阶段性主题研究活动的品质。多次邀请国内与结构化学习研究相关的个人与团队参加主题活动，每一次集中活动，都力所能及地邀请一位专家参与点评指导。此外，玉国运用项目申报、精品课题研修、主题活动举办的机会，努力带动团队参与高品质的研究活动，包括省市主题科研活动、特色展示活动等，引领成员开阔视野与实践创新。团队一起"浇灌"研究，结构化学习根深叶茂起来了。

与此同时，玉国在辐射指导中深化了对结构化学习的研究。多次深入学校义务巡讲、到对口援助学校支教、组织学校联盟活动，他与成员都能积极探索"结构化"的研究方式，引导对象学校老师全员参与进来，让种子发芽，培育好种子教师与种子学校。听玉国说，他已经建构了"2＋1"结构化学习共同体研修模式（如图 7），即团队成员与研修学校老师"2"人同课同构，课题由研修学校根据教学需要选定，团队组织与研修学校老师团队一起线上备课研讨，形成共同教学方案，再现场教学，接着再开展"1"场研修学校教师主体参加的沙龙研讨，并努力邀请专家指导。这样真正的校本化研修，深受老师们青睐，更能解决学校教学的实际问题。

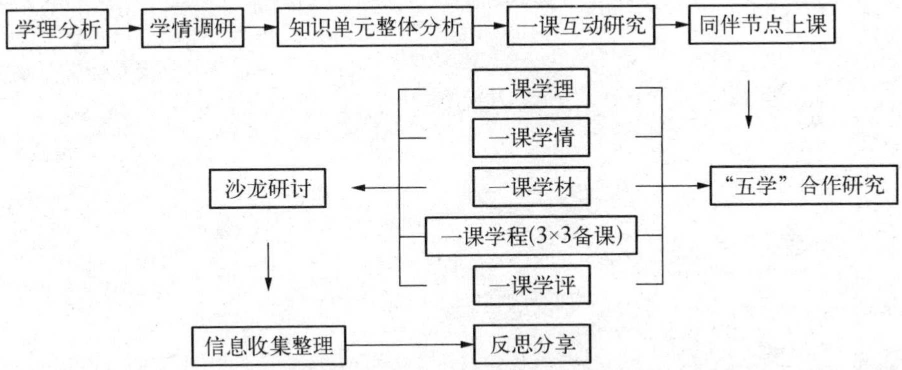

图 7　基于单元整体的结构化学习研究的组织与共同体建设

玉国的小学数学结构化研究，成就着学生，成就着团队，成就着自我。成就是人们幸福感受的重要源头，也是继续前行的强大动力。我们相信，玉国的研究能够自然润泽师生们蓬勃生长，小学数学结构化学习会有更加广阔的美好前景。

（本文发表于《江苏教育研究》2020 年第 3 期）

参考文献：

① 布鲁纳《教育过程》，哈佛大学出版社 1960 年版，第 5 页。

② 皮亚杰《结构主义》，商务印书馆 1984 年版，第 2 页。

③ 奥苏贝尔《意义学习新论》，浙江教育出版社 2018 年版，第 58 页。

④ 齐具《认识的主体性结构》，《社会科学研究》1992 年第 4 期。

⑤ 唐芳贵《图式研究的历史演变》，《重庆教育学院学报》2003 年第 1 期。

⑥ 冯忠良《结构化与定向化教学心理学原理》，北京师范大学出版社 1998 年版，第 229 页。

也说文本意义的发现

哈贝马斯说，理解是个含混不清的词。侍作兵老师勇敢地拥抱这个词，并在教学、管理、生活中努力践行。这组文章是侍作兵和同伴们在阅读教学中基于理解实践的体会，他们的洞见引发了我对“文本意义发现”这个话题的思考。

一、发现是一种抵达

在一般意义上，理解是对文本所传达的作者思想的理解和把握。理解的首先是文本已有的东西，理解要防止误解的发生。从方法论解释学，到本体论解释学，再到后现代解释学，关于理解有众多解释。一方面可以看作解释学的传统在不断转向，另一方面也可以看出万变不离其宗，他们都在回答理解与文本意义的关系问题；即使方法论解释学有明显的缺陷，但坚持通过正确理解，抵达文本意义，还是有其学理性的。特别是在语文教学的语境中，尊重原意，“沿波探源”，应当是第一位的。理解是读者与作者、与作品的对话，即理解作为此在的存在方式，恰如保罗·利科尔所说：“不是解释者在压倒一切地注入他个人的见解，而是作品的强制性力量，使得读者在作品自身中接受了一种新的存在方式，从而扩大了读者改变其精神世界的能力。”[①] 正是如此，对教学狐狸系列的寓言，引导学生赞扬狐狸的聪明；教学《愚公移山》，引导学生指责愚公愚笨；教学《背影》，引导学生批评“父亲”违反交通规则，学界大抵是持否定态度的。当然要真正“抵达”，不是一件容易的事。

古人讲“知人论世”“以意逆志”，都是在探讨获取文本真谛的方法。比如教学《夹竹桃》，引导学生了解季羡林先生作这篇文章的背景，对于理解作者对夹竹桃的感情显然很有好处。毕飞宇教大学生学习《将进酒》，在引导学生探讨“黄河之水从哪里来”，一声“盛唐啊”的感叹，把李白的诗作置于朝气蓬勃的盛唐的大背景中，让学生体悟到，正是盛唐的李白，才使不可能变成可能，可能变成只能，只能是“黄河之水天上来”。显然这种发现是具有震撼力的，是对原作审美性的响应。在教学一线，老师们对抵达文本的原意也是非常努力的，比如张雷、吴苏文老师谈到“剖析文本内容”“聚集文本关键”“辨明文本取向”，都可以看作是在这一方面的努力。侍作兵、马占军老师在讨论时提及“理”的本义是物质组织的条纹、肌理，是很有见地的。发现文本的意义，很重要的就是要进入文本的内在肌理。欣赏那些名师的课，精彩之处往往就是名师引导学生触摸到文本内在肌理，让学生欣赏到那一个词，抑或一个句子，所到之处，整个世界敞亮起来、生动起来，从而更好地领略母语之美。

二、发现是一种创造

“抵达”是已有，“创造”在可能，如文本内在规定性上有创造的可能。侍作兵、马占军的论文对此论述比较充分。参照他们的阐释，我认为对文本意义的创造主要在于：

第一，文本具有“空白”。空白作为空间，它们本身是“虚无”，但是作为“虚无”，它们又是引起文学交流的一种至关重要的“推动力量”。[②]托马斯·特朗斯特罗姆的诗句“空白之页向四面八方展开”，这种“展开”就是基于文本的创造。

第二，文本具有不确定性。即使是显性的语言表达也具有丰富的不确定性，这些不确定性因为时代的变化，意义在发生变化；因为读者的理解不同，他们接受的文本意义就不会完全一致；因为每个人都是一个独特的世界，每个人的主观理解决定了文本意义的不完全相同，“一千个读者就有一千个哈姆雷特”，仍然是哈姆雷特，但每个人的哈姆雷特都是自己创造的；因为文本在激活以后，其意义也在生长，就像伽达默尔所说：“审美对象这个概念在我看来完全是不适宜的。当一件作品打动了我们，那么它就不再是一个客体，就不再是一个我们面对着的东西，一个我们可以俯视的东西，我们不能将它看成一个概念性的意义指向。情况正相反，作品是一个事件。它给我们一个撞击，它撞翻了我们，借此它建立起一个自己的世界，我们仿佛被卷进这一世界。”[3]也许正是在这个意义上，那些本来作为教学内容的非人类事物，在一些教育学那里，成为“学习共同体”的一部分，它们和师生相拥共舞，共同成长。

第三，文本意义具有化育性。文本意义的发现于读者也是一种自行塑造，侍作兵、马占军在文章中写到文本意义的发现是“理性与德性的实践”“开放与反省的实践”“共享与互构的实践”，张军亮在文章中谈到“文本的意义在学生的精神世界里驻留，最终内化并生长为学生个性化的人生经验的组成部分”，都是说的这个意思。语文教学作为母语教育，在立德树人的育人体系中占据特殊地位，它本身肩负着引导学生精神成长的重大使命，但这种德性培育的任务不是外在的，而应当在润物无声、潜移默化中进行，特别是在对文本意义的理解中进行。正是“正确”地理解文本，且在言语实践中丰富，自我塑造才能建立在可靠的基础上，所以，这种创造式的发现，就具有了精神成长的价值。

三、发现是一种建构

在阅读教学领域，文本的意义不仅是内容的，也有形式的，张雷在文章中以《滴水穿石的启示》教学为例，谈到基本的说明方法，属于这个范畴。大家都知道，深度教学倡导知识的结构化以及认知框架、认知图式，比如理科知识，更多地可用结构化表达，语文学科我们更喜欢称之为认知图式。教学的目的主要不是教给学生事实和细节，而是教给学生认知结构、认知图式。“文本意义的发现”重要的内涵就在于建构语文的认知图式。有专家认为，图式是以等级层次形式储存在人们长期记忆中的一个相互作用的知识结构，是积聚在一起的知识单元，是认知的建筑版块，是人们记忆对所有知识进行组合、归类的总汇。[4]

图式是心智激扬的表达，往往表现在文本的结构方面，比如文章段落之间的逻辑联系，其基本类型有分合关系、点面关系、对比关系、顺承关系、并列关系、主次关系、因果关系、承启关系、动静关系等，积累这方面的认识，学生在理解和表达时会进入一种自觉的状态。刘勰在《文心雕龙》中说：“夫人之立言，因字而生句，积句而成章，积章而成篇。”学生学习章法构成的图式，对从结构上触摸文本的肌理就很有作用。在阅读教学中，有建构认知图式的意识，就能更好地发挥文本的教学价值。比如教学《莫高窟》，有的老师把教学重点划定在排比句的教学，我在和这位老师讨论时，提出“莫高窟”里彩塑和壁画，都有一个图式问题，这就是面对纷繁丰富的场景，要用详略结合的方法描写，怎么描写呢？用排比句铺陈开去，然后转向详写。学生建构了这样的图式，在面对公园景物、运动场景时，就知道怎样去描写。“在言语理解中，图式实际上是一种加工机制，具体表现为‘监察’和‘理解’。”[⑤]图式是一个预期的框架，新的言语信息，通过“合并”进入在过去学习、生活和经验的基础上形成的图式之中而储存起来。[⑥]随着知识的积累，图式会不断丰富。“理解文本就意味着在已有图式与文本的成分之间建立某种响应关系。”[⑦]在一定意义上，有什么样的图式，就有什么样的理解；有图式建构的理解，认知图景就会不断丰富和发展。比如古人写作诗词，情感抒发都是依托一定的山水楼台，这就是一个认知图式，它也隐含了结构的意义，山水楼台与情志的抒写构成什么样的对应关系呢？这就是文本意义所在，不断丰富这种基本图式，学生迁移到阅读和写作中，就会表现出相应的能力，语文素养自然也就全面地落地生根了。

（本文发表于《江苏教育》2019 年第 17 期）

【参考文献】

① 殷鼎《理解的命运：解释学初论》，生活·读书·新知三联书店 1988 年版，第 92 页。

② 伊泽尔《审美过程研究——阅读活动：审美响应理论》，中国人民大学出版社 1988 年版，第 266 页。

③《解释学与解构论的相遇——H.－G. 伽达默尔与卡斯腾·杜特对谈录》，《首都师范大学学报（社会科学版）》2004 年第 1 期。

④⑥ 慕君《阅读教学对话论》，中国社会科学出版社 2012 年版。

⑤ 李海林《言语教学论》，上海教育出版社 2000 年版，83—84 页。

⑦ 朱曼殊、缪小春《心理语言学》，华东师范大学出版社 1990 年版，第 421 页。

非连续性文本的意义探寻

我国语文教育界对非连续性文本的关注，源自 PISA 测评的影响。2002 年，我们编撰的《江苏教育发展年度报告》，设置专门版块介绍国际教育动态和趋势，我的同事有专文介绍评述 PISA 测评。因为非连续性文本进入语文测评，是带有方向性的事件，所以这方面介绍得相对详细。2003 年，在编写国家课程标准高中语文教材时，我提出给非连续性文本一席之地。征求了专家意见后，采取了相对稳妥且略显保守的做法，在选修教材里设计了非连续性文本学习的专题，但这已经是开先河的事情了。终于，2011 年颁布的《义务教育语文课程标准（2011 年版）》引入了“非连续性文本”的概念，并提出第三、第四学段非连续性文本学习的具体要求，这些要求也随即转化为语文教材的相关内容。但在教学层面是否落实，我还一直不甚清楚。

非常感谢常州市荆川小学校长曹月红，她还在主政常州市白云小学时执教的一堂非连续性文本类别的“细读说明书”，让我了解到非连续性文本在教学层面落实的一点情况，也引发了我的思考。此后几年，我和曹月红老师有过多次关于学校文化和语文教学的讨论。在与曹老师的接触交流中，我了解到，即使走上了校长岗位，她也依然坚守在一线，承担着语文教学工作，并于 2014 年起扎根于小学语文非连续性文本教学这个领域，带领着学校语文教研组的老师们，进行了持续的研究，不仅把非连续性文本的课上得像模像样，而且形成了自己的心得。

在深入交流的过程中，我和曹月红老师努力探寻非连续性文本的意义，我们认为非连续性文本教学应当在以下方面予以关注。

第一，与生活连接。在生活中，人们接触的阅读材料，不仅有以句子段落组成的，还有以图画、表格、图形等组成的；有的是意脉一以贯之的文章，还有非连贯性的、需要跳跃式阅读的文本。当非连续性文本进入课程视野，语文的学习才可能真正实现与生活经验的全面对接。学生阅读生活中常见的"使用说明书""广告""地图""数据表格""图表和曲线图""凭证单"等，需要通过阅读、理解、分析、综合、判断，最终用以解决生活中的问题。比如：看药品说明书帮助老人服药；看地图或线路图游览景点；看示意图组装玩具；与家人一起阅读保险协议，弄清楚保险条款；看懂购物保修单；购食品时阅读说明书，了解食品构成成分并注意保质期；等等。学生自主阅读或者在家长的帮助下共同阅读生活中收集来的非连续性文本，能够成功解决生活中的实际问题，让非连续性文本成为连通课堂与生活的桥梁。阅读非连续性文本不仅仅是课堂教学行为，它让学生从课内走向课外，从校内走向校外，从书本走向生活，从而对阅读非连续性文本产生浓厚的兴趣，并能主动参与阅读。这就很好地解决了为什么要阅读——阅读动机和阅读目的的问题，能更好地培养学生的阅读兴趣和良好阅读习惯。同时，非连续性文本的阅读技能可以直接迁移到生活中去解决实际问题，这一独特优势会让学生深刻感知语文学习的功效，帮助学生积极建立语文与生活的直接联系，学生的语文生活也因此更为完整。曹月红带领的团队在教学非连续性文本时，创设生活情境、设计真实任务、激活儿童生活经验等，都是在贴着非连续性文本的本质在行走。在"身边的说明书"非连续性文本主题序列教学中，学生们走进家庭、走进超市、走进公园等，收集身边各种各样的说明书；开展多元活动，解读不同的说明书；尝试写作自己感兴趣的药品、食品等物品说明书……来自生活又能切实解决实际生活问题的说明书，既丰富了学生的阅读素材，又提升了学生阅读非连续性文本的能力，让语文教学更富情趣。

第二，对象意识。非连续性文本阅读、写作具有明确的对象意识，比如用于写作，往往指向特定的读者群，这些人群的关注点就应该得到很好的关照。介绍什么东西时，事物的特质非常重要，药品的用途和剂量特别要说清楚，牛奶的营养成分则更为重要。不同主体阅读相同的文本，其关注的点也可能是不一样的。为了从收集的非连续性文本中提取关键信息，人们往往是从自身需要解决的问题出发，直奔特定的对象，快速解决问题。同样是选购牛奶，有人关注的是牛奶的价格，期望物美价廉；有人关注的是牛奶的品质，会特别在意牛奶的配料与营养成分；也有人会将不同品牌的牛奶进行对比分析，最终选购符合自己标准的。这样从问题出发、指向性明确的对象意识，成为人们阅读、写作非连续性文本的重要特质。故而教师要在实践中指导学生掌握非连续性文本的阅读和写作的策略，并将其积极应用于现实生活，促使学生进一步把相关的知识和技能迁移到生活中，巧妙地解决实际问题。我关注到曹月红在课堂上总是要求孩子们明确为什么阅读、对谁表达，这都是在渗透对象意识。为校园的植物制作个性名片时，高年段的学生会很自觉地给名片里较难的字标注上拼音，因为他们主动考虑到低年段孩子在阅读时往往还是需要借助拼音的，可见老师的引导已经在发挥作用了。

第三，空间思维。连续性文本常常与时序相伴，而非连续性文本往往是在一个空间内呈现不同的内容，如图片、文字、数据、表格等。在阅读非连续性文本的过程中，要促使阅读者利用空间概念对思维对象进行判断、推理、想象、分析、比较、综合，以获得深层次的认识。空间思维是指跳出点、线、面的限制，能从上下左右、四面八方去思考问题的思维方式。空间思维是思维层级中极其重要的部分，非连续性文本提供了培养空间思维的重要途径。学生在阅读的过程中，必须要将图、文、表等联系起来，在头脑中构建出一个立体的世界；必须与生活实践链接，从非连续性的语段、图表样式中提取相关的信息。这些意义上的联系更容易促使学生建立起空间思维的逻辑联系，而这种联系在作为连续性文本的文学作品的学习中建立是有相当难度的。曹月红告诉我，他们是很注意把非连续性文本当作空间思维训练资源的，而且，这种思维素养迁移到其他文本、其他学科的学习中，也很有效果。因密切关注了非连续性文本的综合性，他们的教学融合了各学科教师的力量，自然打破了学科间的界限，无论是资源的开发利用、主题的凝练形成，还是教学推进的过程、后续评价的跟进，都自然而然在进行着学科间的迁移、渗透、融合。非连续性文本教学中对空间思维素养的培育，更能促进学生数学空间想象、美术空间构图、科学空间创作等能力的提升。

第四，特殊的说明方法。为了凸显事物的特征，人们往往使用下定义、举例子、打比方、作比较、列数据等说明的方法。非连续性文本写作首先考虑的是阅读者的视角，凸显文本的主要信息、次要信息，概括性强，因此通常使用图表形式说明事物，更直观、更浅显明了地突出事物特征，使人一目了然。对不同类型的非连续性文本，教师要引导学生学习一些特殊的说明方法。如面对图表，首先要关注图例，了解符号在图表中表示的具体内容；其次要关注图表的分类，整体把握信息的类别；还要通过观察、筛选、分析、综合等方法获取有效信息。我们常说学习不仅要“学会”，而且要“会学”。学生“会学”非连续性文本，重点体现在对特定说明方法的掌握上。曹月红老师在有关论文中，比如发表于《江苏教育》（小学教学）2017 年第 3 期的《“非连续性文本”的阅读、运用和创作》，发表于《人民教育》2017 年第 21 期的《“非连续性文本”教学破解之道》，发表于《上海教育科研》2017 年第 12 期的《小学中年段“非连续性文本”阅读教学新探》，都有这方面内容的具体介绍。

第五，人文意蕴。一般的说明类文本，更多关注说明事物的特征、说明的顺序以及说明方法的运用，更强调客观性，不太重视人文意蕴。非连续性文本中，那些图画、图形、表格等，似乎着力在“说”得更“明”，教学时容易忽略其人文性。其实，无论哪一类型的非连续性文本，其本身都具有一定的人文意蕴。作为说明文的一类，其本质就是给予人们生活方方面面的便捷：各类地图是便于人们更好地行走；各类说明书是便于人们更好地使用物品；各类图表，无论是图形还是数字，其背后都渗透着一定的价值观……细细品读药品说明书时，我们会发现其中的适应症状、注意事项、用法用量等，都是在指导人们科学用药，特别是对成人、儿童的不同剂量要求，有时会细致到根据儿童的体重来确定用量。儿童玩具标识都有针对儿童安全的专门规定和说明，如“适合年龄：3 岁以下”“内有小配件，请在大人监督下使用”“防止玩具眼、鼻、纽扣等配件被儿童吞食”等安全警示语已经出现在玩具的外包装上，且对于玩具的材质、游戏方法、注意事项等也有明确的标注。这些蕴含其间的浓浓的人文意蕴，应当引导学生体悟，让学生通过非连续文本的学习了解知识、遵循规律、提升理性、品味人文，学会更智慧地生活，提升生活品质。曹月红老师的课堂很温暖，首先就在于她发掘了非连续性文本的人文意蕴。她在执教《奇妙的贺卡》时，不仅关注了生活中贺卡的种类、作用、使用，更是让贺卡背后所蕴含的美好祝福、深情厚谊巧妙借助贺卡渗进学生的心田。学生在创作贺卡寄语时，字里行间所流露出的对远方亲人的眷念、对同学朋友的真诚祝福、对老师长辈的心怀感恩……都显示曹月红老师非连续性文本教学的人文性正在生根。

第六，整合融通。一方面，非连续性文本和连续性文本在学习中往往交融出现。教学时，应推动两者的自然融合，这样更有利于教学的推进，有利于学生语文素养能力的提升。如在学习连续性的说明文时，就可以运用多类非连续性文本，有效推进说明文的阅读：列写清单，理清课文说明方法；拟定提纲，把握文章说明要点；学做图解，梳理说明顺序；列表格，对照说明异同；制名片，转化说明形式；画导图，呈现阅读成果；等等。在非连续性文本学习时，也要注意与连续性文本的有关内容联系起来。让学生在不同的文本间阅读、转换、运用，更能突出非连续性文本的阅读是集综合性阅读、比较性阅读、研究性阅读于一体的大视野阅读，有利于发展学生的思维能力和语文应用能力，提升学生的语文素养。另一方面，非连续性文本的教学，还要有跨学科的意识。在实践探索中，曹月红团队自觉为之，与数学、科学、美术、综合实践活动等课程的老师们一起，引导学生用非连续性文本表达、记录，综合运用语文课上习得的技能。他们开发的"走进动物王国""开启植物世界的大门""安全伴我行""我们的毕业季"等不同年段的20多个非连续性文本教学序列主题，均是在各学科老师的通力合作中研发、推进、实践，扎实提升学生的综合素养。

在这几年的扎实研究中，曹月红老师带着她的团队，一路研究一路成长。他们梳理出了小学语文十二册教材中非连续性文本教学点；尝试依据年段特点，围绕主题聚焦研究内容，形成序列，给予一线教师开展非连续性文本教学的有效抓手。在研究中，他们常常会为了一个主题的有效开发，整个语文教研组齐心协力，同时不断打破学科界限，整合学科、生活资源，促进研究的不断深化。辛勤的耕耘总有令人欣喜的收获。他们的研究不仅促进着语文教研组的成长、学校科研水平的提升，更是积极发挥着辐射引领作用，在常州市产生了一定的影响力。

目前，非连续性文本的教学在我国还是"新生事物"，曹月红和她的团队卓有成效的探索，积累了初步经验。我和她的对话，是基于他们的生动实践，也蕴含着期盼和信任。我相信，以他们已经表现出来的激情和聪慧、凝聚力和坚韧性，他们关于非连续性文本乃至连续性文本的教学研究，一定会佳音频传、硕果累累。

（本文发表于《江苏教育研究》2019年第5期）

体验教学的范式建构

近几年来，夏静老师和她的团队，就小学语文体验教学进行了卓有成效的研究。在与老师们的交流中，特别是在不下几十节课的亲历性感知中，我看到他们的进步，看到教学的改观，看到孩子们在语文课堂上更好的状态，深深为之鼓舞。

夏静老师对小学语文体验教学的研究，源自思想观念的深刻变革。在新课改带来思想启蒙的大背景下，夏静和同事们通过学习、研讨、实践、反思，重在树立新的学生观、语文观、语文学习观，我感到他们在三个关键词上甚有心得。一是本体。语文究竟是什么？怎样更好地抵达语文的本质？夏老师倡导体验教学反映着他们对语文本体的新认识。语文的产品是整体性的，充满不可遏止的活力的，是一种内在生命力的升腾。西方学者卡勒斯说过："人的语言无意将世界区分为内和外两个独立分别的领域，它是没有办法分开的。就语言的本性而言，它无意这样做。因为精神的内涵和感觉的表现是合在一起的。前者绝不是独立自主，先于后者而存在的，而是内在与它连成一片的。内涵与表现所以能够成立，因为它们彼此穿透。"

显然，那种把语文当作冷冰冰的、僵硬的、碎片化的知识去认识，是触摸、感受不到真正的语文的。汉语更有其特殊性。黎锦熙先生说，汉语"偏重心理，略于形式"，言简意赅、词约义丰，"言有尽而意无穷"往往是作家们追求的境界。可见，如语文界普遍存在的"形式主义"，恐怕也难以识见"形式"之真正面目。即使是其中抽象出来的语、修、逻，它们也不是静态认知的知识产品。恰如张志公先生 1985 年就指出的："新的知识系统是指实际运用语言的知识系统，而不是纯粹的语言理论的知识系统。”怎样学习这样的知识？唯有回到“实际运用”中去。不难看出，夏静老师的体验教学是在一定程度上更加接近语文本体特点的。二是主体。主体是人在活动中表现出来的一种内在的特性，丧失了主体性，人只能被动地存在，人性就会被扭曲，人的意义就难以存在。体验教学基于对学生作为学习主体地位的确认，体验又是必然连接关系的，其实就是一种对话活动的存在。因此，作为主体的不仅仅是学生，也包括师长，甚至也包括孩子认识的世界。海德格尔主张“参与到存在者的敞开中去”，倡导存在者与“世界”整体合一，这里的主体就构成了主体间性，就是学习共同体。这种共同体的各个要素，要保持自己的主体性，其关系构成必然是对话。“对话是一种平等、开放、自由、民主、协调、享有情趣和美感、时时激发出新意和遐想的交流”（滕守尧《对话理论》），主体与主体的交互的方式参与其中，体验无疑是重要的交互方式。三是身体。体验是一种身体行为，而且是不止于“脖子以上”的身体行为，夏静老师有文章阐说“参与性”，表述的是身心合一的具身学习。具身认知代表着第二代认识科学，强调认识依赖于身体不同感受器的多样的经验，强调全身体的投入。在具身认知理论视野里，默会知识得到重视。波兰妮说，所有知识，不是默会知识就是扎根于默会知识。语文相对于其他知识类学科，默会知识的地位更为可观。体验也因此更有作用。具身学习强调心灵、身体、环境三者的交互、激荡，体验往往是置身于特定的环境中，是身心协调、身心一体与环境对话。于是，身体的意义更完整更显豁地表现出来。

夏静老师所做的是行动研究，想清楚以后，他们就一步一个脚印地做，他们研究的最大亮点就在于把小学语文体验教学落实到了课堂里。他们建构了体验教学的基本范式，这一范式的特点在于：其一，稳定性。人们在谈论教学模式时，一般认为它是理论与实践的中介，有可以操作的基本程序的规定性。无论是叫作模式，或者命名为范式，稳定性总是必不可少的。夏静把体验教学的范式描述为六个步骤（如图 1）：

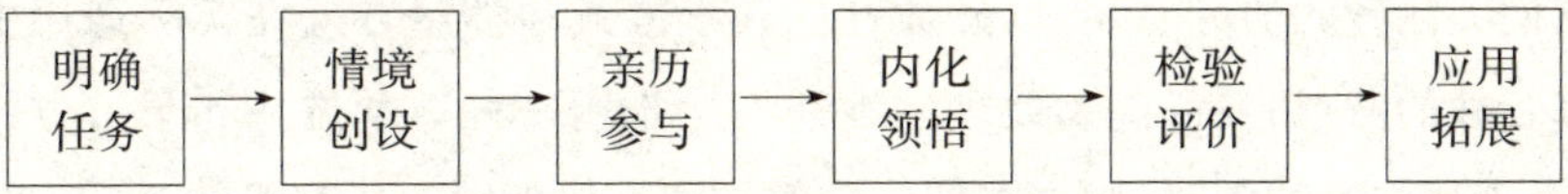

图 1　体验教学范式的六个步骤

这一教学模式与老师们通常找出来的模式、范式，显然更多地蕴含了体验的意蕴，特别是前四个环节，亲历、具身的特点更为突出。这六个环节符合教学的一般规律，老师们看得懂、上手快。但这样的程序尽管有特点，总还是让人似曾相识。难能可贵的是这一范式的特点之二，针对性。对于不同的知识板块，小学语文体验教学的范式给予了更具针对性的建议。方法与知识形态匹配，方法就能落地生根、开花结果。这里，我择其要做一些列举，主要强调夏静的创造性是非常不简单的，她的讲述是很有看头的，详见图2、图3、图4。

识字教学

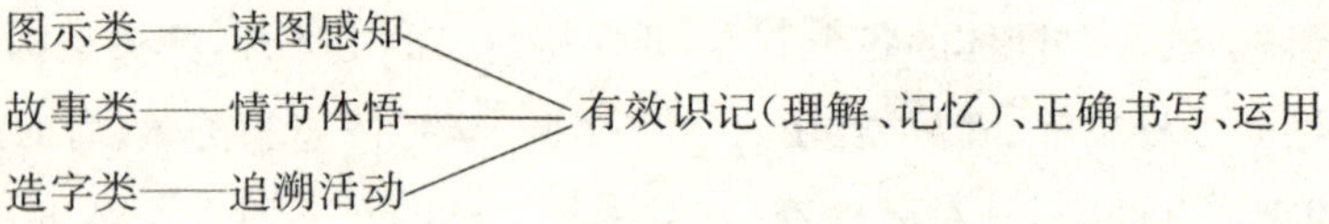

图2　识字教学的教学流程

阅读教学

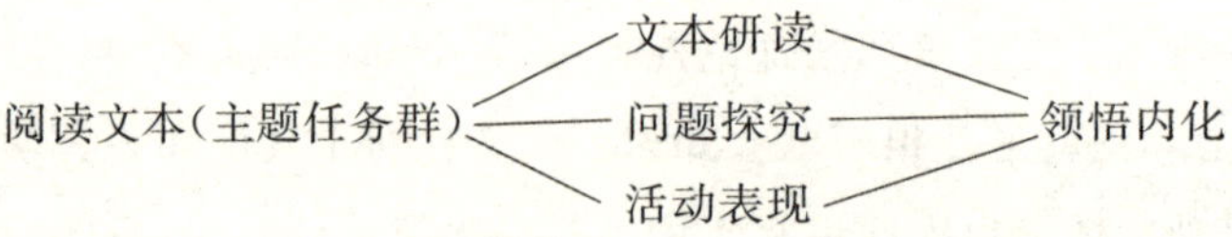

图3　阅读教学的教学流程

习作教学

生活场景类：唤醒——体味——描述

专项活动类：经历——感悟——表达

热点话题类：讨论——评点——抒发

具象引发类：观察——联想——交流

图4　习作教学的教学流程

在下一个层级中，他们又更具体地建议，比如文本研读就列出五六种具体方法，让人看过之后就能明白怎样做。我非常希望这些话产生导读作用，能够使夏静的同行们关注她的研究。其三，开放性。教学方式和学习方式在实际运用中往往具有综合性的特点，夏静深谙此理。她并不主张用一种教学方式和学习方式包打天下，在进行体验教学时，她力求把体验教学和其他教学方式有机结合，亲密融通，这是值得充分肯定的。另一方面，在体验教学的范式内部，在针对不同类知识内容提出的操作模型内部，他们提出那是虚线，不是实线，更不是黄线，从具体的教学情境出发，适合才是最好的。

夏静原来所在的舟山实验小学，是由六所村小合并的，她在那里做校长，上语文课，带着大家真心实意做课改，踏踏实实搞研究，取得了不俗的成绩，她自己在专业上也有了明显的长进。就着夏静的研究，我的感慨是：第一，过一种积极进取、乐观向上的生活，本身就是一种幸福。夏静管学校，还兼管两所幼儿园；做管理，还要站讲台；忙日常，还要搞研究。夏静是忙碌的，但每次见到，她都是笑意盈盈，信心满满，她很认可、很享受自己的工作和生活。在一大批优秀的校长和老师那里，我深深感动于他们的乐观与向上，激励自己，影响他人，这是一位带头人殊为宝贵的正能量。第二，享受完整的教育生活，是校长的基本价值取向。有的校长，俨然“职业革命家”，不上课，不做研究，即使做研究，也是挂名。他们总说自己很忙、太忙。我曾拿一些这样的校长打趣：“你就是说双肩挑的校长，稳稳站在课堂上的校长，做工作又做研究的校长，他们无所事事？他们不忙？”我是真心希望老师的教学、研究相互激荡，如梁启超先生所说，“享受两种人生趣味”。我同样希望主政者行政、业务两手硬，其间的种种好处想必大家都心知肚明，关键在于“为”与“不为”。好在许多优秀校长可为表率。第三，所谓“一枝独秀不是春”，校长的责任在于带着大家一起做，一起向前。夏静非常重视这一点，我多次参加老师们对体验教学的研讨，也多次进课堂感受过老师们的体验教学，一所乡村小学，有一批老师的课可圈可点，每次开放性的教研活动不怯场，头头是道；参加赛课，舟山实验小学的青年教师被同行们看作了强劲的竞争对手；老师们的文章逐渐在公开刊物上得以发表。更重要的是孩子们在老师的引领下，有更好的成长态势；老师们对于上课，对于学校发展的心、气、神让人感到特别踏实。一个好校长，就是一所好学校，舟山实验小学可为例证。这也可以看作小学语文体验教学给人们的另一重启示。

如今，夏静又在新的学校进行了新的探索，我对于夏静和她的体验教学的发展，非常期待。

（本文发表于《江苏教育研究》2018 年第 12 期）

田园的牧歌

认识杨春柳老师，是近年来的事情。太仓教育局搭建平台，把自身发展到一定阶段还有提升潜力的教师推荐给我们，希望给一点引领，让他们发展得更好些。刚开始接触时，我感觉杨春柳老师是一位更倾向于凭经验和直觉来教学的老师，对自身躬耕实践的语文学科领域，还需要进行进一步的探究和更为完整的把握。

于是，我们尝试凝练她的语文教学主张。我们从“认识你自己”开始，回到她的教育现场，回到她的语文生活。工作二十多年，她一直在一线教学，在县域的几个直属小学工作过，也有乡镇小学的工作经历，喜欢阅读和写作，性格安静平和，深得学生喜欢。我问她：“你希望自己成为怎样的语文老师？”她告诉我，希望教室的方寸之地成为自己和学生“生活”的场所。她的教学，确实有着师生语文生活的“烟火气”。从某种程度上讲，她更像农人耕耘自己的田园。于是，我们都赞同用“田园语文”概括她的语文教学。

什么是“田园语文”？

“田园语文”是自然的语文。自然，有原生态的意蕴，所谓自然而然，顺其自然，但又是在课改意识关照下的自然，是有品位的自然。首先，把儿童的语文学习提升到语文生活的高度来认识。语文教学贴着儿童的生活走，从课堂扩展到整个校园、家庭、社区。杨春柳老师陪伴学生一起进行“日记长跑”，组织学生们点评互动；她鼓励学生集体创作童话故事《动物星球》；她带动学生和家长一起来读书，绘制专门的“读书签条”，评选“小书童”“读书达人”“读书高手”“读书博士”和“读书大师”等各级阅读明星;她组织父母和孩子间的亲子写作活动……这样的语文是“日常”的,是水流一样的生活,是时时、处处都存在着的。其次,这样的语文教学是按学生的成长节奏走的,不是揠苗助长。自然的语文,就是尊重、遵循规律的语文。田园语文也不是不要语文学习的收获,而是倡导从容不迫、气定神闲地学习与成长,有点“草色遥看近却无”的意思——远看绿茵茵的一片,走进其间却是在有无之间的感觉。最后,自然的语文是持续的、有长度的语文。经验的连续性是课程的重要特征。长程的作业,是春柳语文构建的语文生活常态,比如把绘本阅读作为小学入学衔接课程,一天一本“慢慢”读讲;尝试让学生精选和语文相关的话题,自己寻找资料,制作 PPT,用一个月时间“慢慢”准备,大家来上“小微语文课”;精读曹文轩经典作品《青铜葵花》,用一个学期“慢慢”批注……如同春种秋收,周期规划,螺旋上升,足够精心,充满静气。这样的语文,是“慢”的艺术,也是“长”的风景。朱光潜先生主张:“慢慢走,欣赏啊!”也洋溢着这样的意蕴。

“田园语文”也是科学的语文。“田园式”的语文学习,并不是完全原生态的自由阅读表达,打一个也许不太恰当的比方,语文的“田园”是“现代农业园”,而不是任庄稼原生态生长的田野——后者甚至可能“庄稼”长不过“杂草”。专业的语文生活并非是云里雾里飘飘渺渺不可触摸的浪漫感觉,它是融语文知识积累、语文能力培养和生命精神培植于一体的境界。

科学的语文体现课程意识。“田园”语文统筹规划国家课程和校本课程,保持教与学的常规形态,以现行的语文教材为中心学习内容,在不同阶段进行辅助课程、活动补充和家长伴学的叠加。学习内容的组合主要为“教材学习+辅助课程+方法指导+活动补充”。辅助课程,包含儿歌、绘本、整本书阅读、国学、学法指导等等相关课程。儿歌、绘本课程运用于低年段;整本书阅读课程则是涵盖小学阶段;国学课程以古代经典为学习内容,根据学生学力情况相机渗透;学法指导课程则结合日常语文要素,借助微信公众平台“羊妈妈读写坊”来辅助学习。

科学的语文,讲究“融会贯通”。第一,学习内容的融通。春柳尝试学科间、多学科和超学科的课程整合,把同一学科的学科内容、不同学科的相关内容、教材学习和网络平台整合起来,充分体现语文综合性的特点;第二,充分体现语文实践性的特点,间接知识与直接经验的融通,以语文实践构建学习的主线;第三,学习方式的融通,听说读写,自主合作探究,积累与梳理,等等,相机融合、协同,知识获得的同时,方法也逐步成熟。

科学的语文支持个性化学习。她建立起适宜的学习群落，如“小友读书群”“读书磨剑群”等多个同质或异质的组群，解决学习群体共同的语言学习问题，如基础知识巩固、语文基本技能练习（如注音、查字典、默读等等）、阅读经验积累、写作开阶等方面，有的放矢，精准解决。同时，她的教学视野不止语文，她更关注不同学生各自的家庭环境，更关注学生本身的成长，因为她始终认为：从语文哲学的本体论的角度来看，首先是学语文的人，而后是“学的语文”，所以她对新任班级的所有孩子进行家访，了解每一个孩子的“世界”，引领家长，各有承担，互为补充。她的读写伴护，真实、及时、贴切，在看似不经意的交流中，好的书籍、电影等资源就已经进入到学生和家长的视野中。

“田园语文”是诗意的语文。它超越功利化，是对人生的意义、对终极价值的追求。“采菊东篱下，悠然见南山”，感动人们的“真意”正是超越功利的美好情怀。荷尔德林的“让我们诗意地栖居”，为海德格尔激赏，其“诗意”也正是理想生活的光亮。“田园语文”就是要建立语文的精神花园，充满和谐感——与自然、与社会、与自己的和谐，关注立德树人，关注儿童的人格饱满。

诗意的语文，还在于课堂荡漾着温暖的惬意的情感氛围。没有“你必须”“你一定”这样紧张、焦灼的控制性关系，而是转向“你怎么想”“我在听”这样的悦纳者心态。倾听、诊断、引导、创造、互动、共享……语文学科的本质意义，是自然无痕地将文字的密码、精神的花朵种进学生的心田。比如春柳发现某些语文知识点，学生们常常分不清（比如：“的、地、得”的用法、提示语不同位置的标点使用、某些易错的形近字等等），指导纠正多次，学习效果也不理想。于是她就尝试让学生自己来解决这样的问题，于是就产生了“小微”语文知识点讲述的教学创意——承担这个项目的学生要完成诸多方面的任务：知识点的梳理、PPT 制作、学习讲述技巧、同学间的互动……个别孩子的成功，带动全班学生的“小微课”讲述，几十节“小微语文课”涉及语文知识、语言文化、语文故事等多个方面的内容。特别出色的学生微课，被推荐到年级组去交流，甚至到全校教师会上讲述。深度学习的发生，语文能力的形成，就是在平等自由的语文“学习场”中逐渐形成的。

诗意的语文也在于“我即语文”。春柳安然地享受自己的语文生活，她自身读书、写作，和同道好友共享语文生活；把学生和家长逐步引进语文的“晕圈”里。好的教学，归根结底就是安顿好自己之后的惠及他人。德国作家于尔克·舒比格在《当世界年纪还小的时候》一书中，说过这样一段话：“世界在慢慢变化，万物在自由生长……只要万物都做它最容易做的事，这世界就很有秩序了。”她在寻找对自己而言“最容易的事”——读懂自己，遵从内心，逐步建立自己的语文生活，在教学探索的过程中，她不断明晰“田园”语文教育的价值追求，保持高品质的语文学习活动。如今，她自己也有长足进步，用专著系统总结了自己对“田园语文”的认识。“一边是幸福生活，一边是辛苦劳作，这恐怕就是小学教师真实生活的两端。”她这样说。一分耕耘，一分收获，这本身就是田园生活的题中之义。

自然、科学、诗意，愿语文的“田园”更美丽，愿田园的“牧歌”更嘹亮。

（本文发表于《江苏教育研究》2020 年第 2 期）

附录

绽开于幸福人生的理想之花

——读杨九俊先生的“幸福教育三部曲”

孙孔懿

杨九俊先生的《幸福教育的样子》及其续集《花开的声音》《蓬勃生长欢乐颂》三部著作（以下简称“三部曲”）陆续出版后，在基础教育界引起不凡反响。文集中多数文章在初发表时就曾为多家报刊转载过，这次结集出版经作者做了若干充实和精心加工，以新的面目引发新一波争相阅读的热潮（例如《蓬勃生长欢乐颂》出版1个月便印刷3次）。笔者于赞叹羡慕之际，自然想探究其魅力背后的奥秘。

一、全省基础教育改革成果的一次振奋人心的巡礼

九俊先生很喜欢林庚教授的“盛唐气象”的概念，将其解释为“蓬勃生长”的气象。教育领域的“蓬勃生长”有量的标准，不是指个别孩子、教师和学校，而是指一个个孩子、一位位教师、一所所学校都在蓬勃生长，是万木争荣、繁花竞秀那样的壮阔气象。我们打开“三部曲”，就会感到“活泼泼的”蓬勃气象扑面而来，仿佛会听到“花开的声音”，听到那首著名的《欢乐颂》。

“三部曲”犹如一座展示教育思想和教育精神的“花博园”，其内容可粗略分为四大块。

第一块是从不同侧面体现幸福教育思想的学校文化。“幸福教育”是个大概念，其实质是一种教育哲学、教育理想。“三部曲”中评介的许多教育样态，例如自觉教育、分享教育、成长教育、普爱教育、原色教育、诗性教育、乐教育、活教育、小主人教育、负责任的教育等等，形态与名称各异，共同的灵魂则是“为了师生的幸福”。形象地说，“幸福教育”不是指某一朵花、某一种花，而是指体现融融春意的似锦繁花，是一派春色，一种气象，是“照亮、照遍、照透校园”的价值观的光辉。所谓“大道泛兮，其可左右”，人们尽可以从不同方向探索，从不同角度切入，以不同关键词命

名，分别走上“教育使人幸福”的大道，抵达教育的本质。也就是说，“幸福教育的样子”不是单数，而是复数，是许许多多的样子。这样的展示，无疑会激发每一所学校和教师从自身实际出发，创造出不同的办学样子，各展其长，各美其美。

第二块是作为教育改革弄潮儿的江苏名师风采展示。书中一位位特级教师、特级校长、教育家培养对象等，他们以高尚的师德、先进而独到的教育思想和卓著的教育教学成果脱颖而出，神采奕奕，各领风骚，又具共同的“英雄气质”：敢探未发明的新理，敢入未开发的边疆。他们不愧为江苏乃至全国教育的脊梁，不愧为读者能够步步走近的良师益友。

第三块是宏观背景下全省及区域教育改革成果展示。包括宏观背景介绍，如世界各国中小学课程改革的主要趋势、我国基础教育课程改革顶层设计的基本思想等，以及“苏派教学”风采及成因分析、江苏省名校发展经验与问题、徐州市“学讲计划”述评、连云港市教育科研经验提炼等。这一块篇幅不多，却不可缺。

第四块是九俊先生关于教育改革若干专题的思考、谋划、建议以及体验、反思等内容，其中关于教育理想、儿童理解、名师、教育家、学校文化与特色、课程、课堂、知识与技能、美的规律、执行力、校本管理等重要概念和问题的阐述，在全书中带有骨架性质。这些源于实践的理性思考，展现了作者“集参与者、组织者、研究者几种身份于一体的亲历课改现场的心路历程”，带有鲜明的个性色彩，又程度不同地吸收了全省、全国乃至世界教育研究的最新成果，因而在相当程度上反映了当代教育的若干共识，是探讨当代基础教育改革进展与教育思想变迁的珍贵资料。

四大板块共同展示出新课改以来江苏基础教育教学改革的可喜成果，包括若干既体现共性又具乡土气息的观点、主张、模式、模型、原则、方法以及探索过程、探索事迹、探索经验、理性反思、初步结论等，林林总总，美不胜收。读者徜徉其间，不仅能从观念、思路、方法等方面获得实实在在的启发，更会感觉到这是一次瑰丽的精神巡礼和精神享受，感受到强烈的精神激励——

一是高扬理想的追梦精神。理想是教育的本真意蕴，只有不断激发人树立和追寻理想，教育才有存在的理由。九俊先生写道：“办教育、写人生，最重要的是怀揣理想，坚守初心，于是事业就有了些神圣的感觉，人格就有了诗意的光芒，而这正是中国教育所亟需的！”[①]事实上，“三部曲”展示的既是教育现实，更多的则是教育理想——它展示的并非自然而然的现实，而是理想引导下出现的现实，是闪耀着理想光辉的现实。毋庸讳言，这些成果在全省范围内出现时还不是一种普遍存在，而是一些“样本”“榜样”的集锦，但它们犹如星星之火，能给人以信心和希望：样本已经出现，普及还会远吗？报春花引来百花盛开，不是一种很自然的趋势吗？

二是勇于创造、坚持创新的精神。在宏观层面我们已经欣喜地看到，长期以来千校一面的僵化局面开始在广大教育工作者创新精神面前崩解，千校千面的格局正在形成。微观层面的事例更多也更生动，这里且举一例。丹阳市前艾中心小学所在地是著名的服饰之乡，学校顺理成章地提出了“服饰文化育人”的办学主张，开展了许多有声有色的活动，让师生切实感受到了服饰文化的博大精深。随着实践的步步深入，该校以持续创新的激情进一步抠出了“得体”这个关键词，树立起新的文化旗帜——“基于服饰文化的‘得体’教育”。九俊先生点赞道：“‘得体’由服饰文化而来，又与教育的内在要求相一致：教育旨在‘得体’，‘得体’方是真教育、好教育、美教育。”[②]“得体”二字的产生，让人联想到王阳明悟得“致良知”三字的过程，看似“得来全不费功夫”，实为“吹尽狂沙始到金”！

三是基于实践探索成果的乐观精神。江苏基础教育改革的征途始终充满问题、困惑和争论，热衷于揭示问题的人不少，踏踏实实探索解决之道者不多。九俊先生写道：“批判都是比较容易的，可是问题谁来解决呢？这是一切问题中的最大问题。隔岸观火，发发牢骚，都是轻松的，但意义却很寥寥。”[③]解决问题之道何在？在校园里，在课堂上。实践是诞生真理的唯一源泉。九俊先生相信：“在现实的土壤里生产着金灿灿的希望”，他总是争取机会深入学校，到教育实践中去刨土掘金，积以时日，遂以高昂激越的“三部曲”证明：“只要我们乐观，信心就存在；只要我们努力，希望就存在；只要我们前行，理想终会照亮我们的生活。”[④]

四是永不满足、继续前行的精神。“三部曲”展示的丰硕成果既令人鼓舞，也激励着人们继续探索前行。因为“要探索的问题很多，需要我们且行且思”“多切磋，多交流”；[⑤]“要坚守信念，坚忍不拔，积小胜为大胜。教育质态不是一天就能改变的，也不是靠一些口号就能改变的，而是要靠我们把水流一样的日子都过得有意义，每天改变一点点，它才能改变。”[⑥]

“文章合为时而著”，“三部曲”正是以幸福教育为主旋律的时代乐章。作为时代的一面镜子，它从一个侧面为对当代教育改革做出基本判断提供了重要依据，为提振教育改革的信心提供了生动而有说服力的例证。为时代放歌的人，当为时代记取。

二、娓娓叙事中交融着实践理性与浓郁诗情

《幸福教育的样子》的书名很别致，它明确宣告自己不是纯理论读物，而是一部反映教改实践的研究性著作，体现着鲜明的实践理性。实践理性不像理论理性仅仅停留在思辨层面进行推理演绎，而是基于人们对世界已有的认识而致力于改变现实世界，因而是对理论理性的超越。就当代中国教育而言，实践理性的价值在于能提出若干切实可行的意见与建议，帮助办学者改变学校中那些使人困惑、烦躁、失望、痛苦的现状，实现教育使人幸福的本来意义。这在某种程度上更为当下的中国教育所迫切需要。有学者称："只有具有实践理性内涵的终极教育目的，才有可能延伸出具有实践性和可操作性的指导原则和实施办法；或者说，一个合理的终极教育目的只有当它具有实践理性内涵时，才有可能在基本理念框架上达成与用于教育实践的基本指导原则以及实施办法之间的契合或对接。"[7]"样子"一词实在而亲切，自然地规定了"幸福教育"的具体性，将对"幸福教育"的抽象思辨转化为具体样式的描绘，撇开了空泛的议论。确实，幸福教育不全是想出来的，更是做出来的。它有模有样，是心怀幸福感的老师们幸福地投身教改实践的结晶，是一个个鲜活的"实存"。九俊先生从这些实存中归纳出幸福教育的操作性定义：办幸福的学校，做幸福的教师，培养幸福的学生。其落脚点如乌申斯基所说，"主要目的在于使学生获得幸福"。

"幸福教育"各有各的"样子"，九俊先生的评介可谓各因其材，各如其面。他力求全面系统、条分缕析地介绍校长们的理性思考，彰显其实践智慧。例如姜堰二中校长董健针对本校生源质量较差的现实，在确立"二中也可以一流"的办学目标的同时，提出"起点低一点，坡度小一点，节奏慢一点，反馈勤一点，补差及时一点"的具体策略，经过七年奋斗，终于把学校办成了全省乃至全国"最好的'二中'"之一。通州实验小学校长王笑梅，尝试将作文教学演变成一部"童年嬉游记"，将儿童生活其间的江海文化转化为语文学习的课程资源，精心策划"水趣""树趣""苇趣""筝趣""农趣""捕趣""采趣""割趣"等多种多样的童年嬉乐活动，不仅为孩子一生存储宝贵的、不可再生的体验性语文资源，而且激发了孩子们写作的兴趣，这是多么高明而富有启示的实践智慧！

与实践理性相交融的是"三部曲"的浓郁诗情。"三部曲"中许多标题都是诗句

或诗一般的句子。全书引用古今中外的诗人、诗作、诗句不胜枚举,其中不少为独学寡闻的我第一次见到。作者如此爱诗,常常不能自已地吟唱出一连串的诗句,可能因为诗不仅能使人赏心悦目,陶冶性情,更能言志抒情,还能开启人的想象、联想和发散性思维。就后者而言,九俊先生认为,诗歌最宜于多元解读,最能将思路向四面八方打开。事实上,他的丰富灵感常常受益于诗。请看他寻找"幸福的老师"这个意象的过程:

> 深秋的一天,我在公园的林间小路上漫步,头脑中盘桓着关于教师的若干隐喻,追索着"幸福的老师"的定义。那时的心境如卡夫卡日记里的一句话:惆怅如同深秋林间的小径,落叶还未扫尽,一片片枯黄又纷纷扬扬地下来了。突然间思绪闪回到早春,心境被遍地的鹅黄嫩绿而触动,于是情绪有些激动。雪莱有言:冬天已经来了,春天还会再远吗?深秋,不就是多了一两个月吗?不经意间又突然想到林徽因女士的一首诗:"你是一树一树的花开,是燕在梁间呢喃,——你是爱,是暖,是诗的一篇,你是人间的四月天!"诗歌是最宜于多元解读的。从幸福教育角度解读,我以为把"人间四月天"用来指称幸福的老师相当适切,我们由此可以归纳出幸福教师的一些重要元素……[8]

这是一次因情境触发灵感而诞生思想的过程。九俊先生从诗句中获得了通过演绎或归纳等理性思维难以获得的灵感,形成了令人耳目一新的思想观点和表述形态。

诗意的全部奥秘,在于"洋溢着对生活的微笑"。弥散于"三部曲"中的诗意,乃是作者骨子里诗性人格的自然映射,这就是作者"向上向善"的激情,亦即乐观主义世界观、人生观。它以"太阳""阳光"为意象,故可径称阳光世界观、阳光人生观。九俊先生引用得最多的是俄国象征派诗人巴尔蒙特的诗句"我来到这个世界,为了看见太阳",他认为这"应该成为教育工作者的精神大合唱"。[9]太阳高悬天上,阳光普照地上。九俊先生坚定地相信:"现在的时代就是黄金时代!"他对此做出论证:"我认为我们通过十年的努力,营造了一个基础教育的黄金时代:从来没有看到教育教学有这么生机勃勃的局面,从来没有看到教师有这么好的发展和成长,从来没有看到在真正课改的学校孩子有当下这般的幸福感,我们也从来没有对我们自己做的事情充满了那么多的期待和希望。”[10]“我从心底里为这样的黄金时代欢呼！”[11]要坚定地“向着太阳走”！他特别重视内心的阳光，极力主张驱散内心的阴霾，赢得内心敞亮和自由的幸福。他引用刘慧园长的话说：“要播洒阳光到别人心中，总得自己心中有阳光。”一个人对生活、对事业有一种阳光的积极的心态，在言行举止之间就会洋溢着一种乐观豁达。九俊先生向往的不是犬儒主义者懒洋洋地无偿享受的天然阳光，而是需要通过艰巨努力驱散外在和内心的乌云和雾霾迎来的阳光。他大声疾呼：“我们受到的牵制太多、束缚太紧，这种束缚和牵制很多来自制度、文化，但更多的是来自我们自己，是我们自己瞻前顾后、畏首畏尾，我们有的已经失去树立理想的欲望和能力。中国教育需要一批理想者，需要一点理想主义、浪漫精神、诗人情怀！”[12]

九俊先生的阳光世界观、人生观，还表现在他对积极心理学的钟爱。积极心理学不仅仅是一系列心理学概念和知识体系，也不仅仅是一种思维方式，它首先是一种价值取向，一种可以用“蓬勃人生”来表述的持久幸福。九俊先生写道：“积极向上是所有健康的职业人应有的人生态度，以积极的态度看待世界，世界总是向好的，以积极的态度应对万物，事情总是充满积极可能的。”[13]他引用罗曼·罗兰的话说：“真正的光明绝不是永没有黑暗的时间，只是永不被黑暗所掩蔽罢了。”他追求“朝霞般的灿烂作底色”的生活，相信“太阳每天都是新的”。我们读他文集内外的文章，会切实感受到他由内而外地洋溢着的“对生活的微笑”，就像“三部曲”中他的三幅照片一样。确实，一个拥有阳光世界观、人生观的人，即使在“空白处”也能看到希望。例如他对新成立的海门东洲小学评点道：“‘新’有时是一种贫乏，但空白有时也意味着无限，曾有诺贝尔奖获奖诗人写下令人瞠目结舌的诗句：‘让空白向四面八方打开。’一无所有，在东洲小学成了自由思想的财富，‘一张白纸，正好画最新最美的图画’。”[14]

九俊先生的诗性人格有早年学术涵养的底子，后来又多了一重职业背景。在他看来，学校乃到处流淌着“奶”和“蜜”的地方——学校教育应是知性教育与诗性教育的统一，教育工作者理应兼具理性与诗性双重品性。尽管他遗憾地看到：“在现实的生活里，‘原色’的孩子越来越少，儿童的身上被涂满了各种各样家长、老师所期望的颜色，这些功利的色彩渐渐地异化了孩子的童年生活，孩子们不会思考了，因为有老师和父母在思考；孩子没有想象了，因为早早有人告知他们月亮上只有灰色的环形山；孩子们也缺少游戏的伙伴，因为大家都在特长补习班里穿梭。同时，我们的教育也失去了‘原色’，教师是‘工程师’，学校是‘工厂’，教育是‘流水线’，孩子们就是整齐划一的‘产品’。田园牧歌已经远去，教育已经不再有诗意的栖息。”[15]但他依然坚信：在另一些地方、另一些学校、另一些课堂、另一些教师身上，一定会有诗意盎然！他果然发现了这些“正合吾意”的绿洲，遂将满腔深情凝于笔端，在“三部曲”中再现出一所所学校的诗情画意，让读者置身于柳暗花明的诗境，不忍释卷。

“理性与诗情的交融”近似于传统说法：“现实主义与理想主义（浪漫主义）的结合”。九俊先生在写实的同时总是渗透着对理想的憧憬。他的一个重要的审美观曰“诗画一体”。他早年在学术论文《“诗中有画”漫论》中提出：写景是抒情的基础。他引王夫之的话说：“不能作景语，又何能作情语耶?”他提出应当“诗中有画，画中有诗”，这里的画指现实，诗则指理想。他又引普鲁斯特的话说：“当现实折过来严丝合缝地贴在我们长期的梦想上时，它盖住了梦想，与它混为一体，如同两个同样的图形重叠起来合而为一体。”[16]确实，当理想与现实达到情景交融、亦此亦彼、虚实相生、浑然天成的境界，便能够引领人们“就事实生理想，凭理想正事实”“一点一点地接近我们的理想”（陶行知语）。[17]读到这里，我合卷沉思，突然间发现这种令人神往的意境，竟然形象地出现在《幸福教育的样子》一书的封面上！我惊叹设计者竟能如此准确地把握和表现全书的基调与神韵！请看：两个孩童戏海水，一群游鱼上青天。海水长空共一色，海浪相逐趣无边！亦真亦幻，令人浮想联翩！

三、幸福人生：理想之花蓬勃生长的沃土

歌德说过：生活之树常青。凯兴斯泰纳在评价裴斯泰洛齐时，提醒人们不仅要注意裴氏的学说，更要关注产生他的伟大学说的伟大生活。品读“三部曲”我们也会深深感受到，九俊先生的文章不仅是用墨水写出来的，更是他的幸福生活酿造出来的。所谓幸福，就是“心情舒畅的境遇和生活”，就是有意义、有德性的生活。这里的生活多指精神方面的。很难想象，一个不幸的人或者对幸福缺乏敏感的人，会满腔热忱地倡导幸福教育。九俊先生对幸福教育情有独钟，重要原因就是他对幸福有深刻理解和深切体验，他的精神生活充满着幸福的阳光。

九俊先生的饱满精神和幸福体验来自他的阅读生活。苏霍姆林斯基说过：“一个有文化修养的人的最大的幸福，就是在精神上跟书籍交往的幸福，一个人安静地

得到智力上和审美上的享乐的幸福。”[18]诚如培根所言：史鉴使人明智，诗歌使人巧慧，数学使人精细，博物使人深沉，伦理学使人庄重，逻辑与修辞使人善辩。凡有所学，皆成性格。九俊先生阅读的兴趣极为广泛，他先是自然地而后则是自觉地将阅读“向着四面八方打开”。他较多地与传世经典为友，与哲学、人文社会科学以及教育类读物为友，像《教学勇气》一书他至少读过4遍。他早年还曾大量阅读过中外著名诗画，曾利用暑假读完约翰·罗斯金的五卷本巨著《现代画家》，[19]凭借丰厚积累于1985年撰写了长篇学术论文《“诗中有画”漫论》(第一作者)。他的理解力、记忆力与运用力皆强，读过的书籍总会在他的观念层面留下印记。他对书中的许多名句烂熟于心，并且化为己有，能随心所欲地信手拈来，每每在写下一个关键词的瞬间，一连串格言警句就会自然地涌至笔端。例如在谈到“爱”时，他写道：

> 什么是爱呢？但丁说，爱是美德的种子；泰戈尔说，爱是理解的别名；莎士比亚说，爱可以创造奇迹。学者们的表达不像作家那样富有诗意，但都努力想说明白。朱智贤先生主编的《心理学大词典》为“爱”下的定义是“……”。而最有影响力的说法来自美国哲学家弗洛姆，他提炼出爱的要素，似乎也就揭示出爱的本质性……[20]

这段话中，一连串的引文从作者心内鱼贯而出，一气呵成，仿佛作者自抒胸臆。在这里，他人的观点和表述已为引者深度认同，内化为引者自己的观点和表述了——此乃读书的一种“化境”。广泛阅读不仅开拓了他的视野、思路，不时地触发他的灵感，也使他的阐述和论证更能赢得读者的悦服。

随着阅读向四面八方打开，九俊先生的精神世界日益敞亮。他赞赏古人“读书为己”的主张，力求通过读书走向人格的完善与完美。他在《天下第一好事，还是读书》一文中，批判了“书中自有黄金屋”之类的庸俗观点，力倡“读书之‘好’都是指向在为‘好人’”的读书观。事实上，他常常沉浸于“独与精神往来”的阅读而流连忘返，直至家人吆喝“吃饭”时方醒过神来，移步餐桌旁，品尝人间烟火。他读书还会主动对照自己，例如他写道：“我每次读英国诗人麦克尼斯《出生前的祷告》，[21]作为一个成人，作为一个家长，作为一个教育工作者，都有一种如芒在背、坐卧不安的感觉，这是因为我们经常被不幸而言中。”[22]这样的阅读，不啻一遍遍精神洗礼，一步步使他进入觉悟与彻悟的幸福境界。

九俊先生的幸福体验来自他的高品位的交往生活。所谓“谈笑有鸿儒”，所谓“奇文共欣赏，疑义相与析”式的交往，均为古人津津乐道的一种精神享受。以现代眼光看，人际交往乃各方在精神上的对话、沟通、共享、碰撞、解蔽、祛魅与敞亮，能促进各方精神世界的充实、重构和跃升。九俊先生引用诺丁斯的观点，“人际关系可能是幸福的一个最重要的构成成分”，他进而发挥道：“友谊达于幸福，已有几分浪漫情怀，可以看作进入幸福的高峰状态了。”[23]如马克思言，人是社会关系的总和。笔者常因自己的社会关系贫乏，故而格外羡慕九俊先生拥有多个高情商、高智商的交往圈。除一般人皆有的亲戚同乡交往圈外，他还拥有诸如师生同学圈、学者专家圈、学术团体圈、行政管理圈、编辑出版圈、文学艺术圈等等。他立足于诸多交往圈子交叉重叠的中心共域，将友情与才情向四面八方打开，又从四面八方吸纳他者的仁义礼智信的精神滋润，不仅“在心灵相契的氛围中感受幸福”，而且促进了自身人格结构的优化与内涵的丰盈。

并非所有的交往都能给人带来幸福。现实中不少交往最终不欢而散，各方痛苦不堪。能够收获幸福感的交往，需要以平等、真诚、体谅、执着、不忘初心为前提。九俊先生早年最重要的交往圈是他的“师生同学圈”。他在农村担任民办教师期间参加函授学习，认识了扬州师范学院函授教员、后来成为我国著名语文教育家的顾黄初先生，顾师为九俊先生推开了一扇扇窗户，展示了语文教学世界的广阔、深邃与美妙。自此，九俊先生认定了顾黄初，认定了扬州师范学院，以至恢复高考时竟在所有志愿栏全填上了“扬州师范学院”，好一股“咬定青山不放松”的倔劲！入校后，他与顾师的情感日益加深。从扬师院中文系毕业后他被分配到泰州师范，临别时顾师赠言，鼓励他以艺术论和教学论的交汇点为新的研究领域，开辟新天地。九俊先生闻之大喜：“正合我意！”师生间的知心与默契溢于言表。不出几年，九俊先生在泰州师范的教学与研究双双进入佳境，出版了46万字的专著《语文教学艺术论》，顾师欣然为之作序。若干年后顾师驾鹤西去，九俊先生应同窗推举为顾师遗著作序。师生间情真意切，令人感佩。特别是，顾师的高尚师德有了得意的传人。九俊先生在泰州师范任教期间，与顾师一样地学而不厌、诲人不倦，一样地温良恭俭让，深受弟子拥戴。当年的师范生多系当地最优秀的初中毕业生。得一方英才而教育之，乃九俊先生一大乐事。这一批批学生后来陆续成长为优秀教师、特级教师、行政领导，无不铭记师恩。九俊先生每到一地，尽管不事声张，但弟子们一旦觉察，便纷纷前来请安求教。师生围坐畅谈，无异于一次次宽松温馨的学术沙龙。

升任省教科院副院长后，九俊先生毫无居高临下的气势，在与同事和基层学校的平等而真诚的交往中，不断收获满满的精神愉悦。他的突出之处是尊重人、相信人。一般而论，人喜欢以自己为标准评价和对待他人。自己是圣人，才会发现满街都是圣人。九俊先生乐以君子之心度人待人，在日常生活细节中总是体现出对同事的尊重、信任和关注，常能透过对方的一笑一颦一言一行进入其心灵深处，例如他写道：

> 吴红华校长“总是轻轻地说，静静地听，浅浅地笑。淡雅纯净，淡泊明志，透现着宁静之美”。
>
> “杨金林校长常常给我眉头紧锁的印象，熟悉之后我才知道，他的紧锁眉头不是不开心，而是在思考。”
>
> “我第一次和(前艾小学的)束校长见面，他不是介绍前艾(小学)，而是说起胡桥(小学)，可见胡桥的教育实践在他生命的年轮里留下足够深刻的印记。”
>
> 芮火才“是具有批判性思维的，对众口一词、人云亦云的东西总是皱紧眉头、加以拒绝的，对行政推行一些简单做法和风靡一时的时尚模式，能够保持谨慎的怀疑和适当的距离”……

这类文字源于作者的洞察力和发现美的眼睛，其背后则是作者“爱之方能知之”的情感智慧。九俊先生对朋友并非一味顺从或迁就，而是推心置腹，肝胆相照，以诚相待，故能建立起牢固的友谊。有位校长观摩了苏州十中的“诗性教育”后，心有所动，也想仿效，九俊先生坦诚相劝：十中校长柳袁照有诗人气质，他本人就是一首诗，而你呢？认真、细致、拘谨、执着，有些“说明文”的味道，往“诗”的角度走，不像你，你也会不自然。这位校长闻之如醍醐灌顶，立马改变主意，往严谨、规范的方向“寻找自己的句子”去了。还有一例也让人感动：王晓春校长多年致力“精致语文”的探索，九俊先生对此似乎不尽赞同，曾与晓春做过讨论甚至争论。晓春校长显然没能完全接受九俊先生的意见，在基本方向上依然执着于原先的主张。接下来的事就是难能可贵的了：九俊先生对有拂己意的晓春校长并未产生反感，反而肯定了他的执着，并且肯定了精致语文的某些合理性，专门撰文系统阐述这些合理性；同时再次真诚、委婉、明确地提出自己的担心：提“精致语文”是有风险的，母语学科更应注重原始的蓬蓬勃勃的生命的力量，有时语文的产品也许很粗糙，但可能是很有价值的。课堂应向四面八方打开；太精致了，会不会有束缚感？精致会不会与雕琢、做作联系在一起，异化教学的本质？——这样真诚无私的交往，自然会让人联想到忠恕之道、仁者风范。

尤其重要的是，基于共同目标的对话交往能不断催生"新我"。九俊先生引用一位学者的话说：对话是一种平等、开放、自由、民主、协调、富有情趣和美感，时时激发出新意和遐想的交流。他自己也深有体验：有活力的交流互动既能帮助他人发展，也能帮助自己提高。他提出过"他我"的概念，意谓"他中有我，我中有他"。"他"与"我"的"无间""不隔"，能使双方进入对方的内心世界。九俊先生常常从学校、从校长身上，找到寄托和表达自己思想观点的若干意象；而许多学校的文化建设、许多校长和教师的成长足迹和对未来的向往，也每每契合他的主张与期盼，例如他写道："这样的景象和我到处推崇的校园里'到处流淌着奶和蜜'何其相似？这就是幸福教育的样子啊！"[24]事实上，他的精神动力和思想灵感多来自基层实践的源头活水，他经常从中获得感动、惊喜、震撼、联想，又将这些收获及时地总结提炼，反馈给更多的同行。这样的循环往复，不断生成"所识相同的愉悦"，生成"天光云影共徘徊"的喜人景观。最典型的一例是在淮安实小大会堂里，九俊先生就幸福教育问题面对千名教师即席发表激情洋溢的演讲，就是一次汇聚和积蓄后的喷发，就是一次"一与多"的对话互动，就是"从群众中来，到群众中去"，就是同生共长。"春江潮水连海平，海上明月共潮生。"这是一幅何等壮阔的图景！

九俊先生的幸福体验源于他风生水起的教育生涯。九俊先生早年当民办教师时就已崭露头角：一位最初只有初一基础的民办教师，竟从小学二年级的讲坛拾级而上，教至高中毕业班，堪称奇迹，是人的潜能丰富性的又一例证(背后的巨大付出可想而知)。大学毕业后到泰州师范任教，他踏上了更富弹力的起跳板。他珍惜这样的机遇，潜心钻研教学艺术。备课时他常会有一些新的发现或设想，便"恨不得早点上课与学生分享"，而"孩子们对我的教学有一种信赖，总是有所期盼，往往提前3分钟就都坐在座位上用盈盈的笑意迎接老师"，"于是，这样的课往往精彩纷呈，诗意灿然"。[25]在泰州师范的这十年，他不但于1990年成为全省最年轻的特级教师，而且有了千余桃李，有了学术专著《语文教学艺术论》，"更有了许多弥足珍贵的友谊和余韵袅袅的厚厚一叠生活乐章"，这一切都成了他"记忆中的珍品"。[26]

2002年省教育厅组建江苏省教育科学研究院，九俊先生受命担任副院长，分管教育研究。此前他先后担任过省教育报刊社副总编、省教育厅师范处处长、基教处处长、省教研室主任，还参与了教育部的一些研究项目，对全省乃至全国教育发展的现状与改革趋势有比较全面的把握，到教科院任职自然受到大家欢迎。他有自己的领导风格，主要是宽厚、宽容与宽松。他谋划全局，举重若轻，颇有些闲庭信步的风度。他不怎么召集会议，即使开会也很简短。他更多的是筹划或组织研究项目并亲自参与。他为人亲和，爱开点文雅的玩笑。有他在的场合常常洋溢着欢声笑语。同事们跟他在一起心情舒畅，工作来劲。日常工作顺畅地"自运行"，使他能够实现工作重点的转移。他坚持以教育研究为安身立命之本，着力追求"探索发现的幸福"。他善于将自己的探索依托于以教育学为中心的四通八达的知识网络，举凡文学、艺术、宗教、哲学、政治、经济、管理乃至军事领域的名著、名篇、名言、观点、概念，直到林徽因的诗、邓丽君的情歌，他都能接过来，通过创造性地移植、嫁接、转换、碰撞、分解、化合等方式，形成自己的新概念、新观点、新意象。例如他从德国哲学家本雅明论述的"纯语言"，联想到纯文学、纯教育，提出了"教育之纯，学校之纯，就是超越功利主义，回到本质精神"的鲜明主张。他经常引用海明威的名言："寻找属于自己的句子"，他解释说，这不仅仅指表达，而首先是指认识生活、认识社会、认识教育的思维方式，指形成教育思想的独特性。例如，他提出的"学校特色建设：寻找属于自己的句子"的命题，就令人耳目一新，顿开茅塞。

九俊先生的生活当然不会毫无坎坷，然而无论如何，他都能微笑面对。向生活微笑的人，生活也向他微笑。他在勤奋工作和创造性研究中不断地丰富和完善自己，陆续获得了各方面的肯定和赞许。他担任过许多重要职务，多次获得过省部级教育教学成果大奖（详见"三部曲"作者简介）。最为珍贵的也许是，他的一些名言名句今天已在许多教师中成了"流行语"，负载着他的教育思想不胫而走，四处落地，生根开花。休谟说过："荣誉就是德行的嫁妆，就是正当辛劳的甘美报酬。"这些精神性的"嫁妆"和"报酬"是九俊先生自己创造的，又一次次地充实着他的幸福生活。

四、成人之美，成文之美，皆源于成己之美

"幸福"在某种意义上就是过一种有意义的生活。人的意义来自人与对象世界的关系，来自对客观世界和主观世界的认识和改造，杨国荣先生将其概括为"成物"与"成己"。就教育工作者特别是教育研究者而言，其意义世界则主要由"成人""成文""成己"诸方面构成。对这三者及其相互关系，九俊先生均做过充分论述。这些

论述，也成了笔者探究他的意义世界的路径。

他阐释《论语》中的“成人之美”说：成人之美就是成就人、成全人，是对成人之恶、掠人之美的否定，是对平等互助关系的尊重和弘扬，也是君子修身的重要内容与准则。成人之美是君子的一种优美心态和实实在在的日常行动，未必需要以激烈的牺牲或殉难来成就，只要拥有一颗平常的成人之美之心，即使“送人一轮明月”也是莫大的成全！他强调：成人之美不是一种恩赐、施舍，而是由“承认”“研究”“尊重”和“发现”“发展”“发掘”等关键词构成的“立体思维框架”，意味着尊重人的差异，相信人的潜能，顺乎人的天性，希望人成长为他自己的样子，而非成长为希望者所希望的样子。“教育在成人之美的情怀上与宗教应该是一脉相通的。”成人之美“既帮助别人，也是每个视己为君子的个体完成自己、实现自己的一种途径，君子‘成全’别人之美，同时也塑造自身的美好”。[27]

九俊先生惯于以欣赏的眼光看人，以敞亮的内心成人之美。“平生不解藏人善，到处逢人说项斯。”事实证明：给人信心，给人欢喜，给人希望，给人方便，恰如“赠人玫瑰，手有余香”。九俊先生是一位“精神明亮的人”，善于发现学校中、课堂上和师生身上的真善美。他对许多学校的校史、现状与未来发展战略的介绍评点常常滔滔不绝，如数家珍，隐约间透出一种自豪感——他确是参与其事的重要主体，确与学校的领导和师生心心相印。他视学生、同事、部属乃至省外的教师、校长的成长与成功为自己的幸福，以坦荡的心胸盼人成功，助人成功，赞人成功。他乐于凭借自己学识、声望、人脉的优势，通过各种方式，不遗余力地予他人以奖掖，利用各种机会，适时地“送一程，拉一把，托一下”，将他人推向更高的发展平台，“在教师生命活力绽放生命精彩的同时”，他“自己也收获着生命的成长和丰盈”。[28]

九俊先生善于并乐于作文。在他看来，吟唱美好事物永远是一种欢乐。他带着欢乐的情感作文，读者可经常从报刊上和他文集中，分享他的欢乐，欣赏他的“成文之美”。品读他的文章，常如行走在山阴道上，一阵阵美感扑面而来。这种美感最直观地体现在语言上，我们可以举出大量例子来鉴赏。因篇幅关系，此处暂且从略。我尤其注意体会他渗透于优美文字的真情实感，即所谓“修辞立其诚”，亦如他所说：“教育就是一个大爱的事业，对于其中优秀的一群人，只要爱之深，就会有一种教育写作的表达。”[29]我们品读他“用心去写”的文章，会深切感受到字里行间的至真至诚。他对学校和校长的介绍，不是“说明文式”的枯燥陈述，而是“抒情诗式”的深情吟唱。他不满足于“速写”，而着力于不厌其详的“深描”，连细节也不忍遗漏。

我想，正是这些生动的细节打动了他，他也正是以这些细节打动了读者。歌德在赞扬画家鲁斯时说：一般人仅仅想把工作做完，对工作本身并没有乐趣，这样就决不能产生什么伟大作品。一个有真正大才能的人却在工作过程中感到最高度的快乐。鲁斯孜孜不倦地画山羊和绵羊的毛发，从他画的无数细节中可以看出，他在工作过程中享受着最纯真的幸福，并不想到要把工作搞完了事。九俊先生也是这样，他常常沉浸于幸福的诉说过程而不愿尽快结束。而且，他在热情介绍的同时还会给予精当的评点和提炼；正是这些画龙点睛之笔使许多校长和老师豁然开朗，由衷感叹："您比我们更懂我们。"

九俊先生文章给我最深刻的启示，在于立意之美。古人视立德、立功、立言为三不朽事业，在九俊先生这里，三者合而为一了。他以立德为先，继之为立功而立言，最后在立功、立言过程中进一步积善增德。具体而言，他写作的目的不是"为赋新词"，不是为了"做学问"，不是为了"立言"，而主要是为"立功"，即为了优化全省乃至全国的教育生态，促进学校向教育本真回归，为子孙后代创造幸福生活。他遗憾地发现："当下的教育，人们听到太多的唉声叹气，看到太多的随波逐流，这些又有什么意思呢？大概只会加重令人窒息的应试雾霾，恶化令人厌恶的教育现实。教育需要理想情怀，需要一点一点地从脚下起步，坚忍不拔地负重奋进。"[30]他相信："正是许多有志者奋臂疾呼，健步向前，坚冰才能被打破，理想也才可能与现实相伴。"为此，他坚持"向着明亮那方"，一点一点地、一步一个脚印地负重奋进。他不屑坐而论道，他的文章总是贴近现实、贴近实践、贴近前沿、贴近热点、贴近学校、贴近教师，踏着教育改革的节拍，为从各个层面推进教育改革建言献策。在此过程中，他的思想、观点、建议以及实践中的发现、感悟，顺理成章地转化为一篇篇佳作，"如风吹水，自然成文"。

九俊先生的"成人之美"与"成文之美"，均源于并不断反哺他的"成己之美"。这不仅在于他在阅读、交往、探索、反思、总结、表达的过程中不断地修身养性，还在于他原本拥有质地优良的天性，就像洁白的底子可以描绘绚丽的图画。他几度引用《论语》的一段话："子夏问曰：'巧笑倩兮，美目盼兮，素以为绚兮。何谓也？'子曰：'绘事后素。'曰：'礼后乎？'"这段话说的道理是：好看的文采必须建立在美好的质地上，只有文采而没有很好的质地那就是一种伪饰。只有在仁厚这个根本品质上学礼，才是美上加美。朱熹解释说：绘事必以粉素为先，礼必以忠信为质。九俊先生写道："做人有个洁白的底色，才可以真正的'绘'，也才会有真正的'绚'。什么是做人洁白的底色？我认为就是一个人向上向善的追求。"[31]他多次强调"性格使然”，意谓一个人的性格是其思想观点、事业成就、著作特色的终极性根源。我们不妨按照这一线索，到九俊先生性格特征的“原点”做一番窥探。全面探讨尚需另待机缘，这里仅就笔者所知的零碎信息缀成两点粗浅印象。

一是九俊先生水乡人的优良秉性。他的家乡是泰州北郊的董潭，想来是与桃花潭、梅雨潭、玉渊潭相类的优美去处，起码是一处水乡。他热爱自己的家乡，常以“董潭”为笔名。他喜欢水，阐述过水的滋润性对人的性格的影响：一是内蕴，“内蕴会成为沉稳、从容不迫的性格形成的因素”。二是灵动。三是水汽氤氲所表现的蒸腾向上的生命活力。在《如水之美》一文中，他更是用诗一般的句子从各个侧面赞美水。此外，人们也常以水喻善，所谓“上善若水”“柔情似水”。除共性外，水还具有“一方水土”的个性，例如水网之乡的水没有黄河之水从天而降、咆哮奔腾的气势，却有一种宁静、灵活与通达，一种默默润泽大地、催生万物蓬勃生长的情怀。水的上述特点，多能从生长于水乡的九俊先生的性格中找到相应表现。在各种性格元素中，他特别强调“一副好心肠最重要”。“心肠是说情怀，我是把心肠放在最中之‘最’。对于一个社会人，尤其对于一个教育工作者，而且又是一个教育‘干部’，情怀实在太重要了。”[12]“无论是做学问、写文章，还是教学反思、陶冶性情，都需要我们有宽广的胸襟、敞亮的视界、仁爱的情怀，表里如一，方能悟得其中三昧。”[13]他引用好友毕飞宇的话说：“理解力是情怀。”没有尊重、热爱的情怀，不可能理解对象的精神世界，更不可能抒写他们美丽的心灵。

二是九俊先生不时复萌的童心和不厌倦的好奇心。他说他每次到锡师附小，迎对孩子们的盈盈笑脸，喜闻师生们的欢声笑语，就会感到和他们一样乐在其中，甚至还想和他们一起哼唱 1915 年时光的校歌：“弟敬师爱和乐一堂，你我地久天长。”他相信阳光下的世界每天都是新的，每天都可能出现昨天未看到过的样态和光彩。许多学校他到过不止一次，也写过不止一次，而每一次他都会有新的发现和新的揭示，正如马斯洛说：“对于自我实现者，每一次日落都像第一次看见那样美妙，每一朵花都温馨馥郁，令人喜爱不已，甚至在他见过许多花以后也是这样。他所见到的第一千个婴儿，就像他见到的第一个一样……这个人可能已经是第十次摆渡过河，在他第十一次渡河时，仍然有一种强烈的感受，一种对于美的反应以及兴奋油然而生，就像他第一次渡河一样。”好奇心既是旺盛生命力的标志，也是其永不衰竭的精神源泉。

九俊先生说过：“一本书是一个人性格的剪影，更是一个人的精神天地。”信哉斯言！初读他的文集，我最深切的体会是：要使自己的思想、观点、著述、业绩能够启发人、引导人、感动人、鼓舞人，就需要“改进每天流水一样逝去的生活”，提升自己的生活品位，特别要从优化自己的性格开始——这或许就是九俊先生著作魅力的根本奥秘，也是其给予我们的重要启示。

（本文发表于《江苏教育研究》2019 年第 2 期）

参考文献

①⑨⑪⑬㉓㉘㉚㉝ 杨九俊《蓬勃生长欢乐颂》，江苏凤凰教育出版社 2017 年版，第 9 页、第 228 页、第 182 页、第 191 页、第 204 页、第 190 页、第 226—227 页、第 240 页。

②⑮㉒㉔㉗㉙㉜ 杨九俊《花开的声音》，江苏凤凰教育出版社 2015 年版，第 135 页、第 98—99 页、第 130 页、第 152 页、第 176—183 页、第 246 页、第 227 页。

③④⑤⑧⑫⑭⑯⑰⑳㉕㉛ 杨九俊《幸福教育的样子》，江苏凤凰教育出版社 2014 年版，第 224 页、第 227 页、第 247 页、第 5 页、第 12 页、第 103—104 页、第 220 页、第 12 页、第 137 页、第 74—75 页、第 87 页。

⑥⑩ 杨九俊《“现在的时代就是黄金时代”》，《江苏教育研究》2012 年第 1C 期。

⑦ 韩彩英《全面发展教育理念应具有实践理性思维》，《文化学刊》2018 年第 7 期。

⑱ 蔡汀、王义高、祖晶主编《苏霍姆林斯基选集》第 4 卷，教育科学出版社 2001 年版，第 683 页。

⑲ 约翰·罗斯金《现代画家》，三联书店上海分店 2012 年版。

㉑ 英国诗人麦克尼斯(1907—1963)在《出生前的祷告》一诗中写道：“……我还没生；啊，听我一言：莫让那原是野兽而自以为是上帝的人接近我。我还没生；啊，给我力量去对付那些要冻结我的人性的人，要拉我加入致命的自动化的人，要使我变成机器里的一个螺丝钉、一样只有一个面孔的物体、一件东西的人，对付所有要削弱我的整体性的人，要把我像飞絮那样吹得到处都是，或像手里捧着的水那样溅得到处都是的人。莫让他们把我变成石头，莫让他们把我溅掉。否则杀死我。”

㉖ 杨九俊《语文教学艺术论》，江苏教育出版社 1994 年版，第 585 页。

幸福教育:回到教育本身的追索

杨孝如

在世界著名学府哈佛大学,有一门名为"幸福课"的选修课一度最受学生追捧,听课人数甚至超过了王牌课程"经济学导论"。这一现象在一定程度上印证了英国思想家罗伯特·欧文的名言:"人类的一切努力的目的在于获得幸福。"和人类所有的努力一样,教育的目的也是指向人的幸福。而作为"一棵树摇动一棵树,一朵云推动一朵云,一个灵魂唤醒另一个灵魂"的事业,教育的手段和目的具有高度同一性,要培养幸福的人,教育本身首先应该是幸福的。

幸福关乎心灵感受,很难给出统一的标准,加之每个人的价值理念、角色立场和现实考量都不相同,所以,在现实中,关于什么是幸福教育,不同的人给出的答案千差万别,有的甚至是相互抵牾。由此来看,要想看清幸福教育的模样,似乎是一件困难的事情。但是,读了杨九俊先生的《幸福教育的样子》续集《花开的声音》,在笔者的脑海中,幸福教育的轮廓慢慢浮现,"幸福教育的样子"渐渐清晰。究其根由,我想与作者不满足于先验判断,而是"回到教育本身"来讨论、解读幸福教育不无关系。

"回到事物本身",是兴起于20世纪60年代的现象学的基本立场,认为哲学研究不应该从理论或对理论的批判入手,而应该以描述、分析现象为起点。现象学的这一立场对于教育研究具有积极的启示意义。赫尔巴特认为:"教育学作为一门科学,是以实践哲学和心理学为基础的。"教育研究一旦离开教育实践,就如同安泰俄斯离开大地母亲一样,会失去所有的力量。正是基于此,有学者大声疾呼:"教育学就要深深地植根于教育实践，返回于教育实践的创造本性之中。”“回到教育本身”，已经成为教育研究的一种路向。

在本书的“后记”中，作者说明了写作的缘由：“因为经常在学校行走，不少学校美妙的风景，不少校长和老师有为的身影，非常契合我心中‘幸福教育的样子’，感慨之余记录下来。”值得注意的是，作者再次重申了这一写作缘由。可见，“回到教育本身”，从教育的生动实践中捕捉幸福教育的表情，提炼幸福教育的因子，是作者写作这本书的基本立场和主要思路，这无疑是契合教育研究的本质精神和时代追求的。

“回到教育本身”是回到教育现场

作者在解读南京市夫子庙小学的文化时，引用了《论语》中的“素以为绚兮”，认为夫子庙小学用“仁”为学生“打好精神的底色”，学生“一定会成就绚烂的人生”。笔者以为，“素以为绚兮”也是作者勾勒“幸福教育的样子”时一以贯之的态度。

解读教育，需要暂时悬置自己的立场，封存自己的“前见”，回到生动而活泼的教育现场去客观观察，深度体验，掌握一手资料，收集新鲜素材。作者“经常在学校行走”，这让他能够沉潜到教育的现场，观察到学校最素朴、也是最本真的教育场景。在书中，不时能看到作者对学校历史人文的追溯，对校园砖石竹木的点染，对课堂师生表情的勾画，对名师言行举止的刻绘……若非回到教育现场，走进学校深处，是很难把握这些温润的细节，捕捉这些鲜活的场景的。

回到教育现场是为更好地抵达教育的核心，采集学校文化中最夺目的珍珠。书中，作者经由教育的表象体验，逐渐深入学校的精神内核，触摸潜藏在纷繁现象之下的学校质地。有了教育现场的深度体验，有了学校质地的全面把握，再来解读学校的办学，作者便能举重若轻，直指学校文化的内核。书中，作者对无锡师范附属小学“乐学教育”、常州市局前街小学“生命关怀”、江苏泰州中学“责任教育”、江苏省新海中学“普爱教育”、洪泽县实验小学“成长教育”、南京市琅琊路小学“小主人教育”、张家港实验幼儿园“原色教育”的精彩解读，无不建立在作者多次走进教育现场、深度洞察学校底色的基础之上。

“回到教育本身”是回到教育对话

对不同的幸福教育样本的解读从某种意义上讲是一种解释活动。现代哲学解释学认为，解释不是主体对客体的条分缕析，不是主体面对客体的独白式解读，而是主体间通过对话实现视界融合的过程。

在《花开的声音》“后记”中，作者自陈：“我的写作也是与局长、校长、老师们深度对话的过程。”在对话中实现视界融合，是作者在解读幸福学校和幸福教师时一直坚持的书写方式。书中所解读的幸福教育的样本，无论是学校还是人，都是作者非常熟悉的，或是多年至交，或是多次造访。熟悉的地方或许没有风景，但是一定有认知上的熟稔、心理上的默契和情感上的融洽，这为对话营造了宽松而和谐的氛围，让对话者的心灵能够“向四面八方打开”，坦诚地探求追问，精微地切磋琢磨，从而推动对话走向深入，实现对话者的视界融合。借用作者在书中多次提到的南京大学老校长匡亚明的一句话，“空气流动就是风”，对话让思想流动，让情感流动，带来扑面清风，让人如沐春风，进入“人间四月天”的美好境界。

对话一方面实现了对话者的视界融合，另一方面也能形成文学理论中所说的“陌生化”。作者在《对话之美》中谈到，对话之美体现为“三新”——构建了新的价值共同体，达成了新的共识，塑造了新的自我。在深度对话的过程中，由于新的信息不断引入，新的思想不断激活，新的观点不断碰撞，往往会进入“见山不是山，见水不是水”的新境界。对话双方在相互“刮目相看”的同时，也能从对方的眼中看到“陌生”的自己。大概正是在这个意义上，很多校长、老师都向作者感叹：“您比我们更懂我们。”

“回到教育本身”是回到教育理想

“回到教育本身”，固然要回到教育的实然，审视幸福教育真实的样子，但是，这并不意味着只能止步于此，因为，理想的教育也是“教育本身”的题中之义。“回到教育本身”，还要回到教育的应然，观照幸福教育应有的样子。

在《唐江澎和他的体悟教学》中，作者借用美国学者霍华德·苏伯《电影的力量》中的观点，认为是“更高的原则，更强的意志，更优秀的智慧”成就了唐江澎。这种不断向上、追求理想的教育境界，不是唐江澎独有的境界，而是书中每所学校、每个校长、每位名师的生命底色："南通二李"（李吉林、李庾南）不约而同地信奉"人是要有点精神的"，黄厚江、董健的精神意蕴中都包含"超越"的因子，沈茂德宣告要做"麦田的守望者"，芮火才努力为学生创建"自由学校"，苏州市景范中学力求"做最好的自己"，常州市局前街小学高扬生命的旗帜，扬州市梅岭小学建构"未来课程"，盐城市盐阜中学以"成人之美"突围应试教育……作者在书中提到自己年轻时的座右铭是"最好走的路是下坡路"，反之，走上坡路，会辛苦备尝，但也会幸福满怀。李庾南把自己 50 年的从教经历精辟地总结为"好生辛苦，好生幸福"，也道出了所有教育理想主义者共同的生命体验。

胸怀教育理想，追求理想教育，不仅是名校、名师的精神底色，也是"幸福教育"的核心内涵。在《追寻理想的教育——关于学校建设的若干赠言》中，作者指出，"有理想才有真正的教育""没有理想的教育，了无梦幻色彩的教育，在某种意义上就失去了教育的本真和美好"。特别是在学校教育中功利主义、"精致的利己主义"大行其道的当下，"中国教育需要一批理想者，需要一点理想主义、浪漫精神、诗人情怀"，唯其如此，学校才能"到处流淌着奶和蜜"，课堂才能"向四面八方打开"，教师才能沉醉于"人间四月天"，学生才能成为"活泼泼的生命"，教育才能"冉冉地出新人"。

（本文发表于 2015 年 11 月 9 日《中国教育报》）

听听那花开的声音

——读《花开的声音》

黄厚江

不久前，杨九俊院长将他的新著《花开的声音》送我。一看这题目，就心生欢喜。它不仅具有散文的韵致和诗歌之美，更蕴含着丰富的教育思想。表达智慧和思想智慧的融合，正是这本教育专著的最大特点。

在这本书里，每一页都有一朵朵花在向你微笑，给你带来思想的启迪。

这一朵朵花，首先是一个个有着鲜明教学风格和独到教学思考的名师。有倡导“站起来的儿童数学”的庄惠芬老师，她追求大写的教育人生，秉持“立地的教育原理”。这里有倡导生命化语文教学的李震老师，他以“字思维”深入探究语文学科性质，建构了生命化语文教学的操作模式。在这里还有倡导“循环——差异教学”的孙朝平老师，作者为我们解读了“循环——差异教学”的内涵和生发机制。他们是一朵朵的花，他们在告诉我们：一棵平常的树苗，怎样长成一棵茁壮的大树，怎样开出一树一树属于自己的花朵。

这一朵朵的花，也是一位位对教育贡献巨大、影响深远的教育名家。在这里，我们可以和斯霞相遇，可以再次感悟她“童心母爱”的教育哲学。在这里，我们可以和“立德、立功、立言”的顾黄初先生相遇，作者要言不烦而又十分全面地梳理了先生的学术成果，高度评价了先生对语文教育的至伟贡献。在这里，我们不仅可以理解洪宗礼先生的《母语教材研究》对于母语教学的学术价值，更可以看到洪宗礼先生从普通教师成长为教育大家的样本意义。这一位位名家都在警醒我们应该肩负的责任，都在激励我们应该勇敢地追寻属于自己的道路和荣光。

这一朵朵花也是一所所办得有声有色的学校。作者带我们来到实践“小主人教育”的南京琅琊路小学，在这里，我们看到孩子们始终处在学校教育的“中央”。作者还带我们来到了实践“幸福教育”的淮安县城南实验小学，在这里，我们可以看到孩子们“像花儿一样绽放”。作者带我们来到了始终坚守价值观追求的锡山高中，在这里，我们看到了被“高尚的价值观照亮的校园”。这一朵朵花告诉我们，一个学校应该怎样站在儿童的立场办学，应该怎样坚守教育的使命，应该如何在众芳之林中散发出自己的芬芳。

作者之所以能听懂花开的声音，是因为他就是一位用心养花护花的人。据我所知，书中提到的那些开出一树花朵的学校，作者都曾倾注过许多心血，关注他们的成长。像南京的琅琊路小学，像无锡的江苏省锡山高级中学，像苏州的景范中学、平江实验学校、太湖国家旅游度假区中心小学，无不如此。不仅仅是这些学校，我所熟悉的苏州几所在全国具有一定影响的学校，都得到了作者悉心的关心和指导，几乎每学期他都要到这些学校对他们的发展给予具体指导。从初期规划的顶层设计，到发展迷茫期的拨雾指路，从发展过程中的不断推进，到每个阶段的总结提升，无论是学校理念的提炼，还是学校文化的定位，无论是实践上的操作，还是理论上的总结，作者都有过深度的介入和关键性的指引。这些学校的校长们，说到他们学校的发展，无不由衷感谢作者对他们学校发展的指引和帮助。

同样，也不仅仅是书中写到的这些开花的人，在我们江苏，许多人都是在作者的关心之下开出了十分艳丽的花，像曹勇军，像唐江澎，像徐志伟，像朱德勇，像张克中……我相信，他们一定都会承认，自己能成为一棵树，还能开出一树一树的花，作者的浇灌养护之功是不可否定的，甚至是起了关键性的作用。我知道自己算不上一个开花的人，至多说是一位想开花的人，作者对我的“养护”之心，希望我开花的心意，我是深深感受到的。加入他牵头的苏教版高中教材组之后，一次次的研讨会，一项项任务的完成，互相坦诚的批评，互相尽力的帮助，毫不留情的辩驳，毫无保留的建议，让我这个几乎没有学术背景的人一次次接受学术的洗礼。他还带着我参加了多个名师工作室和工作站的工作，让我忝列于导师之中。我自己心里清楚，对于青年教师们的成长，我所起的作用是极其微小的。但我自己在这些工作中的进步和收获是显著而丰富的。和他那样的高层次专家们在一起，耳濡目染，时时受教，很多本来模糊的认识得到了澄清，很多解决不了的困惑得到了点拨，我的专业素养和课程理论都得到了非常显著的提高，在一定程度上弥补了我这个草根式语文研究者的短板。我经常和年轻老师们说到自己专业成长过程中的三个“贵人”，杨院长就是其中一位，是他让我对语文教育的理解站得更高，看得更远，思考得更深入。是他的养花之心，催我不断努力，不断进步。

可以说，这本著作就是一个养花人、一个护花人，在和一树树花进行智慧的教育对话，在用花的语言表达着教育的智慧。在这里，我们倾听着一个个名师表达着他们对教育的挚爱和执着的追求，倾听着一所所有影响的学校表达着对教育的理解和不懈探索，倾听着一位位教育大家对教育真谛的揭示和表达。同时，我们也在倾听着作者思想开花的声音。他在解读一个个名师、一所所学校、一位位大家的过程中，揭示名师成长的规律，揭示教育的本质，揭示教育大家的思想内涵及其时代价值。不仅如此，他还用许多篇章以理性和感性高度融合的语言表达他对于教育、对于课堂、对于课程、对于如何为师、对于如何办学的理解，而其中许多见解都充满了思想的智慧和表达的智慧。我相信，只要你用心倾听，在每一页每一篇都可以听到作者思想开花的声音。

他在告诉我们，教育就应该是“童心母爱”，教育就应该让孩子们始终处在学校教育的“中央”，教育就应该让孩子们“像花儿一样绽放”，教育就应该用“高尚的价值观照亮校园”。他在告诉我们，一个名师的生命底色就是积极向上的生活态度，一个名师要用思想照亮人生，一个名师是从课堂成长起来的。他在告诉我们，好的学校要理解儿童，好的学校要回到教育的原点，好的学校是安静的歌者，好的学校要在认识自己的基础上做最好的自己。他在告诉我们，好的课堂要向四面八方打开，好的课堂要按照美的规律塑造，好的课堂创意是有规则的自由。

就文体而言，这本著作中的文字，更多的是教育随笔。但只要我们能够读出散布在文中的那些睿智的作者“自己的句子”中的丰富内蕴，并且善于将它们串成“美丽的项链”，我们就能够发现，其实在这本以单篇组成的著作中，能够读到作者不止一个系统的思想体系。比如关于教师专业发展，比如关于“三维目标”，比如关于课堂教学，比如关于学校课程建设，比如关于学校文化建设，比如关于学校教育价值的确立，我们都可以从这本著作中读到作者关于这些问题的系统的阐释。即使对一些比较具体的问题，作者的思考和阐述也具有非常强的系统性。比如关于教学创意，比如关于学科德育，比如关于科研意识等等，虽然篇幅不长，但作者对这些问题都进行了非常系统而通透的阐述。充满睿智的表达和理性缜密的思维，恰到好处地融为一体，相得益彰。

正因为如此，我们读这样的著作，心中也要有花，或者说也应该成为一个想开花的人。佛家说，你看得到的都是你自己；你心中有什么就会看到什么。能听到花开的声音，是因为你心中有花；要听到花开的声音，就要有一种花的心态。作者把一朵朵花呈现在我们的面前，带着我们听这些花开的声音，欣赏他们开花的样子，其心意是希望有更多的人也能开出自己的花。

愿意让你的心和一朵朵花儿说话吗？想在你生命的树上开出自己的花朵吗？请打开《花开的声音》，听听那花开的声音吧。

（本文发表于2015年12月28日《中国教育报》，收入本书时作者做了充实）

他用自己的“句子”诠释教育

——读杨九俊《蓬勃生长欢乐颂》

丁昌桂

墨香幽幽，这是从《蓬勃生长欢乐颂》字里行间流出的书香，杨九俊先生《幸福教育的样子》第三集新近问世。作为昔日同窗，工作上又多有交集，翻阅这本书，有一种熟悉而陌生的新鲜感，字里行间所流淌着的思想，浓浓墨香中透出的新意，每每让我有怦然心动的感觉。全书收入作者近年来在《中国教育报》《人民教育》等媒体上发表过的文章共45篇，分为“筑梦未来”与“行板如歌”两个部分。作者这样分类，自然有他的道理，但通读全书，我更愿意以这样的方式分类理解：校长与学校、课程与教育、教学与教师。

打开目录，除《最美教育的样态：蓬勃生长》这带有开篇意义的卷首文章外，排在前面的几篇均为应《中国教育报》之邀撰写的一组学校文化系列。这组文章一篇一主题，涉及学校文化的顶层设计、中层调适、底层落实诸多方面。文章虽不长，但都是干货，犹如一本浓缩的《校长文化管理学》，反映了他多年的思考与积淀。

这本书的重头戏当数可归入“课程与教育”的这类文章。从2003年到2017年，文章跨越了15个年头，连缀起来甚至带一点编年史的味道，它们从一个特殊视角见证了21世纪初我国启动的第八次课程改革在“思想的碰撞中前行”的历程。翻阅这些文章，课改前行中那一幕幕思想碰撞与实践探索的图景，像放电影一样在眼前闪过。《经济社会发展与课程改革》《我国基础教育课程改革顶层设计的基本思想》《课程改革实验的推进策略》《样本先行 引领发展》《学校课程能力“再造”》等等，重温这些文章，对于我们回到原点，不忘初心，深化理解课改为什么出发，并坚定信心，砥砺前行，仍有不少启迪。而当课改初期的新鲜、热闹与好奇退潮之后，步入课改瓶颈期后暴露出的矛盾与问题，开始困惑着人们。比如三维目标被机械地分解、满堂问取代了满堂灌、合作学习成为一种形式……面对诸如此类的问题与困惑，怎么看又该怎么办？《新课程三维目标：理解与落实》《课程标准的基本精神与教学期待》等文章，则是对这些热点与难点问题的及时回应之作。

本书中涉及“教学与教师”这一范畴的文章虽不是最多，读来同样能让人获益不少。与一般行政人员或研究者不同的是，作者曾在中小学、师范学校等教学一线摸爬滚打多年，做过学校管理工作，又是江苏省语文特级教师，因此，即便是从事行政工作，他也经常走进课堂。他既走进课堂又走出课堂，站在一个更高的视角对课堂教学进行诊断、评价与指导。本书下篇“行板如歌”中不少文章虽是为校长老师出版专著所写的序，但大多阐述了他对教学的理解和教师专业成长的指导意见。

通读全书可见：以人为本，从人出发，发展好每一个学生，是一以贯之的主题。本书多次提出“新人”的概念，这是作者对学校培养目标的个性化的理解与概括。收录在本书的每一篇文章几乎都有一个指向：为了培养德育为先、能力为重、素质全面的“新人”。

作者多次说过，教育教学研究的表达不应当说“普通话”——普普通通的话，而应当说“自己的话”；他在指导学校文化建设时也经常强调：要“寻找属于自己的句子”。细细读来可见，无论是“筑梦未来”还是“行板如歌”，都有许多他“自己的话”，也可以说，他找到了“属于自己的句子”。

有人说，当下的教育表达有三种方式：行政话语、学术话语、实践话语。借用作者的话就是有“三种句子”。我认为，杨九俊的表达是汲取了这三种话语方式之长，熔铸成为“属于自己的句子”。这种独特的话语方式取决于他的学历和阅历。多年来，他如同沿着一座旋转楼梯拾级而上，而这个楼梯的圆心就是教育。从民办教师到校长、特级教师，从基础教育处长到教科院院长、教育学会会长，不同的角色转换，但始终没有离开教育这个圆心。这样特殊的人生旅程让他找到了属于自己的“句子”——一种独特的话语体系和表达风格。

他的“句子”是顶天立地的。他是从田野里走出来的教育专家，不仅熟悉基层，而且对脚下这片教育热土充满了深情，坚守着务实的精神与服务一线的立场。他的研究是接地气的，本书的总体风格是务实而不务虚，基于实践研究问题，积极回应了学校生活中的师生关切。即便是讨论具体而微观的课堂技术与细节，他又有超越一般基层教育工作者的视野与站位，比他们看得远，把得准，这就是他的一些文章常能够带给我们不一样的思想感悟的原因。

他的“句子”是学术的，又是通俗的。与当下有些学院派专家的话语表达不同，杨九俊的表达既有学术的严谨与规范，又有大众欢迎的通俗与流畅。有人戏言，专家可以分为两类。一类是把大家都懂的事情说得让人听不懂，另一类是把不懂的事情说得大家都懂。很显然，杨九俊属于后一种，他不会故作高深，用一些外来的概念和术语包装自己的文章，而总是用大家能够接受的话语方式来阐释那些非常专业的问题，所以，本书读起来让人感到亲近而无障碍。

他的“句子”是理性的，又是感性的。应当承认，收入本书的文章没有纯理论的研究，大多是对教育生活中热点问题的解剖与解释，是对学校发展以及课程改革中遇到问题的分析与对策。也许与他当年的学术背景相关，本书中许多文章所涉及内容不是用抽象概念来定义，而是借助于形象、比喻等手法来描述与说明，甚至经常借用一些文学的手法来解释教育科学的原理与概念。他特别喜欢“激活”“生长”这类词，也善于借用一些中外谚语，把教育的目的、过程与结果表现得通俗而晓畅。

杨九俊是乐观的，生活中这种乐观豁达、积极向上的性格自然也投射到他的作品中。坦率地说，面对时代的要求与社会的选择，教育并不轻松，校长与教师也有很多无奈，但在他的作品里，更多地看到的是阳光流淌、奋发向上，是山阴道上美不胜收的风景。作为《幸福教育的样子》的第三部，书名为《蓬勃生长欢乐颂》，一部本来抽象的教育文集却有了这样一个生动形象、有声有色的名字，显然荡漾着作者本人乐观向上乃至有点浪漫的性格色彩。

（本文发表于 2017 年 9 月 4 日《中国教育报》）

后　记

本书主要收入 2017 年 6 月《蓬勃生长欢乐颂》出版之后发表的文字，分为三个板块，“在场的凝思”，主要是自己的教育思考，“变革的奏鸣”“生命的升腾”则分别以学校集体和校长、教师个人为抒写对象。贯通了看，也可以分成三个方面：一是对幸福教育的理性思考，在这么多年感性观照的基础上，努力超越日常生活的脉络，对幸福、幸福学生、幸福教师、幸福学校的内涵做一些概括；二是一如既往记录自己在教育现场的感触、感受、感想、感动，描绘“幸福教育的样子”；三是结合参与审查语文课程标准、统编高中语文教科书，以及普通高中高品质建设等工作的体会，就基础教育事业的发展和课程教学改革阐说粗浅的见解。同时书中还收录同仁们四篇文章，其中杨孝如、黄厚江、丁昌桂三位对“幸福教育的样子”前三集，分别写过书评，都曾在《中国教育报》发表，孙孔懿先生在我完全不知晓的情况下，从繁忙的学术研究中抽出时间，就我的幸福教育系列写下长篇书评，令我汗颜和感动。这组文章附录书后，既是向诸位致谢，更是为幸福教育的深度对话，提供了新的维度。当然，需要感谢的还有领导们的肯定，报刊、出版社编辑的认可，特别是广大校长、老师们在持续实践中源源不断地提供新鲜资源，推进对话的深入。幸福理论有一个重要共识：“幸福在他人”，而且，人的精神建构很重要的也是在与同道的交往实践、深度对话中不断完善的，如此，幸福感才更见深度。只要认真地在做一些有意义的事情，大致都会有这样的人生体验，我也并不例外，快乐并享受着，自当有发自内心的感谢。

行板如歌，这些回荡的音符给我留下美好的记忆，更让时常懈怠的我，增添向往未来的勇气和信心。未来已来，让我们共同努力！